KB272802

유교사상과 도덕정치

儒教思想　　道德政治

장기근 / 저

인류평화와 도의세계 창건의 원리

도덕성 회복과 인성교육의 지침서

명문당

저자와의 협약에 의해서 인지를 생략합니다

유교사상과 도덕정치

☆

초판 인쇄 / 2003년 3월 3일
초판 발행 / 2003년 3월 6일

☆

지은이 / 장기근
펴낸이 / 김동구
펴낸데 / **明文堂**

서울특별시 종로구 안국동 17-8
대체 010041-31-001194
☎ (영업) 733-3039, 734-4798
(편집) 733-4748 FAX. 734-9209
H. P. : www.myungmundang.net
E-mail : mmdbook1@myungmundang.net
등록 1977. 11. 19. 제 1-148호

☆

ISBN 89—7270—724—4 03150

낙장이나 파본은 구입하신 서점에서 교환해 드립니다.

☆

값 12,000 원

유교사상과 도덕정치

머리말

(1) 오늘의 세계는 혹심한 위기에 빠져 있다. 모든 나라들이 부국강병(富國强兵)만을 높이고 음흉한 권모술수(權謀術數)와 무자비한 무력을 바탕으로 무한전쟁을 벌이고 있다. 이에 지구촌 전체가 약육강식(弱肉强食)의 생지옥으로 화했다.

오늘의 인류사회는 숭고한 정신을 상실하고 도덕적으로 타락했다. 모든 개인이나 사회집단이 금전만능주의에 중독되어 간악한 쟁탈에 골몰하고 있다. 이에 모든 사람들이 아귀도(餓鬼道)에 빠져 동물 이하로 전락했다. 타락한 정치와 사회는 순진한 청소년들은 병들게 하고 있다. 그들은 바로 금전과 무력, 물질과 기계만이 횡행하는 현대사회의 희생양이다.

그들의 생리는 동물적이고 행동은 기계적이다. 따라서 그들은 인간의 존엄한 정신과 섬세한 사고(思考) 및 포근한 정서(情緒)가 없다. 인간이면서 인간이 아닌 괴물로 화하고 있는 것이다.

이대로는 안 된다. 인간의 기계화를 과학이나 기계문명의 덕택이라고 착각하면 안 된다. 이는 곧 인간성 상실이며 인류사회의 멸망을 예고하는 불길한 징조이다.

위기를 극복하고 인류를 구제하기 위해 우리는 동양의 숭고한 정신문화를 높이고 인간의 숭고한 본성을 회복해야 한다. 그리고 사회적으로는 윤리 도덕을 실천해야 한다.

개인적 차원에서는 심성을 함양하고 인격을 도야해야 한다. 국가적 차원에서는 왕도(王道)의 도덕정치(道德政治)를 펴야 한다. 그래야 인류의 멸망을 미연에 방비하고 아울러 21세기의 인류대동(人類大同)의 평화세계를 창건할 수 있다.

(2) 지구상에 인류가 출현한 지 백만 년 이상이 된다. 그러나 오늘만큼 과학이 발달하고 재물이 풍성한 때가 일찍이 없었다. 특히 20세기 후반기의 과학 기술의 발달은 경이적이며 인류의 생활과 사고를 근본적으로 뒤집어 놓고 있다.

오늘의 인류사회의 특징을 한마디로 「기계 때문에 사람이 밀려나는 시대」라고 말할 수 있다.

노동자 백 명이 할 흙일을 한 대의 불도저가 순간에 해치운다. 수만의 군대가 바다를 건너 남의 나라에 상륙해서 할 수 있는 파괴를 한 발의 유도탄이 삽시간에 해치울 수 있다. 수만 권의 책에 담겨질 방대한 양의 정보를 개인용 컴퓨터가 손쉽게 저장하고 또 전 세계에 전달할 수 있다.

그러므로 오늘의 인류사회에서는 인간보다 과학과 기술 및 기계를 더 중시한다. 이에 인간이 왜소하게 되었으며 특히 인간의 존엄한 정신이나 인격이 무시되고 특히 동양의 전통사상이나 윤리 도덕이 증발하게 되었다.

아울러 국제정치가 심하게 타락했다. 강대국을 위시하여 모든 나라들이 부국강병에만 골몰하고 있으며 저마다 「이기적 국가 절대주의(利己的國家絶對主義)」를 바탕으로 간교한 권모술수를 농하거나 무자비한 무력을 행사함으로써 남의 나라의 재물이나 이권을 취득하고 있다. 그 결과 지구촌은 평화를 상실하고 인류는 심각한 위기에 빠졌다.

⑶ 오늘의 많은 사람들은 깊이 생각하지 않고 동양의 전통사상의 핵심인 도덕 윤리 및 효도는 낡은 것이며 현대적 가치가 없다고 속단한다. 따라서 가정에서도 학교에서도 진지하게 교육하지 않는다.

정치는 개인의 운명을 좌우한다. 따라서 사람들도 도덕적으로 타락하고 내면적 정신가치를 무시하고 반대로 외형적 물질가치만을 높이고 또 금전만능주의에 빠져 서로 쟁탈하는 아귀다툼을 벌이고 있다.

한편 숭고한 정신을 상실하고 동물적 존재로 전락한 인간들은 관능적 쾌락에 빠져 광란(狂亂)하고 있으며 마침내 사회 전체에 남도여창(男盜女娼)이 창궐하고 있다.

이래서는 안 된다. 숭고한 정신과 도덕 윤리를 되찾고 인류를 위기에서 구출해야 한다. 그 길을 어디에서 찾을 것인가?

동양의 내면적 정신문화에서 찾을 것인가? 혹은 서양의 외형적 물질문화에서 찾을 것인가?

물으나 마나이다. 해답은 자명하다. 인류 위기의 근본 원인이 재물과 무력만을 높이는 악덕정치에 있고 또 인간들이 숭고한 정신이나 도덕성을 상실하고 기계화되었기 때문이다. 그러므로 서양의 외형적 물질문화로는 위기를 극복할 수 없다. 오직 동양의 내면적 정신문화를 바탕으로 해야 한다.

먼저 교육을 통해 사람의 심성(心性)을 함양하고 인격을 도야해야 한다. 그래야 사람들이 아귀도(餓鬼道)에서 벗어나 도덕성을 회복하고 사회적으로 도덕 윤리 효도를 실천하게 된다.

아울러 국가 정치도 인간의 「선본성(善本性)」을 바탕으로 하고 절대선인 천도(天道)를 따라 도덕정치를 펴게 될 것이다. 더 나아가서는 세계적 차원에서 21세기의 도의사회 창건도 기대할 수 있을 것이다.

(4) 우리가 그간 풍요로운 물질생활을 누리기 위해 서양의 외형적 물질문화와 과학 기술을 중시한 것은 나름대로는 잘한 일이다. 그러나 그 반작용으로 동양의 정신가치와 도덕 윤리 효도를 망각하고 소홀히 한 처사는 큰 잘못이었다.

인류의 위기를 극복하고 세계를 구제하기 위해 앞으로는 동양의 내면적 정신문화를 되찾고 높여야 한다. 동양의 전통사상은 인류의 귀중한 문화적 유산이다. 그것은 많은 사람들 중에서 가장 뛰어난 성현들에 의해서 창출되고 또 오랜 세월 계승되고 발전한 귀중한 정신문화의 유산이다.

따라서 서양의 과학 기술이 세계적으로 활용되듯이 동양의 정

8

신문화도 세계적으로 선양되고 활용되어야 한다.

외형적 물질문화 면에서는 우리가 서양으로부터 배웠다. 그러나 내면적 정신문화 면에서는 우리가 서양사람들에게 가르쳐 주어야 한다.

동양의 숭고한 정신문화를 세계 인류에게 전파하기 위해서는 동양의 지식인이 먼저 전통사상과 도덕, 윤리, 효도의 원리와 뜻을 깊이 알고 또 바르게 실천해야 한다. 알지 못하면 바르게 행할 수 없다. 비근한 예를 들겠다.

오늘의 청소년들이 가정에서 효도를 못하고 또 사회적으로 윤리 도덕을 실천하지 못하는 근본원인은 그들이 바르게 교육을 받지 못했기 때문에 효도의 깊은 뜻과 도리를 모르고 또 효행이 몸에 배지도 못했기 때문이다. 그들을 바르게 교육하고 훈련하면 그들도 효도를 알고 효행을 실천할 것이다.

⑤ 사람은 각자 「나 자신」이 만물의 영장으로 태어났다는 사실을 자각해야 한다. 그러므로 사람은 동물적 삶만을 살면 안 된다. 정신적으로 높은 가치적 삶을 영위해야 한다. 즉 인류의 역사와 문화를 계승하고 더욱 발전케 하는 「선가치적 삶」을 살아야 한다.

만물의 영장인 사람은 동물과는 차원이 다른 「선본성」을 하늘로부터 받고 있다. 「선본성」은 곧 하늘의 도리를 따라 만민, 만물을 사랑하고 역사 문화를 창조적으로 발전케 하는 도덕성이다.

모든 사람이 「선본성」을 바탕으로 도덕성을 회복하고 발현해야 비로소 국가의 정치도 바르고 착하게 되고 더 나아가서는 인류 대동(人類大同)의 평화세계도 창건할 수 있을 것이다.

그러므로 우리는 먼저 동양의 정신문화의 핵심인 윤리 도덕 및 효도의 깊은 뜻을 알고, 개인적 차원에서는 심성을 함양하고 인격을 도야하며, 가정적 차원에서는 모든 가족이 사랑을 바탕으로 화목하고 협동하여 집안을 흥성케 해야 한다.

그리고 더 나아가 국가적 차원에서는 광명정대(光明正大)하고 공평무사(公平無私)하고 영구불변(永久不變)하는 하늘의 도리를 바탕으로 왕도덕치(王道德治)를 펴야 한다.

그리고 세계적인 차원에서는 과학 기술 재물을 선용(善用)하고 인류의 역사와 문화를 더욱 새롭게 창조적으로 발전토록 해야 한다. 이렇게 모든 사람이 서로 사랑하고 협동하는 착한 세계를 전통 사상에서는 「인류 대동(人類大同)의 이상세(理想世)」라고 한다.

이상(理想)이 이상으로 끝나면 무의미하다. 이상은 사람에 의해서 실현되어야 한다.

이 책은 과학 재물 및 기계문명을 악용하는 악덕정치에 의해서 파멸 직전에 놓인 인류를 구제하고 아울러 하늘이 부여해 준 「선 본성」인 도덕성을 바탕으로 도의세계를 창건하기 위한 지침서이다.

2003년 3월 1일

玄玉蓮書齋에서, 張基槿 적음

내용 및 범례

　필자는 이상과 같은 취지로 이 책을 저술했다. 이 책은 총 8편이며 그 내용은 대략 다음과 같다.

　제1편 : 정치 타락과 인류위기

　제2편 : 존엄한 인간과 삶의 가치 — 특히 이 편에서는 「식물과 동물 및 인간」의 공통성과 특수성을 비교 설명했다. 이 편을 잘 공부하면 인간의 존엄성과 삶의 가치 및 바른 길을 알게 될 것이다.

　제3편 : 유교의 도덕원리 — 이 편은 유교의 기본원리에 해당하며 다른 편을 이해하는 데 바탕이 된다. 특히 유교의 「생명 철학적 발전관(生命哲學的發展觀)」과 천도사상(天道思想)에 중점을 두었다. 유교사상은 절대로 퇴영적(退嬰的) 낡은 사상이 아니다. 유교에서 높이는 하늘의 도리, 즉 천도는 곧 우주의 법칙이며 발전의 도리이다. 시간의 흐름에 따라 천지 자연 만물이 살아서 번식하는 도리이다. 특히 인간이 중심이 되어 문화를 창조하고 더욱 발전케 하는 도리가 바로 천도이다. 이 편을 깊이 공부하면 천도사상을 현대적 가치적으로 이해하게 될 것이다.

　제4편 : 효도의 원리와 현대적 의미 — 옛 성현들은 「효(孝)를 덕행의 기본이며 교육의 핵심이라」고 높였다. 그러나 동양사상과 전통윤리의 깊은 뜻을 모르는 사람들은 「효의 가르침은 낡고 무

가치하다」고 망언한다. 저자는 효의 원리와 깊은 뜻을 현대적으로 풀이했다. 사람이 사람답게 살고 또 인류 문화를 계승 발전하기 위해서는 효를 따르고 실천해야 한다.

제5편 : 삼강오륜(三綱五倫) ─ 사회생활의 규범이 되는 「삼강오륜」을 현대적으로 풀이했다. 많은 사람들이 어울려 함께 잘 살기 위해서는 여러 가지 사회적 규범이 있어야 한다. 그 중에서도 인간의 「선 본성」을 바탕으로 자율적으로 깨닫고 실천하는 규제가 바로 윤리와 도덕이다. 유교에서 높이는 「삼강오륜」의 원리와 깊은 뜻을 알아야 도덕적으로 타락한 오늘의 인류를 구제할 수 있다.

제6편 : 고대의 부녀관(婦女觀)과 부녀도(婦女道) ─ 동양의 전통사상의 부녀관과 부녀의 도리를 비판했다. 오랜 기간에 걸친 가부장제(家父長制)를 고집한 동양사회에서는 남존여비(男尊女卑)의 사상이 팽배했으며, 따라서 여성이 사회적으로 소외되고 그들의 지위도 저하했다. 그러나 옛날의 성현들은 천도와 인애(仁愛)를 바탕으로 부녀자의 위상(位相)을 높이고 또 그들의 사회적 역할을 긍정적으로 해명했던 것이다. 이 편을 공부하면 부녀자가 지켜야 할 바른 도리를 터득하게 될 것이다

제7편 : 대학(大學)의 도덕정치 원리 즉 왕도덕치(王道德治)의 기본원리를 풀이했다. 주로 대학(大學)의 삼강령(三綱領)과 팔조목(八條目)을 현대적으로 풀이했다. 이는 곧 「선세계(善世界)」 및 「21세기의 도의사회(道義社會)」를 창건하기 위한 도덕정치의

기본원리이다. 이 편은 본서의 중심이 된다. 특히 위기에 빠진 오늘의 인류세계를 구제하고 악덕한 오늘의 국가정치를 바른 길로 인도하기 위한 지침서가 될 것이다.

제8편 : 천인합일(天人合一)과 수기치인(修己治人) — 이 편은 결론 편으로 주로 심성함양(心性涵養)과 인격도야(人格陶冶)에 중점을 두고 그 길을 설명했다. 인류 위기의 극복이나 도의사회 창건의 책임은 종국적으로는 사람이 지게 마련이다. 사람이 착하면 정치도 착하게 되고 사람이 악하면 정치도 악하게 된다. 그러므로 이 편은 본서의 총 결론편이 된다.

전반적으로 이 책을 많은 사람들이 읽고 또 독자들이 잘 이해할 수 있게 쉬운 한글로 서술했다. 그러나 필요한 한자나 한문은 괄호 혹은 각주에 표기했다. 동양사상의 깊은 뜻을 알기 위해서는 반드시 한문을 알아야 한다.

각 편의 글은 독립된 논설문의 형식으로 꾸며졌다. 그러므로 핵심이 되는 중요한 내용이 거듭 언급된 경우가 많다. 그 부분이 가장 중요한 대목이다. 그러므로 거듭 복습하고 잘 익혀야 한다. 그래야 전체의 논리와 뜻을 이해할 수 있고 또 깊이 체득할 수 있다.

이 책은 단순한 지식의 전달서가 아니다. 인성교육 및 도의사회 창건을 위한 지침서이다. 이 책을 통해 모든 사람들이 심성을 함양하고 또 인격을 도야하기를 바란다. 아울러 모든 사람들이 건전한 가정과 정의로운 사회와 국가를 창건하는 데 적극적으로 참여하기를 바란다. 아울러 이 책을 부모님들이 자녀교육에 사용하고 특히 각급 학교에서는 인성교육의 교재로 활용하면 더욱 바람직할 것이다.

동양의 정신문화 및 전통윤리는 옛 성현들의 심오한 사상과 오랜 세월에 걸친 예지의 결정이자 또한 귀중한 문화유산이다. 그러므로 잘 활용해야 한다. 특히 오늘의 인류위기를 극복하기 위해 우리 동양의 지식인들이 앞장서서 도덕 윤리를 실천하고 또 선양해야 할 것이다.

차 례

제2장 삶의 기본조건과 만물과의 관계

(1) 「나」의 삶의 기본조건 ………………………………… 56
(2) 「나」와 만물과의 관계 ………………………………… 58
(3) 「나」와 타인과의 관계 ………………………………… 60
(4) 「나」와 하늘과의 관계 ………………………………… 63
(5) 천도를 따라서 살아야 한다 …………………………… 65

제3장 인간의 존엄성과 바른 삶

(1) 소아(小我)와 대아(大我) ……………………………… 67
(2) 선 가치를 추구하는 바른 삶 ………………………… 69
(3) 생명의 뜻과 삶의 가치 ………………………………… 70

제3편 유교의 도덕원리

제1장 선 본성(善本性)과 탁월한 지능

(1) 내가 인식과 실천의 주체 ……………………………… 77
(2) 「나」는 우주의 중심적 존재 …………………………… 78
(3) 인간의 뛰어난 지각(知覺)과 기능(技能) …………… 80
(4) 배워야 알고 바르게 산다 ……………………………… 83

제2장 유교의 생명철학적 발전관

(1) 천도(天道)를 바르게 알자 ……………………………… 88
　　<1> 지천명(知天命)의 깊은 뜻 ………………………… 88
　　<2> 인심(仁心)과 애민이물(愛民利物) ………………… 90
(2) 천도(天道)는 생육화성(生育化成)의 도리 …………… 92
(3) 경전에 나타난 발전관 ………………………………… 96
　　<1> 역경(易經)의 발전관 ……………………………… 96
　　<2> 중용(中庸)과 대학(大學)의 발전관 ……………… 98
(4) 예교(禮敎)와 예치(禮治)의 현대적 해석 …………… 103

제5편 삼강오륜(三綱五倫) : 윤리의 핵심

제1장 서론 : 도덕윤리와 위기극복

제2장 삼강(三綱)의 현대적 해의

제3장 오륜(五倫)의 현대적 해의

제6편 고대의 부녀관과 부녀도

제1장 태고의 모계 씨족사회(母系氏族社會)

제2장 사회 변천과 남성 우위

제3장 결혼의 깊은 뜻과 부녀의 도리

제4장 부녀의 예속적 위상(位相)

제7편 대학(大學)의 도덕정치 원리

제1장 왕도(王道)와 패도(覇道)

제2장 대학(大學)의 정치원리

제3장 대학의 삼강령(三綱領)

제4장 대학의 팔조목(八條目)

제3장 도심(道心)을 함양하고 선양하자

제1편 서론 : 정치타락과 인류위기

절대선(絶對善)인 하늘의 도리를 따라 사람들이 서로 사랑하고 협동하여 함께 잘 사는 공동체를 꾸며야 한다. 그러나 오늘의 인류사회는 총체적으로 타락했다.

그 근본요인은 정치의 타락에 있다. 강대국을 위시하여 모든 나라들이 혹심한 「이기적 국가 절대주의(利己的國家絶對主義)」에 빠져 저마다 끝없는 탐욕을 채우기 위해 간악하고 음흉한 권모술수를 농하거나 혹은 잔인한 무력을 행사하여 남을 살상하고 남의 재물을 탈취하고 남의 토지나 시장을 독점하고 있다. 이에 국제사회가 약육강식의 사냥터로 전락했으며 아울러 지구촌 전체가 초토열화의 생지옥으로 화했다.

우리는 속히 이기주의와 외형적 물질문화 및 무력팽창주의로 야기된 오늘의 위기를 극복해야 한다. 그 길을 내면적 정신문화에서 찾아야 한다. 먼저 우리 자신이 심성을 함양하고 인격을 도야해서 사회적으로 도덕 윤리 효도를 실천해야 한다. 그래야 모든 나라가 도덕정치를 펴게 될 것이다.

전통사상에서 말하는 도덕의 뜻은 깊다. 도(道)는 「절대선(絶對善)인 천도(天道)」이고, 덕(德)은 「도를 따르고 행해서 얻은 좋은 성과 즉 지덕(地德)」을 말한다.

도덕정치는 서로 싸우고 쟁탈하는 악덕정치와는 정반대가 된다. 천도를 따라 사랑하고 협동하는 인애(仁愛)의 덕치(德治)이다. 도덕정치를 펴야 「과학 기술 재물」 등을 선용하고 인류대동(人類大同)의 진정한 평화세계를 창건할 수 있을 것이다.

⑴ 동양의 정신문화와 서양의 물질문화

동양과 서양은 문화의 특성이나 전통이 상대적으로 다르다. 동양에서는 내면적 정신문화를 높이고 서양에서는 외형적 물질문화를 중시한다. 그 결과 동양사람들은 심성함양과 인격도야 및 윤리도덕의 실천을 중시하고 서양사람들은 개별적 기능과 외형적 물질가치를 높이고 무력을 앞세운다.

과학 기술을 높이고 또 선용해서 인류의 외형적 물질생활을 편리하고 풍요롭게 하는 것은 바람직하다. 그러나 인간의 존엄성과 숭고한 정신가치를 망각하고 인간을 물질이나 무력에 예속케 하는 것은 잘못이다. 특히 강대국들이 과학 기술 재물 등을 무력화하고 세계를 제패함으로써 인류를 도덕적으로 타락시키고 마침내 세계를 약육강식의 사냥터로 전락케 한 것은 더욱 큰 잘못이다.

이대로는 안 된다. 무력의 절대적 지배는 있을 수 없다. 무력은 보다 큰 무력을 초래하고 「무력 상쟁(武力相爭)」은 상호 멸망에 직결된다. 위기를 극복하고 인류를 구제하기 위해서는 동양의 정신문화의 핵심인 윤리 도덕을 선양하고 실천해야 한다.

개인이나 국가가 내면적 정신가치를 높이고 또 윤리 도덕을 실천해서 과학 기술 및 물질 등을 선용해야 한다. 그래야 진정한 인류의 행복과 평화를 보장하는 대동(大同)의 「선 세계(善世界)」를 창건할 수 있다.

⑵ 수렵(狩獵)의 원리와 정치의 타락

세계의 현실을 냉철하게 내다보고 비판하자. 불행하게도 모든 나라들이 수렵(狩獵)의 정치논리를 바탕으로 하고 음양(陰陽)으로 서로 쟁탈전을 벌이고 있다.

본시 서양문화의 특성과 전통은 수렵을 바탕으로 한 것이었다. 동물을 잡아죽이고 내 것으로 만드는 것이 사냥이다. 서양의 수렵문화는 역사적 사실로 해적문화 시대를 거쳐 마침내는 국가적 차원의 해양진출에 이어졌다. 서양의 강대국들은 19세기를 전후해서 철선(鐵船)과 화포(火砲)를 앞세우고 세계 도처에서 재물을 긁어모았고 또 많은 식민지를 획득했다. 그리고 오늘에는 핵무기와 첨단무기의 힘으로 세계를 제패하고 있다. 남을 죽이고 남의 것을 탈취해서 나 잘살겠다는 정치가 곧 수렵의 논리를 바탕으로 한 「악덕 정치」이다. 그러나 물질과 무력만을 높이는 서양은 악덕을 악덕인 줄 모른다. 그것을 당연시하고 또 전부라고 믿고 있다.

딱하게도 동양의 많은 자주성을 상실한 지식인들도 물질과 무력을 절대시하는 서양의 악덕정치의 논리를 더없이 좋은 것이라고 착각하고 있다. 따라서 동양의 정신문화를 멸시하고 바르게 알려고 하지 않는다. 이에 더욱 정치가 타락하고 「과학 금전 및 무력」만을 추구하는 부국강병에 골몰함으로써 마침내 인류사회 전체를 악덕과 폭력이 난무하는 생지옥으로 전락케 하고 있다.

⑶ 생지옥화했던 20세기의 세계

  20세기는 인류가 온통 미쳐서 생지옥을 연출했던 참극의 한 세기였다. 1, 2차 대전, 한국전쟁, 월남전, 여러 나라의 정치혁명과 대량학살, 지금도 계속되고 있는 국지전쟁, 동서의 치열했던 이데올로기의 대결, 강대국과 약소국간의 격차와 갈등, 탐욕스런 무역전쟁, 세계화라는 이름의 강대국의 시장 독점, 무력을 앞세운 강대국의 음흉한 세계 제패의 야욕 등으로 지구촌이 얼룩지고 있다.

  이로 인해, 자연이 파괴되고 무고한 생명이 대량으로 살상되고 전통적 가치관이 붕괴되고 윤리 도덕이 증발했다. 옛날 로마제국이 유럽을 휩쓸고 원나라가 아시아를 유린했던 것은 오늘의 원자탄을 동원한 살육 전쟁에 비하면 단지 어린아이들의 패싸움에 불과하다.

  20세기의 인류사회가 이처럼 처참한 몰골로 전락한 근본 원인은 모든 나라들이 「수렵의 논리를 추구하는 악덕정치」를 펴고 있으며, 모든 나라들이 「이기적 국가절대주의」에 빠져 끝없는 탐욕을 채우기 위해 간교한 술책을 농하거나 혹은 무자비한 무력으로 남을 살상하고 남의 땅과 재물을 탈취하고 있기 때문이다.

  물론 동양에도 과거에는 이와 같은 악덕정치와 무력 상쟁이 있었다. 그러나 일찍이 동양의 성현들은 악덕을 신랄하게 비판했고 아울러 「수기치인(修己治人)과 왕도덕치(王道德治)」의 정치사상과 공존공영(共存共榮)의 길을 제시했던 것이다.

⑷ 위기에 대한 성현(聖賢)의 경고(警告)

인간이 도덕성을 상실하고 정치가 악덕논리를 따름으로써 오늘의 인류는 위기에 처했다.

개인적 차원에서나 국가적 차원에서나 악덕의 근본은 악한 마음가짐이다. 남을 살상하고 남의 재물을 탈취하여 혼자 잘살려는 마귀의 심보가 바로 악덕의 근본이다. 이러한 악덕을 근본적으로 치유하지 못하고 그대로 두면 개인적으로나 전체적으로나 파멸을 면치 못한다. 그러므로 동양의 옛 성현들은 다음과 같이 날카롭게 경고했던 것이다.

예기(禮記)에 있다. 「인간이 동물적 존재로 전락하는 까닭은 천도를 저버리고 인간적 탐욕을 끝없이 추구하기 때문이다.」[1]

대학(大學)에 있다. 「덕이 근본이고 재물은 말단이다. 그런데 근본인 덕을 밖으로 내쫓고 말단인 재물을 안에 모시면 사람들이 서로 다투고 재물을 쟁탈하게 된다.」[2]

맹자(孟子)는 다음과 같이 인륜(人倫)을 강조했다. 「일반 사람에게 적용되는 기본원칙이 있다. 배불리 먹고 따뜻하게 옷을 입고 물질적으로 풍족하고 안일하게 생활을 하되, 만약에 그들을 바르게 가르치고 교육하지 않으면 금수와 다를 바 없게 된다. 그러므로

---

1) 人化物也者 滅天理 而窮人欲者也. ＜樂記＞
2) 德者本也 財者末也 外本內末 爭民施奪 ＜傳 10＞

옛날의 순(舜) 임금은 이를 우려하고 설(契)을 교육장관으로 임명하여 백성들에게 윤리를 가르치게 했다.」 3)

또 맹자는 말했다. 「하늘의 도리가 실천되는 좋은 세상에서는 <도덕이 기준이 된다.> 그러므로 덕이 큰 대인이 덕이 작은 소인을 부리고 또 크게 현명한 사람이 덜 현명한 사람을 부린다.

그러나 하늘의 도리가 행해지지 않는 나쁜 세상에서는 <무력이 기준이 된다.> 그러므로 힘이 작은 나라는 큰 나라의 지배를 받고 무력이 약한 나라는 무력이 강한 나라에 예속되게 마련이다.

이 둘은 하늘에 의해서 정해진 필연의 방식이다. 그러므로 천도를 따라 덕을 높이는 사람이나 나라는 흥성하고, 반대로 천도를 어기고 무력만을 내세우는 인간이나 나라는 멸망한다.」 4)

이상은 바로 오늘의 인류에게 주는 날카로운 경구(警句)들이라 하겠다. 우리는 악덕정치를 지양하고 도덕성을 회복해야 한다.

21세기에는 낡은 때와 악덕을 청산하고 새로워져야 한다. 그러므로 우리는 크게 각성하고 악덕한 마음이나 그릇된 사상 및 가치관을 바꿔야 한다. 그리고 절대선인 하늘의 도리를 따르고 실천하는 착한 도의사회를 창건해야 한다.

---

3) 人之有道也 飽食煖衣 逸居而無敎 則近於禽獸 聖人有憂之 使契爲司徒 敎
   以人倫.

4) 孟子曰 天下有道 小德役大德 小賢役大賢 天下無道 小役大 弱役强 斯二者
   天也 順天者存 逆天者亡.

⑸ 유교사상에 대한 재평가

<1> 사람들이 잘 모르고 오해하고 있다

인류 문화는 역사적으로 발전한다. 그러므로 항상 전통을 존중하고 활용해야 한다. 전통은 오랜 세월에 걸쳐 어질고 슬기로운 많은 성현들에 의해 창조되고 또 계승된 예지의 결정이다.

서양의 외형적 물질문화나 과학 기술도 오랜 세월에 걸쳐 많은 사람들의 노력에 의해서 창조되고 축적된 금자탑이다. 그러므로 우리도 그들의 귀중한 성과를 높이고 활용해야 한다. 동시에 동양의 내면적 정신문화의 가치와 전통도 높이고 활용해야 한다. 그래야 서양의 무력 만능사상에 오염된 인류의 심각한 위기를 극복할 수 있다.

동양의 전통적 정신문화의 핵심은 유교다. 유교는 지(知)와 행(行)을 아울러 강조한다. 천도 천리를 알고 그것을 실천해야 한다.

공자에 의해서 2천 5백년 전에 틀이 잡힌 유교사상의 특성은 합리적 인본주의, 실천적 도덕주의, 역사적 실증주의 및 발전적 문화주의라고 말할 수 있다. 이에 대해서는 많은 사람들이 공감할 것이다. 그러나 더 중요한 것은 유교의 핵심이 되는 「생명 철학적 발전관(生命哲學的發展觀)」을 바르게 아는 일이다.

유교는 우주를 하나의 거대한 생명체로 본다. 따라서 천지 자연 만물이 끝없이 생성 변화 번식 발전하고 있다고 본다. 역경(易經)

에서 「생생불이(生生不已)」라고 한 말은 곧 우주 천지 자연 만물의 생성 변화 발전이 끝없이 이어진다는 뜻이다. 또 「하늘과 땅이 어울려 만물을 생성하고 발전케 한다.」[5]라고 한 말 등이 곧 유교의 「생명 철학적 발전관」이다.

이 점을 깊이 인식해야 한다. 유교는 절대로 진부하고 후퇴를 강요하는 사상이 아니다. 그러므로 유교가 강조하는 도덕 윤리의 실천도 자연 만물과 조화를 이루고 천하 만민이 함께 잘살고 번성하려는 발전의식과 가치관을 바탕으로 하고 있다.

윤리 도덕은 절대로 일반 대중을 구속하는 멍에가 아니다. 함께 잘살고 발전하려는 공동체의식에서 나온 선가치적 사회규범이다. 그러나 많은 사람들이 유교의 깊은 뜻을 모르고 무조건 유교를 낡고 쓸모 없는 봉건적 퇴폐사상 혹은 패배사상으로 곡해하고 있는 것은 참으로 통탄할 노릇이다.

그렇게 된 원인은 다름이 아니다. 첫째로 유교의 깊은 뜻을 모르기 때문이다. 다음으로 금전과 무력이 난무하는 혼탁한 현실에 미혹(迷惑)되어 바른 삶의 도리를 모르고 동물적 삶만을 살고 있기 때문이다.

<2> 동양의 몰락의 원인과 책임

냉철히 생각해 보자. 동양의 몰락이 유교사상 때문이었나? 아니면 아편전쟁을 전후한 서양의 제국주의적 무력침략 때문이었나?

---

5) 天地之大德曰生.

동양의 몰락의 책임은 청조의 통치자들이 져야 한다. 그들은 타락하고 무능하여 서양의 막강한 무력침공을 격퇴하지 못하고 굴복했던 것이다. 그들이 우둔하고 무식해서 서양의 과학 기술 공업에 대해서 배우지도 않았고 또 알지도 못했기 때문에 망한 것이다. 당시의 지도층은 편협했다. 아는 것이라고는 한자와 유교가 전부였다. 그들의 글공부도 벼슬하고 부귀를 누리기 위한 것이었다. 그러므로 그들은 타락할 수밖에 없었다. 다시 말하면 그들은 유교도 바르게 알고 실천한 것이 아니었다.

만약에 그들이 유교의 깊은 뜻을 알고 실천했다면 천도를 따라 과학 기술도 발전케 하고 특히 유교의 가르침대로 수사선도(守死善道)하고 벽사위정(辟邪衛正) 했을 것이다. 그러므로 동양의 몰락의 책임을 유교사상 자체에 돌리는 것은 잘못이다. 유교사상을 바르게 모르고 실천을 못한 지식인 특히 과학 기술의 개발이나 무력증강을 소홀히 한 청조의 정치 지도자에게 돌려야 한다. 과거의 동양의 지식인들이 부국강병하지 못하고 서양의 무력침공에 굴복한 죄는 절대로 용서받을 수 없다.

그와 마찬가지로 오늘의 편협한 지식인들이 서양의 무력팽창주의만을 높이고 동양의 정신문화나 윤리 도덕을 모르고 배척하는 것도 큰 잘못이다. 그와 같이 하나만 알고 둘을 모르는 편견이 오늘의 인류 위기를 조성하고 있는 것이다.

「나 잘살기 위해서는 재물과 무력만을 높여야 한다. 정신이나 윤리 도덕은 필요 없다」고 하는 편견이 오늘의 세계를 병들게 하고 있는 것이다.

사람은 정신과 육체가 함께 발달해야 한다. 육체만 건장하고 정신이 쇠약하거나 반대로 정신만 높고 육체가 허약하면 안 된다.

그와 마찬가지로 국가도 내면적 정신문화와 외형적 물질문화를 고르게 발전시키고 조화해야 한다. 그래야 남에게 유린되거나 침략을 받지 않을 것이다.

그런데 동양의 많은 지식인들이 서양의 무력침략을 탓하기에 앞서 무조건 유교사상을 매도하는 것은 잘못이다. 무력이 약해서 패배하고 침략을 당했으니 무력을 강화해서 침략을 막아야 한다.

그러나 무력을 가지고 남을 침략하면 안 된다. 무력을 강화하되 동시에 숭고한 정신과 덕성으로 상대를 선화(善化)해야 한다.

유교사상에도 만부득이한 경우에는 무기를 들고 천도를 어기는 잔인 무도한 폭군을 타도하고 방벌(放伐)하는 혁명사상과 파사현정(破邪顯正) 사상이 철저하다.

그게 다 절대선인 천도를 기준으로 하고 인간의 사악을 격퇴하자는 사상이다. 유교는 절대로 악에 패하는 것을 용납하지 않는다.

한편 유교사상은 부지런히 일하고 근검 절약해서 경제적으로 부를 축적하고 부유하게 잘살고 발전하라는 경제사상도 투철하다. 그러나 악덕하게 부귀를 누리는 것을 절대로 금한다.

유교사상은 무조건 못살고 남에게 패배하는 사상이 아니라는 것을 오해해서는 안 된다. 바르게 배우고 바르게 알아야 한다. 잘 알지도 못하면서 덮어놓고 유교사상을 매도해서는 안 된다.

물론 역사적으로 과거의 지식인이나 통치계급의 잘못이 크다. 그들은 좁은 구각(舊殼)에 묻혀 과학 기술을 소홀히 했고 특히 악덕한 통치자들이 유교사상을 보수적 관료체제 옹호에 악용했던 것이다.

그들은 유교의 「생명 철학적 발전관」이나 혁명사상의 장점을 활용하지 못하고 반대로 독재적 악덕 군주나 가부장제(家父長制)를 옹호하기 위해 그릇된 충성을 강요했던 것이다. 그들의 충성은 진정한 천도에 맞는 충성이 아니었다. 사악하게 부귀를 누리기 위한 굴욕적인 가장(假裝)된 충성이었다.

오늘의 악덕정치가 과학 기술을 악용하는 것과 같다. 그렇다고 과학 기술 자체를 비난해서는 안 된다. 그와 마찬가지로 사악한 인간을 비난해야지 성현의 가르침인 유교를 비난해서는 안 되는 것이다. 결국 무식하고 악덕한 인간이 유교를 악용한 것이지 유교의 가르침 자체가 나쁜 것이 아니다.

오늘의 강대국들이 과학을 악용하여 가공할 살상무기를 제조하고 남의 나라를 위협하고 있다고 과학 기술 자체가 나쁜 것이 아니다. 악용하는 인간이 나쁜 것이다. 서양을 기준으로 하고 동양의 유교를 무조건 매도해서는 안 된다. 서양의 이기주의나 외형적 물질문화를 절대시하고 동양의 이타적 정신문화를 매도하고 배척하는 것은 큰 잘못이다. 이러한 태도는 선악시비도 분간 못하는 무식한 자들의 소행이라 하겠다.

정신가치를 소홀히 하고 물질가치만을 높인다면 인류는 영원히 위기에서 벗어나지 못하고 또 구제될 수 없다.

인류의 위기가 극에 달한 지금이 바로 우리가 나서서 정신가치를 높이는 동양의 전통사상과 도덕 윤리를 세계적으로 선양해야 할 때이다. 우리들 자신부터 각성해야 한다.

<3> 한문을 배워야 한다

동양의 지식인들이 먼저 전통사상의 핵심인 유교를 바르게 인식하고 아울러 천도를 기준으로 한 윤리 도덕을 실천해야 한다. 그리고 우리들이 앞장서서 동양의 내면적 정신문화를 세계적 차원에서 모든 지식인에게 선양하고 따르게 해야 한다. 그래야 인류가 위기를 극복할 수 있다.

먼저 서양의 물질문화 및 무력주의를 기준으로 하고 알지도 못하는 유교사상을 무조건 매도하는 나쁜 버릇을 고쳐야 한다. 아울러 동양의 정신문화의 핵심인 유교사상을 배워서 깊이 알고 바르게 살아야 한다. 깊이 알기 위해서는 필수적으로 한문을 배워야 한다.

서양은 수학을 바탕으로 외형적인 자연과학을 발전시켰다. 한편 동양은 한문을 바탕으로 내면적인 정신문화를 발전시켰다.

수학이나 한문이나 시각적으로 개념을 압축해서 전달하는 문화의 도구이다. 수학의 공식이나 한문은 개념을 압축하고 체계적으로 정보를 전달하는 시각적 부호이다. 그러므로 수학을 배우지 않고는 자연과학을 알지 못하고 한문을 배우지 않고는 정신문화를 모르게 된다. 수학의 공식을 떠나서 자연과학이 성립될 수 없다. 마찬가지로 한문을 배우지 않고는 절대로 동양의 정신문화를 깊이 터득할 수 없다.

만약에 수학의 공식을 부호를 쓰지 않고 소리나는 대로 표음문자로 표기한다면 수학이 성립될 수 있을까? 그것은 불가능할 것이다. 그와 마찬가지로 「뜻과 개념을 압축한 한문」을 배워야 동양의 깊은 정신문화를 터득하고 체득할 수 있다.

한문을 배움으로써 저마다 심성을 함양하고 인격을 도야해서 사람다운 삶을 살게 될 것이다. 한문을 배워야 동양의 역사와 문화의 자주성을 굳게 지키고 또 정신적으로도 물질과 무력의 노예로 전락하지 않을 것이다. 한문을 배우고 심성을 함양해야 관능적 쾌락을 좇는 동물적 삶에서 벗어날 수도 있다.

한문을 배워야 인심(仁心)을 발휘하고 만민을 사랑하고 만물을 선용하는 「애민이물(愛民利物)」의 인덕(仁德)」을 세울 수 있다.

한문을 배워야 하늘의 뜻과 천도에 맞는 바르고 착한 문화생활을 영위할 수 있다. 모든 사람이 한문을 배워야 윤리 도덕이 실천되고 따라서 정치 지도자들이 도덕정치를 펴고 「선세계(善世界)」를 창건하게 될 것이다.

제2편 존엄한 인간과 삶의 가치

우주(宇宙)는 「일대 생명체(一大生命體)」이다. 그 뜻은 기본적으로 둘이 있다. 「하나의 큰 생명체」라는 뜻과 「극소(極小)와 극대(極大)가 하나가 된 생명체」라는 뜻이다.

인간의 삶은 우주 천지 자연 속에서 이루어지고 있다. 전통사상에서 말하는 우주는 공간과 시간을 통합한 뜻이다. 천지(天地)는 하늘과 땅이라는 뜻 이외로 형이상(形而上)의 천도(天道)와 지상에 나타난 형이하(形而下)의 지덕(地德)의 뜻이기도 하다.

자연(自然)은 본래 「스스로 이루어진다」는 뜻이다. 그러나 우주를 주재하는 절대인 하늘에 의해서 만들어진 자연 만물의 뜻도 있다. 자연 만물은 일월성신(日月星辰), 산천초목(山川草木) 등 수없이 많다.

우주 천지 자연 만물은 엄연히 존재하고 동시에 계속해서 생성 변화 번식 발전하고 있다. 이와 같은 큰 삶의 조화 속에서 인간도 삶을 영위하고 있다. 따라서 만물과의 관계를 잘 조절하고 또 환경의 변화에 적절히 대응해야 한다.

하늘은 사람을 만물의 영장으로 창조했다. 그러므로 인간만이 만물을 창조한 하늘과 하늘의 도리를 터득하고 또 활용한다. 하늘은 일차적인 창조를 했을 뿐 이차적인 문화의 창조와 발전은 인간이 하게 마련이다. 이를 서경(書經)에서는 「하늘의 일을 사람이 대신한다(天工人其代之)」라고 말했다.

만물의 영장인 인간은 하늘을 대신하는 존엄한 존재이다. 그러므로 절대선(絶對善)인 천도(天道)를 따라서 지덕(地德)을 세워야 한다. 즉 인간은 하늘을 대신하여 인류의 역사와 문화를 더욱 새롭게 발전시켜야 한다.

제1장 「식물·동물·인간」의 공통성과 특이성

(1) 하늘이 준 만물의 본성

우주 천지 자연 만물은 하늘에 의해서 창조되었고 또 하늘의 도리를 따라서 생성 변화 발전하고 있다. 그러므로 만물은 하늘이 내려준 저마다의 외형과 내면적 본성을 지니고 있다.

중요(中庸)에 「하늘이 내려준 것이 만물의 본성이다.(天命之謂性)」라고 했다. 이 때의 「성(性)」은 주로 인간의 「선본성」을 강조한 말이다. 그러나 확대 해석하면 「식물에는 식물의 본성이 있고, 동물에는 동물의 본성이 있다.」로 넓힐 수 있다.

먼저 동물을 예로 들고, 날짐승[鳥類], 네발짐승(四足獸) 및 물고기[魚類]의 저마다의 특성을 도표로 표시한다.

	본성과 기능	외형의 특성
날짐승	공중을 날다	날개가 달렸다
네발짐승	지상을 뛰어가다	네발이 달렸다
물고기	수중을 헤엄치다	지느러미비늘유선형

이 모두가 하늘이 부여해 준 것이다. 「식물 동물 인간」에게 하늘은 다른 본성을 주었다. 그 공통성과 특이성을 나누어 설명하겠다.

먼저 「식물 동물 인간」의 대표적인 공통성에 대해서 서술하겠다.

⑵ 식물 동물 인간의 공통성

천지간에 있는 모든 생물 중 인간만이 만물의 영장으로 존귀하다. 그러나 인간도 생물이므로 원초적 차원에서는 식물이나 동물과 같은 본성을 바탕으로 삶을 살고 있다. 먼저 식물, 동물 및 인간의 두드러진 공통성을 도표로 제시하겠다.

<참고 : 식물 · 동물 · 인간의 공통성>

	먹고 개체를 보전함	짝짓기 종족번식	집단성
식물	공기 광선 열 물	암수 수수	동류 집단
동물	물 식물 동물	암컷 숫컷	동류 집단
인간	공기 광선 물 식물 동물 농작물 공산품	남성 여성 결혼 자손 출산	인종 민족 동족 집단

먼저 도표에 대한 개략을 말하고, 다시 자세히 설명을 가하겠다.

① 먹고 마신다 : 식물의 경우는 공기 태양열 및 수분 등의 자양분을 섭취한다. 동물과 사람은 맑은 공기 및 물 이외로 적시에 적량의 음식물을 섭취한다. 그럼으로써 개체를 보전하고 생명을 유지하고 또 활동할 수 있다.

② 짝짓기를 한다 : 식물의 경우는 암술과 수술, 동물의 경우는 암컷과 수컷, 인간의 경우는 여성과 남성이 어울려 짝짓기를 한다.

그래야 자손을 출산하고 종족이 번성한다. 성도덕의 문란은 존엄한 결혼의 깊은 뜻을 모르기 때문이다.

③ 함께 모여 산다 : .모든 생물은 같은 종류가 함께 모여 사는 군집(群集)의 본능이 있다. 식물의 경우는 잔디밭, 연못[蓮池] 및 죽림(竹林) 등이 있게 마련이다. 동물의 경우는 하늘에는 새들이 날고, 지상에는 크고 작은 곤충이나 동물들이 떼지어 꿈틀거리거나 뛰고 있다. 강물이나 바다에는 물고기가 떼지어 살고 있다.

인류도 인종이나 지역 별로 모여서 저마다 다른 집단생활을 한다. 또 가정, 국가 등의 공동체를 구성하고 함께 어울려 살고 있다. 이것도 하늘이 생물에게 부여해 준 본성을 바탕으로 한 것이다. 다시 항목 별로 나누어 자세히 설명을 가하겠다.

<1> 개체를 보전하기 위한 식생활

먹고 마시는 식생활은 모든 생물에게 필수적이다. 식물은 필요한 자양분을 섭취한다. 동물 인간은 적시에 필요한 만큼의 먹이를 섭취해야 삶을 영위할 수 있다. 잘 먹어야 생명을 유지하고 개체를 보전하고 또 세차게 활동하고 일할 수 있다.

인류만이 문화적으로 식생활을 영위한다. 즉 불을 사용하거나 조미료를 써서 요리를 만들어 섭취한다. 그러나 식생활을 문화적으로 한다고 다 선한 것이 아니다. 「선 · 악」의 기준을 「본성과 천도」에 두어야 한다. 동물적 탐욕을 기준으로 하면 안 된다.

식물과 동물은 본성을 바탕으로 천도를 따라 생존하기 때문에

별문제 없이 생존한다. 그러나 사람은 본성과 천도를 따라 선량하게 살기도 하지만, 반대로 이기적 탐욕과 관능적 쾌락을 채우기 위해 아귀의 도리를 따라 악한 삶을 사는 경우가 많다.

따라서 인간의 식생활은 문화적임에도 불구하고 「선과 악」이 혼재(混在) 하기 마련이다. 「본성」을 바탕으로 천도를 따르는 식생활은 선하다. 반대로 「이기적 탐욕」을 채우기 위해 아귀의 도리를 따라 무절제하게 먹고 마시는 것은 악하다.

더욱 문화적이기 때문에 치명적인 폐단이 속출한다. 욕심으로 과도하게 많이 먹기 때문에 배탈이 난다. 또 과도한 약물 복용, 혹은 정력제나 환각제 등을 남용함으로써 천수를 다하지 못하고 요절하는 수가 허다하다.

여기서 삶의 뜻에 대해서 깊이 생각해 보자. 사람은 생명이 있어야 살아서 움직이고 활동하고 일을 한다.

그 귀중한 생명은 하늘이 내려 준 것이다. 생명은 보이지도 않고 만질 수도 없다. 생명은 사람이 사람에게 줄 수 있는 물건이 아니다. 하늘만이 식물, 동물, 인간에게 생명을 내려 줄 수 있다.

백만 년에 걸친 장구한 인류의 역사와 발전을 바탕으로 하늘이 귀중한 생명을 인간에게 준 뜻과 목적을 다음같이 추정할 수 있다.

「생명은 움직이고 활동하는 기능이다. 하늘이 사람에게 생명을 내려준 뜻은 하늘 대신자(代身者)로 그때 그때마다 인류의 역사와 문화 발전에 선가치적으로 동참케 함이다.」

거듭 강조하겠다. 하늘이 사람에게 생명을 주고 삶을 누리게 한 이유와 목적은 인류의 역사와 문화를 대대로 계승하고 더욱 발전케 하기 위해서다. 사람은 절대로 먹고 마시고 놀기 위해서 사는 것이 아니다. 따라서 먹고 마시고 놀기만 하면 천벌을 받는다.

<2> 종족의 번식을 위한 짝짓기

인간만이 남자 여자가 결합하여 자녀를 낳고 번식하는 것이 아니다. 식물도 동물도 다 암과 수가 어울려 번식한다. 그것이 바로 하늘의 도리이다. 음과 양의 결합은 종족의 번식과 계승을 위해 절대로 필요하다.

잘 먹어야 개체를 보전하고 활동할 수 있듯이, 음과 양이 잘 어울리고 짝짓기를 해야 종족이 번식하고, <인간의 경우는> 역사 문화를 계승 발전시킬 수 있다.

남녀의 결합 즉 결혼은 이렇듯이 존엄하고 중대한 뜻이 있다. 가정적으로는 자녀를 낳고 그들로 하여금 가문과 가업을 계승하고 집안을 더욱 흥성케 하려는 것이다.

국가적으로는 겨레와 나라의 역사 문화를 계승하고 더욱 새롭게 창조적으로 발전케 하려는 중대한 뜻이 있다. 그것이 하늘의 뜻이고 또 하늘의 도리이다.

짝짓기의 깊은 뜻을 바르게 알자. 짝짓기는 새 생명을 창출하고 종족을 번식시켜 역사와 문화를 계승하고 더욱 발전케 한다는 중대한 의미가 있다. 결혼의 엄숙한 의미를 잘 알자.

인류의 역사 및 문화 발전은 대를 이어가면서 이루어진다. 우리의 선조도 우리를 낳고 또 무엇인가를 남기고 갔다. 그와 마찬가지로 우리도 자식을 낳고 또 무엇인가를 남기고 죽어야 한다. 그래야 우리의 자손들이 더욱 흥성하고 발전할 것이다.

이렇게 자자손손(子子孫孫) 대를 이어가면서 역사 문화를 발전시킨다. 문화발전의 담당자들이 바로 인간이고 그 일꾼을 생산하는 바탕이 남녀의 짝짓기 즉 결혼이다.

사람은 하늘의 도리를 어기고 섹스를 쾌락의 수단으로 악용해서는 안 된다. 성생활에 있어 오늘의 인류는 심각한 타락상을 노출하고 있다. 성생활의 문란은 개인과 가정을 망치고 사회나 국가적으로는 도덕 윤리를 파괴하고 나아가서는 인류 사회 전체를 병들게 한다.

타락하고 선정적인 상업광고나 그들과 결탁한 신문, 잡지, TV 등 보도매체가 돈에 팔려 섹스문화를 범람시키고 있는 것은 잘못이다. 매스컴은 돈보다 정신가치를 높여야 한다. 매스컴은 타락을 선동하지 말고 타락을 저지하고 인간을 정신적 윤리 도덕적으로 교육하고 향상시키는 교육적 역할을 중하게 여겨야 한다.

전통 예절은 결혼을 인생의 중대사로 여기고 까다로운 의식 절차를 마련했다. 오늘의 눈으로 보면 허례허식도 많이 포함되어 있다. 그러나 남녀의 결합을 당사자만의 야합으로 끝나지 않고 두 집안간의 중대사로 높인 전통예절의 깊은 뜻과 정신을 잘 이해해야 한다.

결혼은 당사자인 남녀의 성적 결합을 사회적으로 인정받는 절차 이상의 중대한 뜻이 있다.

성(姓)을 달리하는 두 집안이 피를 섞음으로써 우생학적으로도 향상된 자손을 번식하고 동시에 보다 큰 공동체를 형성하고 또 역사와 문화를 계승하고 발전시키는 바탕이 되는 엄숙한 의식이다.

거듭 강조하지만, 결혼은 자손의 번영과 가문의 계승 발전을 위한 예절이며 의식이다. 크게는 인류의 번성과 인류 역사 문화 발전에 직결된다. 참되고 순결한 사랑으로 맺어진 부부는 선량한 자녀를 낳고 양육할 것이며, 훌륭한 문화발전의 일꾼을 사회에 진출케 할 것이다.

<3> 안전과 번영을 위한 집단생활

식물 동물 및 인간은 본능적으로 동류가 모여 살고 또 번식한다. 선천적으로 주어진 동류의식을 바탕으로 군집생활을 영위하고 있다.

이 특성도 식물 동물 및 인간이 공유하고 있다. 식물도 같은 유(類)가 함께 군생(群生)하고 있으며, 동물도 같은 유가 모여 집단적으로 서식하고 있으며, 인간도 동류, 동족이 함께 모여 조직적인 공동생활을 하고 있다.

이와 같은 집단성도 하늘이 내려준 본성이다. 따라서 동류의식을 바탕으로 함께 어울려 사는 것이 하늘의 도리에 맞는 삶인 것이다. 특히 벌[蜂]이나 개미[蟻] 같은 곤충들도 제법 엄격한 집단적 조직생활을 영위하고 있다.

동물은 무의식적인 집단생활을 한다. 그러나 인간은 고도의 의식을 가지고 공동체를 구성하고 또 공동생활을 영위한다.

인간의 경우는 공동체를 구성하는 개개인이 저마다 높은 자아의식과 개별적 특성을 바탕으로 공동의 이익이나 번영을 목적으로 공동생활을 한다.

그러므로 인간은 고도의 집단의식을 가지고 사회 전체의 안전과 공동이익을 추구해야 한다.

인간의 집단생활은 그 범위가 점차로 확대되게 마련이다. 즉 가정, 국가 및 세계로 확대되고 종국적으로는 인류대동(人類大同)의 「하나의 지구촌」으로 확대될 것이다.

역사적 사실로 인류는 태고 때부터 동류의식을 바탕으로 공동체를 구성하고 또 여러 단계의 공동생활을 일관되게 영위해 왔다. 동시에 인류의 공동생활은 역사적으로 점차로 그 범위를 확대하고 또 치밀하게 조직화해 오고 있다.

남녀가 부부가 되어 자녀를 낳고 양육함으로써 가족 및 일가 친척이 형성되고 차츰 씨족사회나 부족사회로 확대되었고 마침내는 같은 겨레를 중심으로 한 민족국가를 형성하게 되었다.

근래에는 여러 민족이 함께 어울려 사는 광범위한 지역 사회내지는 지역 공동체로 확대 발전하고 있다. 얼마 안 가서 인류는 「하나의 지구촌 공동체」를 구성하게 될 것이다.

다음에는 인류의 집단생활에 관한 문제점을 생각해 보자. 식물 동물은 하늘이 부여해 준 본성과 하늘의 도리를 따라서 군집생활을 한다. 그러므로 별 문제가 없다.

그러나 인간은 「선 본성과 천도」를 따르지 않고 반대로 「이기적 탐욕」을 따르기 때문에 악덕이 속출한다.

이기적 탐욕을 채우기 위해 남을 속이거나 혹은 남을 살상하고 남의 재물을 탈취하는 악덕을 자행한다. 따라서 인류의 공동생활은 동물의 집단생활보다 더 추악하고 악덕하게 마련이다.

만물의 영장인 인간은 천도를 따라야 한다. 사악한 아귀의 도리를 따라서는 안 되는 것이다.

과거에는 「우승열패(優勝劣敗)와 약육강식(弱肉强食)」을 합리화 한 때도 있었다. 그것은 제국주의가 자기들의 무력침략을 호도하기 위한 악덕한 궤변이었다. 지금도 강대국은 약소국들을 유린하고 자신들의 탐욕을 채우는 데 골몰하고 있다.

동물은 강한 놈이 약한 놈을 잡아먹는다. 그러나 일단 배가 부르면 당분간은 쉰다. 뿐만 아니라, 동류가 서로 잡아먹는 일은 없다. 그러나 인간은 같은 동류인 인간을 무력으로 살상하고 남의 재물을 탈취해서 창고에 축적한다. 탐욕이 인간을 아귀로 만든 것이다.

총명한 사람은 우둔한 사람을 인도해 주고 힘이 강한 사람은 약한 사람을 도와주어야 한다. 반대로 남을 속이거나 살상하고 남의 재물을 약탈하는 것은 범죄이다.

동물의 세계에는 그와 같은 극악무도한 범죄가 없다. 하늘이 내려준 군집의 도리는 그런 것이 아니다.

서로 사랑하고 협동을 해야 다 같이 잘살고 발전한다. 이것이 하늘의 도리이다.

반대로 서로 대립 분열하고 강자가 약자를 죽이고 남의 재물을 탈취하고 독점하는 악덕행위는 본연의 「선 본성」에도 어긋나고 또 하늘의 도리에도 어긋난다.

그런데 오늘의 국제정치는 마귀의 도리를 따르고 있다. 그래서 인류 세계를 처참한 약육강식의 사냥터로 만들고 있는 것이다. 이것을 인류의 위기라고 한다.

사람이 잘살기 위해서는 다음의 세 가지 요건을 갖추어야 한다.

① 하늘이 준 「선본성(善本性)」을 바탕으로 해야 한다.

② 만물을 생육화성(生育化成)하는 천도를 따라야 한다.

③ 서로 사랑하고 협동해서 함께 잘살고 발전해야 한다.

공자는 이상의 모든 뜻을 한 글자로 총합해서 「인(仁)」이라고 했다. 오늘의 말로 「인」을 다음과 같이 정의할 수 있다. 「동류의식을 바탕으로 하고 서로 사랑하고 협동하여 좋은 공동체를 꾸미고 동시에 역사와 문화를 발전케 하는 최고의 덕목이다」

천도(天道)에서 인도(仁道)가 나온다. 「선 본성」은 곧 만물을 사랑하는 「인심(仁心)」에 이어진다. 만물을 생육화성(生育化成)하는 천도를 따라서 「사랑과 협동하는 덕행」이 인덕(仁德)이다.

반대로 저마다의 동물적 탐욕을 끝없이 채우기 위해 서로 싸우고 쟁탈(爭奪)하는 것이 「수심(獸心)」이다. 수심을 바탕으로 남을 속이거나 살상하고 남의 재물을 탈취하는 행위가 악덕이고, 그러한 정치가 악덕정치이다.

그런데 오늘의 인류세계는 악덕정치를 당연시한다. 따라서 인류를 위기로 함몰시키고 있는 것이다. 사람들이 천도나 인덕을 모르기 때문이다.

공자의 「인(仁) 사상」은 전체만을 위하고 개인을 무시하는 편파적 사상이 아니다. 개별적 존재나 특성을 중시하면서 동시에 전체의 조화 발전을 강조하는 사상이다.

그러므로 오늘의 인류 위기를 극복하기 위해서는 「인(仁)」을 선양하고 실천해야 한다. 「인덕」만이 전체주의와 개인주의를 모두 극복할 수 있다.

인간을 위시해서 식물, 동물 등 모든 생물은 개별적으로 존립하면서 저마다의 특성을 지니고 있다. 그러면서 같은 유(類)가 모여 상호 의존적 군집생활을 하고 있다. 그것이 하늘의 도리이다.

그러므로 극단적인 개인주의, 이기주의는 천도에 어긋난다. 반대로 「몰자아적(沒自我的) 전체주의」도 천도에 어긋난다. 전통사상에서 높이는 인(仁)은 양자를 잘 조화하고 양자를 다 살리는 덕목이다.

⑶ 식물 동물 인간의 특이성

앞에서 살핀 바, 식물, 동물, 인간은 같은 생물로 다음과 같은 기본적인 공통성이 있다.

「개별적으로 먹고 마시고 개체를 보전하고 활동한다. 동시에 음과 양이 서로 어울려 짝짓기를 하고 종족을 번식한다. 아울러 동류의식을 바탕으로 함께 모여서 집단생활을 한다.」

그러나 식물 동물 인간 3자간에는 현격한 단계적 차이점,즉 특이성도 있다. 먼저 그 개요를 추려보자.

① **식물은 고정된 채로 생존한다** : 식물은 심어진 그 자리에 고정된 채로 타력에 의해서 주어지는 것만을 받아먹고 살거나 또 짝짓기를 한다. 식물은 스스로 이동하거나 활동하지 못한다.

② **동물은 이동하면서 활동한다** : 동물은 식물과 같이 고정된 채로 타력에 의해서 주어진 것을 먹고살기도 한다. 그러나 동물은 스스로 이동하고 또 활동도 한다. 동물은 사방으로 뛰어다니면서 먹이를 찾아 먹거나 혹은 서로 짝짓기를 한다.

그러나 찾아도 먹거리가 없으면 별 수 없이 굶어 죽는다. 한편 동물의 감각이나 활동력은 인간과는 차원이 다르게 예민하고 민첩하고 억세다.

③ **인간은 창조적 문화생활을 한다** : 인간은 영아 때에는 어머니

가 주는 젖을 받아먹고 산다. 즉 식물처럼 고정적 삶을 산다. 그러나 청소년기에는 스스로 찾아 먹거나, 짝짓기 상대를 물색한다. 즉 동물처럼 이동하면서 욕구를 충족한다. 그러다가 어른이 되면 의식주(衣食住)를 위시하여 모든 삶을 창조적 문화적으로 영위한다.

한편 집단생활 면에서도 조직적인 공동체를 구성하고 또 윤리 도덕을 실천한다. 아울러 고도의 정신적 문화생활을 한다. 뿐만이 아니라 역사와 문화를 계승하고 더욱 창조적으로 발전시키기도 한다. 이상 식물, 동물, 인간의 기본적인 특성을 도표로 추릴 수 있다.

<참고 : 식물, 동물, 인간의 특수성>

	먹고 개체 보전	짝짓기로 종족 번식	집단 생활
식물	고정 받아먹는다	고정 타력으로 결합	고정적 집단 생활
동물	이동하고 찾아 먹음	이동 짝을 짓는다	이동하며 집단 생활
인간	고정 혹은 이동 농경 창조 먹다	신중 선택 결혼 자손 출산 교육	가정 국가 세계 조직적 공동체

다음에서 항목별로 나누어 자세히 설명을 가하겠다.

<1> 식물은 고정된 채로 산다

식물은 심어진 자리에 고정된 채로 생존한다. 남의 힘으로 주어진 것만을 받아먹고 산다. 하늘이 내리는 비나 일광이 적절하고, 바람이 고르고 또 토양이 비옥해야 성장하고 번식한다.

짝짓기도 마찬가지다. 바람이나 곤충에 의해 암술 수술이 옮겨지고 서로 어울린다.

식물은 타력에 의해 생존도 하고 번식도 한다. 자체의 힘으로는 생존과 번식의 기본조건을 갖추지 못한다. 타력적인 혜택이 없으면 죽어버리고 만다. 이것이 식물의 본성적 생태이고 한계이다.

인간도 갓난아이 때에는 어머니 품속에 안겨서 주는 것만 받아먹고 자란다. 뇌졸중으로 움직이지 못하는 사람을 식물인간이라 한다.

<2> 동물은 이동하며 찾는다

동물도 고정된 자리에서 타력으로 주어지는 것을 받아먹고 산다. 그러나 동물은 식물과는 차원이 다른 본성과 능력을 가지고 있다. 자기 앞에 주어진 것이 없으면 동물은 스스로 이동하며 먹이를 찾는다. 또 암컷과 수컷이 서로 이동하며 짝짓기를 한다.

그러므로 동물에게는 두 날개 혹은 네 발이 주어져 있으며 그 형체도 이동하기 적합하게 꾸며져 있다. 즉 하늘을 나는 새들은 날개가 있고, 넓은 땅을 달리는 동물에게는 네 다리가 있고, 물속을 헤엄치는 물고기는 유선형의 형태와 지느러미가 달려 있다. 이 모든 것이 하늘의 조화이다.

그러나 동물에게도 한계가 있다. 자연 속의 있는 것만을 찾아

먹을 뿐이다. 사방으로 이동을 하고 찾아 다녀도 먹이가 없으면 동물은 굶어 죽고 만다.

동물은 식물보다 한 단계 높게 이동하면서 찾아 먹거나 짝짓기를 한다. 그러나 결국은 자연이나 사람에 의해서 주어진 것만을 먹을 뿐이다. 이것이 동물의 특성이자 한계이다.

동물도 어느 정도의 조직적 집단생활을 영위한다. 개미나 꿀벌은 그들의 먹이를 저장하기도 한다. 새들은 나뭇가지나 흙으로 둥지를 틀기도 한다. 그러나 동물은 인간처럼 의식주(衣食住)를 문화적으로 영위하지 못한다. 특히 역사나 문화를 대를 이어가면서 계승하거나 발전시키지 못한다.

<3> 인간은 문화를 창조하고 또 계승한다

인간은 식물처럼 고정된 채로 주어진 것을 받아먹기도 하고 또 동물처럼 이동하면서 있는 것을 찾아서 먹기도 한다.

그러나 인간은 필요에 따라 자연을 개조하거나 또는 창조해서 의식주의 수요를 충당한다. 즉 인간은 차원이 다른 창조적 문화생활을 한다.

동시에 인간은 선인(先人)의 역사와 문화를 계승하고 더욱 새롭게 발전시킨다.

집단생활 면에서도 인간은 식물이나 동물과는 차원이 다른 강한 동류의식(同類意識)과 인애(仁愛)를 바탕으로 서로 사랑하고 협동한다. 동시에 복잡하면서도 치밀한 공동체를 조직하고 함께 잘살기 위해 윤리 도덕 및 효도를 실천한다.

문화의 창조나 역사의 계승 발전이나 윤리 도덕의 실천은 오직 인간만이 할 수 있다. 그와 같은 인간의 「선본성(善本性)」을 공자는 한마디로 인(仁)이라고 불렀다.

<4> 인심(仁心)의 발현

인간만이 인심(仁心)을 바탕으로 사회정의를 구현하고 아울러 역사와 문화를 계승하고 더욱 발전한다. 맹자는 말했다.

「인은 모든 사람이 잘살 수 있는 안락한 집과 같은 것이다. 의는 모든 사람들이 따라 나가야 할 바른 길이다.」[6]

「측은하게 여기는 마음이 인의 근본이고, 악을 미워하고 부끄럽게 여기는 마음이 의의 근본이다.」[7]

인의를 알고 실천하는 것이 정신적 문화생활이다. 따라서 인의를 높이거나 실천하지 못하면 사람다운 사람이 아니다. 도덕적인 집단생활이나 문화의 창조 및 계승 발전이 다 「인심(仁心)을 바탕으로 한 인의(仁義)의 발현」이다.

강한 동류의식을 바탕으로 서로 사랑하고 협동하는 공동체 생활이 곧 도덕생활이고 동시에 인의(仁義)의 실천이다.

많은 사람들이 총명한 지혜를 함께 모아서 문화를 창조하거나,

---

6) 仁人之安宅也 義人之正路也.

7) 惻隱之心 仁之端也, 羞惡之心 義之端也.

선인(先人)과 후인(後人)이 대를 이어가면서 역사 문화를 계승 발전하는 것도 인의(仁義)를 실천함이다.

공자는 한마디로 「인(仁)」이라고 했다. 그 속에는 「인의」가 포함되어 있다. 「인(仁)」은 천도를 따라 인간적인 차원에서 역사와 문화를 창조하고 발전케 하는 실천적인 덕행이다. 한 사람의 힘만으로는 위대한 문화를 창조하고 계승할 수 없다. 많은 사람들이 「진정한 사랑」을 바탕으로 우주적(宇宙的)으로 협동하여 문화를 창조하고 또 더욱 발전케 해야 한다. 그와 같은 덕성과 덕행을 합해서 인(仁)이라 한다.

제2장 삶의 기본조건과 만물과의 관계

(1) 「나」의 삶의 기본조건

「나」라고 하는 한 인간이 세상에 태어나 삶을 누리고 활동하기 위해서는 다음의 세 가지 기본조건을 갖추고 아울러 상호관계를 잘 조절해야 한다.

① 「나」와 천지 자연 및 만물과의 관계

② 「나」와 남과의 관계

③ 「나」와 하늘과의 관계

왜 「나」를 강조하는가? 「나 자신」이 바로 「인식과 행동의 주체자」이기 때문이다.

「남」이 알고 행해도 「나 자신」이 모르거나 행하지 못하면 아무 소용이 없다. 「내」가 알고 「내」가 행해야 한다.

세 가지 중 ①과 ②는 형이하(形而下)의 지상세계에 속한다. 자연 만물과 인간은 지상에 존재하고 동시에 서로 밀접한 관계 속에서 상호작용을 하며 복잡다단한 현상을 연출하고 있다.

③은 눈에 보이지 않는 형이상(形而上)의 하늘과 하늘의 도리에 속한다. 하늘은 우주 천지 자연 만물을 창조한 절대이다. 천도는 지상세계의 만물의 존재와 모든 현상을 주재하는 절대선의 도리이다. 자연과학에서 높이는 자연법칙도 이에 속한다.

　대체로 사람들은 눈에 보이는 형이하의 사물과 그 현상에 속하는 ① ②에 대해서는 잘 알고 또 관심도 많다. 그러나 형이상에 속하는 ③에 대해서는 잘 모르고 또 알려고 하지 않는다. 먼저 다음의 도표를 참고하기 바란다.

<참고 : 나와 하늘 및 만물과의 관계>

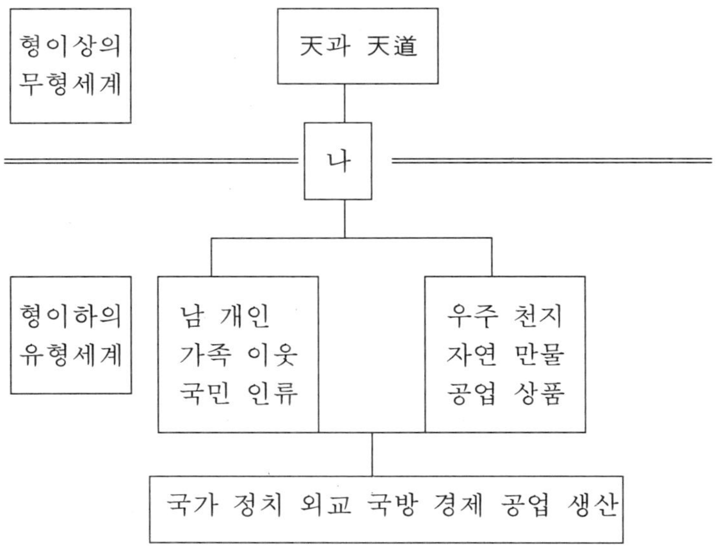

　③에 대한 무관심의 기본원인을 다음과 같이 추릴 수 있다.

　일상생활이 기계화됨으로써 사람들의 정신력과 사고력이 감퇴했다. 한편 풍성하고 안일한 물질생활로 인해 사람들이 더욱 관능적 향락에만 쏠리게 되었다.

　특히 인간의 운명을 좌우하는 국가정치가 부국강병만을 강조한 결과 사회 전체가 금전과 무력만을 추구하고 따라서 도덕적으로 타락했다.

특히 타락한 정치환경 속에서 기능교육만을 받고 성장한 사람들의 타락은 혹심하다. 그들은 존엄한 정신과 깊은 사고를 상실하고 오직 「먹고 마시고 뛰고 노는」 동물적 관능적 삶만을 살고 있다. 그러므로 가정적으로나 사회적으로나 윤리 도덕 효도 등을 알지 못하고 또 실천하지도 않는다.

그러므로 날이 갈수록 사람들이 하루살이나 물거품 같은 삶을 살게 마련이다. 참으로 통탄할 노릇이다.

⑵ 「나」와 만물과의 관계

먼저 나와 자연 만물과의 관계에 대해서 생각해 보자. 나라고 하는 「한 인간」이 잘 살기 위해서는 천지 자연의 환경과 조건이 적합해야 하고 동시에 자연 만물과 인공적으로 생산된 물품이 적절하게 있어야 한다.

특히 자연 만물과의 관계가 잘 조절되어야 한다. 태양 빛과 열, 공기 물, 혹은 토지가 오염되거나 황폐하면 생물이 살지 못한다.

만물 중에는 문화적 기물이나 의식주에 필요한 공산품이 다 포함된다. 생활 필수품이 고루 있어야 삶을 유지할 수 있다.

그런데 현실은 어떠한가? 돈벌이에 눈이 먼 악덕기업이 무절제하게 자원을 고갈시키고 환경을 오염시키고 있다. 돈에 미친 사람들이나 타락한 신문이나 TV가 더욱 「낭비, 사치, 유흥」을 조장하고, 관능적 유흥을 돋우고 또 바람을 일으킨다. 그럼에도 불구하고 타락한 공직자들은 검은 돈을 받고 단속을 눈감아 준다. 즉 타락한 사람들이 어울려 목전의 사소한 이득에 눈이 멀어 전체의 안전과 장래의 행복을 팔아 넘기고 있는 것이다.

물론 돈이 많고 과학 기술이 발달해야 한다. 그래야 인류가 풍요롭고 편리하게 잘살 수 있다. 그러므로 국가의 정책의 중점을 경제나 과학 발전에 두는 것은 좋은 일이다. 그러나 우주 천지 만물의 근원이 되는 하늘의 도리에 어긋나는 짓을 하면 안 된다. 과학 재물을 절대선인 천도를 바탕으로 선용(善用)해야 한다.

교통의 이기로 비행기는 필요 불가결하다. 그러나 그것을 악용해서 남의 나라에 폭탄을 떨어뜨리고 남을 살상하는 것은 천도에 어긋나며 따라서 천벌을 받는다.

돈이나 공산품도 마찬가지다. 선용되면 삶을 풍요롭게 해주지만 악용되면 남을 유린하고 해치는 마물(魔物)로 변한다.

그러므로 과학의 발달이나 개발은 「선 본성」을 바탕으로 우주적인 차원에서 이루어져야 한다. 이기적 탐욕을 바탕으로 무절제하게 환경을 파괴하고 자원을 고갈시키면 종국에는 일류 전체의 삶의 터를 파괴하게 될 것이다.

「선 본성」을 바탕으로 우주적 안목을 갖는 것이 「도덕성 회복」이다. 우리는 물질보다 정신을 높여야 한다. 나의 탐욕 때문에 전체와 미래의 삶을 파괴하는 우매한 짓을 해서는 안 된다.

⑶ 「나」와 타인과의 관계

사람은 혼자서는 태어날 수도 없고 또 살 수도 없다. 반드시 남과 어울리고 남과의 관계 속에 살게 마련이다. 이 때에 나는 개인으로서의 나와 집단으로서의 우리를 함께 지칭한다. 동시에 남도 개인으로서의 남과 집단으로서의 남들이 있게 마련이다.

혼자서는 살 수도 없거니와 또 큰 일도 하지 못한다. 여러 사람이 협동하고 힘을 모아야 큰 일도 할 수 있다. 그러므로 개인적으로나 집단적으로나 다른 사람, 즉 남이나 남들과의 관계를 잘 유지하고 또 조절해야 한다.

인간의 공동체는 가정, 사회, 국가, 세계로 이어지며 확대된다. 공동체 안에서 나와 남과의 관계를 잘 조절하고 서로 사랑하고 협동하여 함께 잘살고 발전하는 도리가 천도이다. 천도를 바탕으로 제정한 공동체의 규범이 윤리, 도덕 및 효도이다.

공자는 도덕 윤리의 핵심을 인(仁)이라 했다. 적극적으로 남을 사랑하고 서로 협동하는 마음이 인심(仁心)이다. 인심을 발휘하여 실제로 남을 이롭게 하는 덕행을 인덕(仁德)이라 한다. 이 둘을 합한 것을 한 마디로 인(仁)이라고 한다.

동양의 윤리는 천도를 바탕으로 한다. 그러므로 전통윤리는 언제 어디에서나 불변의 진리와 가치를 지니게 마련이다.

서로 사랑하고 협동하면 서로 잘살고, 반대로 서로 미워하고 대립하고 싸우면 함께 피곤하고 결국은 공멸(共滅)한다. 그것이 하늘의 도리이다. 이와 같은 윤리관을 바탕으로 해야 과학도 선용되고 인류가 평화롭게 살 수 있다.

그러나 오늘의 인류는 다만 자기 혹은 자기 나라만의 이기주의적 탐욕을 채우기 위해 남들을 해치고 남들의 재물을 탈취하는 악덕을 예사로 자행하고 있다.

이에 인류가 윤리 도덕을 외면하고, 과학 기술 재물을 악용하여 마침내 위기에 빠지게 된 것이다.

과학 기술의 발전도 중요하다. 그러나 더 중요한 것이 바로 도덕성을 회복하고 윤리 도덕을 실천하는 일이다. 동양의 전통사상이 윤리 도덕을 강조한 이유를 깊이 알아야 한다.

정신적 가치만을 높이고 과학 기술을 소홀히 하면 안 된다. 외형적 물질문화와 내면적 정신문화를 잘 조화해야 한다.

천도를 기준으로 한 동양의 윤리 도덕 같은 고도의 정신문화는 서양에는 없다. 서양의 윤리나 도덕은 사회적 관습을 바탕으로 정한 인위적 사회규범이다. 따라서 장소나 시대가 다르면 그들의 규범도 다르게 된다. 공산주의의 도덕 윤리와 자본주의의 도덕 윤리는 정 반대이지만 저마다 옳다고 강변한다.

남과의 관계 및 윤리에는 종(縱)과 횡(橫)의 두 측면이 있다. 가정에서 「부모-자기-자손」의 관계가 「종적 시간적 역사적」 관계이다. 한편 「형장-나-동생」의 관계가 「횡적 공간적 사회적」

관계이다. 이 기본관계가 국가적인 차원이나 혹은 세계적인 차원으로 확대된다. 결국 나의 인간관계가 우주적으로 확대된다. 도표를 참고하자.

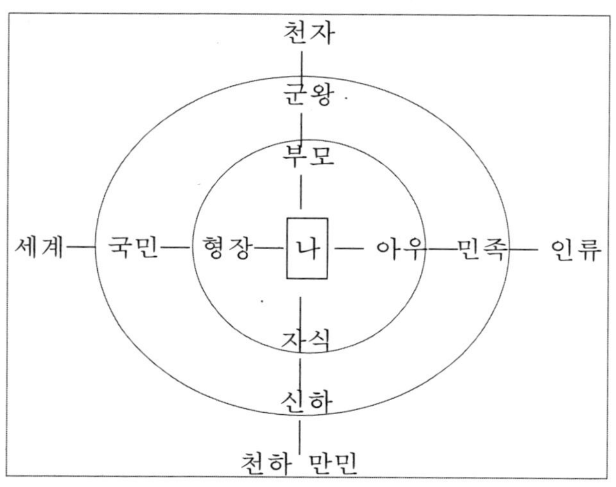

* 밖의 사각형은 세계적 차원, 그 안의 중간 원형은 국가적 차원,
  속의 원형은 가정적인 차원에서 「나」와 남의 관계이다.

「횡적 공간적 사회적 윤리」도 중요하다. 그러나 동양에서는 「종적 시간적 역사적 윤리」를 더 중시한다. 그래야 인류의 역사 문화가 계승되고 새롭게 창조적으로 발전한다. 그러므로 전통사상에서는 경로효친(敬老孝親)을 높인다. 이는 곧 역사와 전통을 계승하고 문화를 발전시키려는 의식과 맥을 같이한다. 순간적 존재인 나만을 알고 영원히 역사와 문화를 계승하고 발전시킬 전체로서의 우리를 의식하지 못하는 것은 소안(小我)만을 알고 대아(大我)를 모르는 것이다.

현대의 사회복지 면에서도 노인문제가 심각하다. 노인에게 일을 주고 또 생계를 보조해 주는 것도 중요하다. 그러나 더 중요한 것은 속에서 우러나오는 「사랑의 마음」이다. 「인심(仁心)과 효심(孝心)」을 바탕으로 노인을 공경해야 한다. 그러기 위해서는 어려서부터 효도(孝道) 교육을 해야 한다.

⑷ 「나」와 하늘과의 관계

지상에 생존하고 있는 자연 만물은 하늘에 의해서 창조되었다. 따라서 하늘의 법칙 즉 천도를 알고 따라야 바르게 살 수 있다.

사람을 포함한 만물은 시간과 공간의 제약을 받는다. 그 시간과 공간을 통합적으로 주재하고 있는 절대가 바로 하늘[天]이고 그 절대선의 도리가 하늘의 도리 즉 천도(天道)이다.

형이하(形而下)의 만물은 형이상(形而上)의 천도를 따라 생성 발전하고 있다. 자연과학에서 높이는 자연법칙도 천도의 일부이다.

과학자가 자연법칙을 따라야 하듯이 인간이나 사회 국가도 천도를 따라야 한다. 자연법칙을 무시하면 과학적 성과를 거두지 못하듯이 천도를 어기면 사회가 쇠멸한다.

동양에서 말하는 도덕에는 일반적 의미 이외로 고차원의 깊은 뜻이 있다. 일반 사람들은 도덕을 영어의 'morality' 즉 사회규범의 뜻으로 쓰고 있다. 그러나 전통사상에서 말하는 도덕의 뜻이 깊다.

도(道)는 형이상의 원리, 도리, 진리의 뜻이다. 그 속에 자연법칙도 포함된다.

덕(德)은 「얻을 득(得)」에 통하며, 도를 따르고 실천해서 「얻어진 좋은 성과」를 뜻한다.

그러므로 도덕의 깊은 뜻은 「하늘의 도리를 따르고 실천해서 좋은 성과를 얻음」이다. 천도를 실천해서 좋은 성과를 거두었을 때 비로소 도덕이라 말할 수 있다.

인간은 천도를 따르고 실천해서 덕을 세울 수 있는 도덕성, 즉 착한 본성을 하늘로부터 내려 받고 있다. 도덕성을 따라 바르고 착하게 사는 삶을 곧 도덕생활이라고 한다.

천도는 형이상의 진리로 광명정대(光明正大)하고 공평무사(公平無私)하고 영구불변(永久不變)한 도리이다. 천도는 만물을 고르게 사랑하고 「생육화성(生育化成)」하는 절대선의 도리이다.

사람은 형이하의 존재로 천도를 따라 생활하고 있다. 그러므로 국가도 자기만의 이기적 탐욕을 채우려는 악덕정치를 펴지 말고 천도를 따르고 실천하는 도덕정치를 펴야 한다. 그래야 만민을 고르게 잘살게 하고 또 만민과 함께 발전할 수 있다. 이것을 왕도덕치(王道德治)라고 한다.

인간의 법이나 규범도 천도에 맞게 제정되어야 한다. 악덕한 독재자가 만든 악법은 비도덕적이며 따라서 하늘의 척도나 천도에 어긋나는 악법인 것이다.

선비는 무도한 폭군이 통치하는 비도덕적 국가에서는 녹(祿)을 받아먹으면 안 된다. 공자는 말했다.

「천하에 도가 있으면 나타나되, 도가 없으면 은퇴한다.」 8)

「무도한 나라에서 부귀를 누리는 것은 수치스러운 일이다.」9)

자연과학자가 연구하고 노력해서 눈에 보이지 않는 자연법칙을 깨닫고 활용해서 실제로 눈에 보이도록 과학적 성과를 현실적으로 땅 위에 성취하는 것도 도덕의 실천에 속한다.

인간의 정신은 형이상에 속하고 육신은 형이하에 속한다. 정신은 하늘과 천도를 인식하고 따르려 한다. 육신은 동물적 본능을 바탕으로 하고 생존한다. 그러므로 인간은 천도를 따라야 한다. 정치나 경제도 윤리적 차원에서 행해져야 한다.

⑸ 천도를 따라서 살아야 한다

사랑하면 서로 잘살고 싸우면 서로 망한다. 이것이 하늘의 도리이다. 하늘의 도리를 따라 만민을 잘 살게 하는 정치가 곧 바른 정치(正治 = 政治)이자, 왕도덕치(王道德治)이다.

공자는 「다스림은 바르게 함이다(政者正也)」라고 말했다. 「바를 정(正)」은 「하나(一)에 가서 멈춤(止)」이다.

천도를 따라서 좋은 성과를 거두는 생활이 바로 도덕생활이다.

---

8) 天下有道則見 無道則隱.

9) 邦無道 富且貴焉恥也.

그러므로 교육 문화 정치 경제 등 모든 활동이 도덕적이 되어야 한다. 반대로 이기주의적 탐욕을 중심으로 하면 안 된다.

특히 정치는 천도를 따르려는 착한 마음, 즉 도심(道心)을 가지고 해야 한다. 동물적 탐욕, 즉 수심(獸心)을 기준으로 행하면 안 된다.

오늘의 인류 사회가 병들고 혹심한 위기에 빠져 있는 근본 원인이 바로 수심으로 정치를 하고 있기 때문이다.

하늘의 도리에 대한 무지(無知)는 무지로 끝나지 않고 끔찍한 범죄로 이어진다. 도덕성이 높아야 개인적 차원에서나 집단적 차원에서나 남을 사랑하고 협동하는 대의(大義)의 삶을 살 수 있다.

천도천리(天道天理)를 따르고 실천을 해야 이기적 탐욕을 극복하고 또 순간적 관능적 쾌락에 몰두하지 않고, 정신적 도덕적 가치를 높이는 삶을 살게 된다.

그러나 많은 사람들은 이와는 정 반대의 삶을 살고 있다. 대아대의(大我大義)를 저버리고 소아소리(小我小利)에 집착한다. 돈 때문에 부모를 살해하는 자식, 보험금을 노리고 자식에게 상해를 입히는 아비, 뇌물을 먹고 국고를 축내는 공직자나 정치인들, 노골적으로 금품을 갈취하는 폭력배들, 상상을 초월한 기기묘묘한 수법으로 남을 울리고 사회를 좀먹는 사기한들, 이루 다 헤아릴 수 없이 많다.

제3장 인간의 존엄성과 바른 삶

(1) 소아(小我)와 대아(大我)

여기서 개인과 전체의 관계를 깊이 고찰해 보자. 개개인은 우주의 중심적 존재로 유일무이하게 귀중하다. 개개의 인간은 저마다의 위상과 특성을 지니고 있다. 그러므로 모든 개개인은 존귀하다.

그러나 개개인은 전체로서의 우주와 하나가 되어야 한다. 동시에 개인의 존재가치는 자기 혼자만의 육체적인 혹은 관능적 욕구를 채우는 데에 있는 것이 아니다. 우주와 하나가 되어 인류의 역사 문화 발전에 기여함에 있다.

물론 식생활(食生活)과 성생활(性生活)도 중요하다. 그러나 그것만으로 끝나서는 안 된다.

개인의 존재가치는 전체로서의 인류의 역사 문화 발전에 직결되어야 한다.

그러므로 모든 사람은 인류의 역사와 문화 발전에 적극적으로 참여하고 저마다의 위상에서 선가치적으로 기여해야 한다.

이것을 소아(小我)와 대아(大我)의 통합이라 한다. 「나」는 어디까지나 나로서 존재하고 또 산다. 그러나 모든 나는 전체로서의 인류의 역사 문화의 창조적 발전에 기여해야 한다. 그것이 삶의 보람이다. 그것이 우리에게 귀중한 생명을 준 하늘의 뜻이고 또 인간이 따라야 할 삶의 바른 도리이다.

그러나 오늘날 모든 나라의 악덕정치는 「이기적 국가 절대주의」에 빠져 있다. 따라서 대다수의 개개인을 소홀히 하고 있다. 더욱이 국가가 혹심한 이기주의적 탐욕을 채우기 위해 선량한 인간들을 악덕하게 혹사하고 있다. 따라서 오늘의 인류사회는 악덕한 집단적 마성(魔性)에 의해 오염되었다.

하나의 인류의 공동체, 즉 만민이 고르게 평화와 풍요를 누리는 진정한 평화세계를 창건하기 위해 사람들은 악덕한 동물적 잔인성을 제거하고 인심(仁心 = 人心)을 되찾아야 한다. 이것을 도덕성 회복이라고 말한다.

그래야 서로 사랑하고 협동해서 평화와 번영을 함께 누리고 아울러 인류의 역사 문화를 선 방향으로 향상 발전시킬 수 있다.

그러기 위해서는 무엇보다도 교육 혁신이 앞서야 한다. 존엄한 정신을 높이고 동물적 이기적 탐욕을 억제하는 인성교육(人性敎育)을 강화해야 한다. 아울러 사회적으로 윤리 도덕을 실천케 해야 한다.

간교한 권모술수로 남을 속이거나 혹은 포학한 무력으로 남을 살상하고 남의 재물을 탈취하는 악덕정치는 정상이 아니다.

물론 과거의 인류 역사에도 선한 면보다도 악한 면이 더 많았고 따라서 오늘까지의 인류 역사는 살육과 약탈로 얼룩져 왔다.

그러나 인류는 점진적이나마 선한 방향으로 나아가고 있다고 낙관해도 좋다. 그것이 하늘의 도리이고 선 본성을 타고난 인간이 지향해 나가야 할 바른 역사 발전의 길이기도 하다.

수십만 년에 걸쳐 인류는 역사적 문화적으로 발전해 왔고 또 앞으로도 발전할 것이다. 역사와 문화의 발전은 모든 착한 사람들에 의해서 성취된 것이다. 남을 죽이고 남의 재물을 탈취하는 악인이나 악덕한 강대국은 인류 역사 발전의 공적이다.

인간의 육체는 죽으면 무로 돌아간다. 그러나 그의 정신이나 남긴 문화적 업적은 영원히 남고 쌓여서 인류 문화를 발전시키는 데 기여한다. 따라서 탐욕을 채우기 위해서 남을 해치는 이기주의는 인류 문화 발전의 적이 된다. 이것이 전통 윤리의 가르침이며 동시에 발전적 역사관이기도 하다.

⑵ 선 가치를 추구하는 바른 삶

하늘은 만물을 창조하고 우주적 발전을 주재하고 있다. 인간은 만물의 영장이다. 따라서 인간은 절대선인 천도를 바탕으로 하고 선 가치적 삶을 추구해야 한다. 그러므로 인간은 외형적 물질문화보다도 내면적 정신문화를 높이고, 도덕 윤리를 실천해야 한다.

우선 절대선인 하늘 및 하늘의 도리와 하나가 되려는 숭고한 정신을 지녀야 한다. 다음으로 본성 속에 내재하고 있는 인심(仁心)을 바탕으로 애민이물(愛民利物)해야 한다. 그런 바탕 위에서 고도의 지능을 발휘하여 더욱 심오한 자연법칙을 깨닫고 활용해서 더욱 차원이 높은 과학적 성과를 올리고 동시에 새롭고 유익한 기계나 기물들을 창조하여 인류의 삶을 편리하고 풍요롭게 해야 한다. 동시에 인류애를 바탕으로 하나의 선 가치적 공동체 즉 하나의 지구촌, 인류대동의 평화세계를 구현해야 한다.

우리는 역사적 사실로서 모두가 하나가 되고 함께 행복을 누릴 수 있는 평화로운 「선 세계(善世界)」 구현을 줄기차게 추구해 왔으며, 또 가까운 장래에는 선 세계가 구현되리라고 낙관해도 좋다. 그것이 바로 도덕 사회이다. 우리는 선과 악을 바르게 구분해야 한다. 하늘의 도리를 따라서 문화적으로 발전하고 또 그 성과를 모든 사람이 고르게 누리는 것이 선이다. 반대로 이기적 탐욕을 바탕으로 과학 기술 문화를 악용해서 남을 살상하고 남의 재물을 탈취해서 나 혼자 잘살려는 생각이나 행동이 악이다. 선은 하늘 편이고 악은 사탄의 편이다.

⑶ 생명의 뜻과 삶의 가치

사람에게 가장 귀중한 것은 생명이다. 돈이나 권력, 명예보다 더 소중한 것이 바로 「나」의 생명이다. 그런데 그 생명은 보이지도 않고 또 인체의 어느 부위에 있는지 알 수 없다. 그러나 생명은 분명히 있고 또 더없이 귀중하다. 생명의 정의를 기능 면에서 다음과 같이 요약할 수 있다.

「생명은 활동하고 일하는 기능이다.」

죽으면 움직이지도 못하고 활동이나 일도 못한다. 생명이 있어야 활동도 하고 일도 한다. 그러므로 생명은 곧 활동하고 일하는 기능인 것이다.

생명은 누가 나에게 주는가? 무심코 우리는 「부모가 생명을 자식에게 준다」고 말하기 쉽다.

그러나 아니다. 귀여운 자식이 병들어 죽게 되었을 때, 어느 부모가 자식에게 새 생명을 주고 되살릴 수 있겠는가?

한편 생명은 사람에게만 있는 것이 아니다. 모든 생물에게 다 있다. 결국 나를 비롯하여 모든 생물의 생명은 절대선인 하늘에 의해서 주어진 것이다.

여기서 우리는 깊이 생각해야 한다. 「하늘이 왜 나에게 일하는 기능인 생명을 주었을까?」 이에 대한 해답을 한마디로 다음과 같이 추릴 수 있다.

「하늘의 도리를 따라서 살면서 선 가치를 구현하라고 하늘이 나에게 귀중한 생명을 준 것이다. 즉 하늘이 바라는 인류 대동의 평화세계를 건설하고 아울러 대를 이어가면서 역사와 문화를 창조적으로 발전시키라고 나에게 일하는 기능인 귀중한 생명을 준 것이다.」

그러므로 생명과 삶의 뜻과 가치도 바로 하나의 평화세계 창건과 인류의 역사와 문화의 창조적 발전에 기여함에 있는 것이다.

일을 하지 않고 누워서 잠만 자려는 자는 생명을 지닐 필요가 없다. 일을 하되 하늘의 도리에 어긋나는 악덕한 짓을 하는 자는 하늘 앞에 죄를 짓는 것이다.

하늘의 뜻과 하늘의 도리를 어기고 마귀성과 마귀의 도리를 바탕으로 하고 남을 속이거나 살상하고 나의 탐욕을 채우려는 자는 지옥에 빠질 것이다.

그들은 동물만도 못한 악덕한들이다. 하늘은 인간에게 생명을 선하게 쓰라고 내려 주었다. 그런데 악하게 쓰면 천벌을 받는 것은 당연한 일이다. 이를 맹자는 「역천자는 망한다.(逆天者亡)」라고 말했다.

오늘의 타락한 인간상을 기준으로 하지 말고 새로운 인격상을 정립하자. 오늘의 인류 사회는 개인적으로나 국가적으로나 극도로 타락했으며, 거의 모든 사람들이 본연의 「선 본성」을 상실하고 악덕한 삶을 살고 있다.

과학기술공업 생산을 높이고 또 무력을 증강하기 위해 기능교육을 중시하는 것은 옳다. 그러나 동시에 정신교육, 인성교육을 강화해야 한다. 그래야 사람들이 심성을 함양하고 인격을 높이고 윤리 도덕을 실천하고 선가치적 삶을 살게 될 것이다.

다음과 같이 하는 것이 선가치적 삶이다. 즉 하늘이 준 「선 본성」을 바탕으로 「애민이물(愛民利物)」해야 한다. 절대선인 천도(天道)를 따라 문화를 창조하고 더욱 발전케 해야 한다.

동류의식(同類意識)을 바탕으로 사랑과 협동하는 인(仁)을 높이고 반대로 「이기적 탐욕」을 억제해야 한다.

내면적 정신가치를 외형적 물질가치보다 높이는 삶을 살아야 한다. 동시에 과학 재물을 선용하고 세계평화에 기여해야 한다.

<참고 : 인간의 특성>

	식생활	짝짓기	집단성	창조생활	도덕생활
식물	고정	고정	밀생	없음	없음
동물	이동	이동	집단	자연의존	동물본능
인간	고정 이동 문화 창조	고정 이동 문화 창조	가정 국가 세계 역사 문화 계승	자연의존 자연개조 과학기술 공업생산 생활문화 예술활동	육친애 가족애 민족애 인류애 사랑과 협동생활 윤리 도덕 효도 학문 역사 전통 계승 발전

제3편 유교의 도덕원리

유교의 도덕과 윤리는 천도를 기준으로 한다. 우주 천지 자연 만물이 엄연히 있고 또 질서 정연하게 운행하면서 생성 변화 발전하고 있다. 만물의 존재와 운행 변화를 주재하고 있는 절대를 「하늘(天)」이라 하고 그 절대선(絕對善)의 도리를 천도(天道)라 한다.

하늘이 창조한 자연 만물은 땅[地]을 터로 하고 자라고 번식하고 있다. 식물, 동물 등은 천도를 모르면서 대자연의 조화 속에서 시간의 흐름에 따라 생존하고 또 번식하고 있다. 그러므로 자연계에는 악(惡)이 없다.

한편 만물의 영장인 인간은 천도를 인식하고 실천하는 지능(知能)이 있다. 그러나 인간은 천도를 따라 살기도 하지만 반대로 동물적 욕심을 채우기 위해 천도를 어기는 수가 많다. 그래서 인간세계에는 선과 악이 혼재(混在)하게 마련이다.

도덕(道德)의 뜻은 깊다. 천도(天道)를 따르고 실천해서 땅 위에 좋은 성과 즉 지덕(地德)을 세운다는 뜻이다. 지상에 좋은 세계를 만들기 위해서는 사람들이 서로 사랑하고 협동해야 한다. 반대로 서로 싸우고 죽이면 함께 쇠멸한다. 그러므로 사람들이 어울려 함께 잘사는 도리인 윤리를 따르고 실천해야 한다. 윤리의 핵심을 「인(仁)」이라 한다.

지연과학은 하늘의 도리인 자연법칙을 준수하고 활용한다. 그래서 좋은 성과를 올린다. 정치나 경제는 천도를 따르지 않고 자기 욕심을 따른다. 그래서 타락하고 악덕하게 되는 것이다. 정치나 경제도 절대선인 천도를 따라 인애(仁愛)의 덕치(德治)를 펴야 한다.

제1장 선 본성(善本性)과 탁월한 지능

⑴ 내가 인식과 실천의 주체

태고에, 인류가 있기 전에 이미, 우주 천지 자연 만물이 있었다. 그러나 지구상에 인류가 나타난 후에 비로소 문화가 발달하기 시작했다. 하늘과 땅만으로도 자연 만물의 생성(生成) 변화(變化) 번식(繁殖)이 이루어진다. 그러나 인간의 힘이 가미되어야 모든 존재(存在)와 현상(現象)이 문화적으로 변한다.

그러므로 「하늘(天)·땅(地)·사람(人)」을 삼재(三才)라 한다. 삼재는 곧「문화를 창조하고 더욱 발전케 하는 삼대 요소(三大要素)」라는 뜻이다.

삼재 중의 핵심이 바로 인간이다. 인간이 하늘과 땅 사이에 개재해야 비로소 문화가 이루어진다. 그러므로 문화의 창조와 발전에는 인간이 주체가 된다.

그러나 자연과학에서 자연법칙을 따라야 하듯이 인간이 하늘의 도리를 따라야 한다. 만약에 하늘의 도리를 따르지 않거나 어기면 절대로 「선문화」는 이루어지지 않는다.

내가 인식과 실천의 주체이다. 그러므로 「나 자신」이 하늘의 도리를 알고 또 문화를 창조하고 발전케 해야 한다. 자연만물은 천도를 따라 생존할 뿐, 천도를 터득하거나 활용하지 못한다.

인간만이 천도를 터득하고 활용해서 문화를 창조한다. 그러므로 인간을 만물의 영장이라고 한다. 하늘의 도리를 터득하고 문화를 실천적으로 창조하지 못하면 동물적 존재와 같게 된다. 「남」이 아닌 「나 자신」이 주체적으로 천도를 깨닫고 실천해야 한다.

⑵ 「나」는 우주의 중심적 존재

모든 사람은 우주의 중심적 존재로 더없이 귀중하다. 「나」라고 하는 한 인간은 공간과 시간의 교차점 위에 있다. 한문에서는 공간을 우(宇)라 하고 시간을 주(宙)라고 한다. 그러므로 「나」는 우주(宇宙)의 중심점에 존재한다.

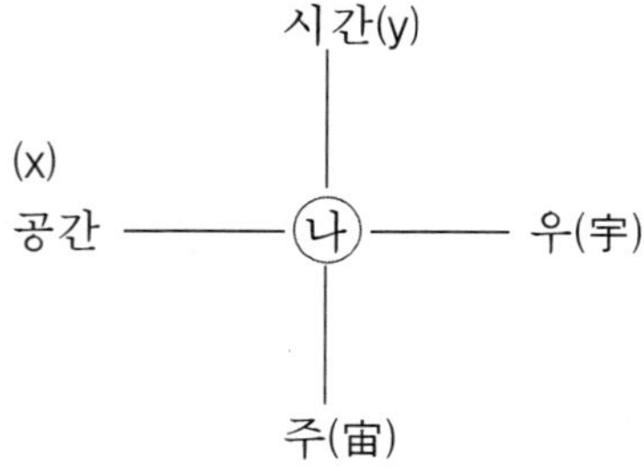

공간(宇=X)과 시간(宙=Y)의 교차점은 유일무이하다. 무한대한 공간과 영원한 시간의 통합체인 우주에서 「나」와 똑같은 [X・Y]의 좌표를 차지한 존재는 없다. 이렇듯이 모든 사람은 우주의 중심적 존재로 유일무이하다.

그러므로 「나」를 비롯하여 모든 사람이 다 절대적 존재다. 「나」는 다른 것과 바꿀 수 없는 절대로 귀중한 존재이다. 전통사상에서는 개별적 인간의 존재를 이와 같이 절대시하고 높인다. 이러한 도리를 인간만이 정신이나 마음으로 터득한다.

송대(宋代)의 육상상(陸象山)은 다음과 같이 말했다. 「사방 상하의 공간을 우라 하고, 과거와 오늘을 잇는 시간을 주라고 한다. <공간과 시간을 통합한 우주를 인식하는 것이 곧 사람의 마음이다. 따라서> 우주는 바로 나의 마음에 있고, 나의 마음이 곧 우주이다.」[10]

우리는 스스로 내가 우주의 중심적 존재로 무엇과도 바꿀 수 없이 귀중한 개별적 존재라는 자각을 가져야 한다. 동시에 「나」는 무한한 공간과 영원한 시간 즉 우주와 일체(一體)를 이루고 있다는 사실도 알아야 한다.

전체로서의 우주가 없으면 개별적인 「나」도 없다. 동시에 개별적 존재인 「내」가 없다면 전체인 우주도 없게 된다.

한편 「나」는 X와 Y가 교차하는 미미한 존재이다. 그러나 동시에 「나」는 끝없이 뻗은 공간과 영원히 흐르는 시간과 하나인 큰 존재이기도 하다. 즉 나는 극소(極小)이자 동시에 극대(極大)이다. 이와 같은 도리가 바로 천도이다. 천도를 알고 삶을 바르게 살아야 한다.

전통사상은 개개인의 존재와 인격을 중시한다. 동시에 우주적으로 확대된 전체도 중시한다. 그러므로 「나」와 「우주」가 하

---

10) 上下四方曰宇 古往今來曰宙 宇宙便是吾心 吾心便是宇宙.<語錄>

나가 되고, 「나」와 「전체」가 함께 잘사는 윤리 도덕을 강조한다.

만물이 우주적으로 존재하고 또 천지 자연 만물과 하나가 되어 생성 변화 발전하는 도리가 바로 하늘의 도리, 즉 천도이다. 천도는 정신적으로 터득하게 마련이다.

그러므로 동물적 삶만을 영위하면 천도를 터득할 수 없다. 또 나만을 알고 이기주의적 탐욕에 집착하면 우주적 차원의 윤리 도덕을 실천할 수 없다. 천도를 바르게 알고 윤리 도덕을 실천해야 사람다운 사람이 된다.

⑶ 인간의 뛰어난 지각(知覺)과 기능(技能)

대체로 서양에서는 외형적 육체적 지능(知能)을 높이지만 동양에서는 내면적 정신가치를 중시한다. 「지능」은 지각(知覺)과 기능(技能)을 합친 말이다. 나누어 서명하겠다.

① 지각(知覺) : 일차적으로는 깨닫고 안다는 뜻이다 그러나 「알 지(知)」는 행한다는 뜻을 포괄하고 있다. 실천하지 않으면 참다운 앎이 아니다. 인간의 지각에는 육체적 지각과 정신적 지각 양면이 있다. 배가 고프다고 느끼는 것은 육체적 지각이다. 한편 눈에 보이지 않는 천도를 깨닫는 것은 정신적 지각이다.

정신적 지각 중에 가장 중대한 것이 하늘의 도리를 깨닫고 알고 실천하는 것이다. 알면 반드시 실천해야 한다. 절대선인 하늘의 도리를 기준으로 가치를 판단하고 선과 악을 분별하는 것도 정신적 지각에 속한다.

인간도 동물이다. 그러므로 육체적 본능을 따라 삶을 영위하게 마련이다. 그러나 만물의 영장인 인간은 숭고한 정신과 이성(理性)으로 동물적 욕구를 조절하거나 억제해야 한다.

② 기능(技能) : 기술적으로 일을 처리하는 능력을 기능이라고 한다. 지각한 내용이나 욕구를 손과 발 혹은 도구를 활용해서 성취하고 목적을 달성하는 기술적 능력이 곧 기능이다.

육체적으로 배가 고프거나 혹은 춥다고 지각하면 음식을 취하거나 옷을 입는 기능을 한다. 인간은 동물과는 차원이 다른 탁월한 기능을 선천적으로 지니고 있다. 그러므로 놀라운 과학 기술을 발전시켰고 동시에 외형적 물질생활을 문화적으로 풍요롭게 또 편리하게 영위하고 있다.

기능에도 양면이 있다. 과학 기술 등의 외형적 기능만 있는 것이 아니다. 동시에 내면적 정신적으로 선악시비(善惡是非)를 분별하는 이성(理性)과 덕성(德性)의 기능도 있다.

그러므로 국가정치도 외형적 무력적 기능보다 정신적 도덕적 기능을 중시하고 도덕정치를 펴야 한다.

무력적으로 백성을 억압하는 통치를 패도(覇道)의 악덕정치라 한다. 인애(仁愛)로 백성을 사랑하고 인덕(仁德)을 베푸는 바른 정치를 「왕도덕치(王道德治)」라고 한다. 서양은 전자에 치중하고 동양은 후자를 높인다. 이상을 대략 다음과 같이 도시할 수 있다.

지각(知覺)은 반드시 기능(技能)을 통해 구현되어야 한다. 외형적 물질문화, 특히 과학의 세계에서는 모든 것이 잘 이루어지고 있다. 그 이유는 과학자들이 천도의 일부인 자연법칙을 엄격히 따르고 실천하고 있기 때문이다. 그러므로 오늘의 인류는 고도로 과학적 성과를 올리고 또 그 성과를 누리고 있다.

그러나 정신적 지능 면에서는 사람들이 절대선의 천도를 따르지 않고 반대로 남을 살상하고 남의 재물을 탈취하려는 마귀의 심보와 금수의 도리를 따르고 있다.

<참고 : 인간의 지각과 기능>

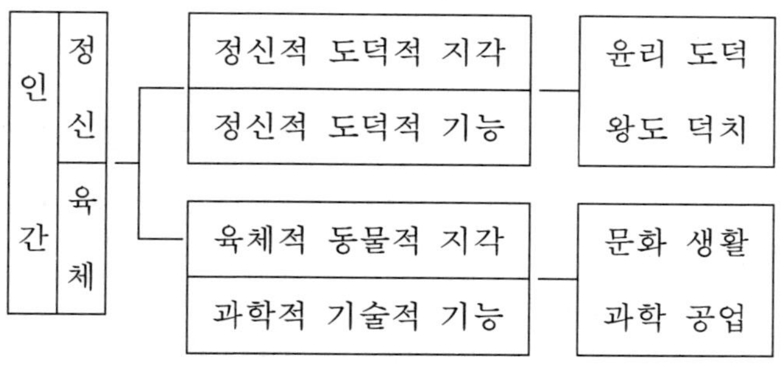

오늘의 많은 사람들은 하늘이 내려준 선 본성(善本性)을 바탕으로 하지 않고 동물적 이기적 탐욕을 바탕으로 온갖 악덕을 자행하고 있다. 그러므로 정신적 지각과 기능이 쇠퇴하고 윤리 도덕이 실천되지 않고 마침내 심각한 위기를 초래하고 있는 것이다.

거듭 강조하지만, 자연법칙도 천도의 일부이다. 따라서 과학적 성과도 결국 천도를 따르고 실천해서 얻어진 좋은 열매이다. 그것은 외형적 물질문화에 속한다.

인간은 외형적 육체만의 존재가 아니다. 따라서 인간은 물질생활만으로 만족하면 안 된다. 인간의 존엄성은 정신가치와 윤리 도덕을 실천하는 데 있다.

비행기를 타고 가서 남의 나라를 폭격하고 남의 재물을 탈취하는 행위는 절대로 문화적 행위가 아니다. 그것은 범죄에 속한다.

맨발로 걸어가서라도 남을 사랑하고 도와주는 사람이 참으로 숭고한 인격자다. 그 사람의 행위나 삶이 참으로 문화적이고 아름답다.

인간에게는 숭고한 정신 및 도덕성이 있다. 따라서 인간은 정신생활 및 도덕생활을 영위해야 한다. 숭고한 내면적 정신을 바탕으로 하고 외형적 물질문화를 선용해야 한다. 물질보다 정신을 높여야 한다. 그것이 바른 삶이다.

⑷ 배워야 알고 바르게 산다

오늘의 인간 및 인류는 자신의 탐욕을 채우기 위하여 과학 기술을 악용하고 잔인한 무력전쟁을 자행한다. 이에 사람들도 존엄한 정신 및 윤리 도덕을 외면하고 오직 물질적 탐욕이나 관능적 쾌락만을 채우려고 온갖 악덕을 저지르고 있다. 이것을 인간의 타락, 인류의 위기라고 말하는 것이다.

외형적 물질가치만을 높이고 내면적 정신가치를 모르는 삶이 곧 동물적 생존이다. 그러므로 오늘의 위기는 인간들이 내면적 정신가치를 망각하고 외형적 물질가치만을 높인 결과 스스로 자초한 자업지얼(自業之孼)인 것이다.

인간은 존엄한 정신을 위주로 하고 또 기능을 선용할 수 있는 「선 본성(善本性)」을 하늘로부터 내려 받고 있다. 그것을 알고 인간답게 가치적으로 바르게 사는 것이 곧 「지천명(知天命 : 하늘이 절대명령으로 내려준 것을 알고 행함)」이다.

「지천명」하고 바르게 살기 위해서는 잘 배워야 한다. 그러므로 공자는 논어(論語) 첫머리에서 말했다. 「하늘의 도리를 배워서 깨닫고 바른 도리를 따르고 실천하여 <바르게 사니> 참으로 기쁘지 아니하냐?」11)

「배울 학(學)」은 「깨달을 각(覺)」「본받을 효(效)」의 뜻을 다 포함하고 있다. 그러므로 공자가 말한 「배우고 익힘(學習)」은 곧 「천도를 배워 깨닫고 천도를 따르고 실천한다」의 뜻이다. 천도를 따라서 바르게 살면 최고의 기쁨을 느낄 수 있다. 공자의 학문정신과 인생관이 한 마디에 압축되어 있다.

인간도 동물이다. 따라서 동물적 삶을 영위한다. 그러나 인간은 민물의 영장으로 동물과는 차원이 다른 선 본성을 하늘로부터 받고 있다. 그러므로 인간은 동물적 존재나 생존만으로 끝나서는

---

11) 學而時習之 不亦說乎.

안 된다. 그 이상의 존재가 되고 가치적 삶을 살아야 한다. 그것이 곧 천도를 알고 또 활용해서 기술적으로 문화를 창조하고 더욱 발전시키는 가치적 삶이다.

인류 역사를 돌이켜 보자. 일시적 혹은 부분적으로는 악덕이 득세할 때도 있었다. 그러나 총체적으로 인류 역사는 인간의 「선 본성」과 천도를 따라 선 문화를 창조적으로 발전시켜 왔음을 알 수 있다.

우주의 법칙인 절대선의 천도를 따라 인류의 역사와 문화가 더욱 새롭게 발전한다는 「발전적 역사관」을 가져야 한다.

아울러 천도를 따라 역사 문화를 계승하고 발전시키기 위해 내가 하늘로부터 귀중한 생명을 내려 받고 있는 것이다. 그러므로 저마다의 삶의 뜻을 바르게 알아야 한다. 그것이 곧 「지천명(知天命)」이다.

국가적 차원에서도 「지천명」해야 한다. 국가는 공권력을 남용하여 국민을 억압하거나 기만하고 세금을 징수하여 낭비하는 악덕정치를 해서는 안 된다. 국가의 일차적 책임은 백성을 바르게 교육하는 일이다. 하늘이 준 「선 본성」을 계발하고 저마다 하늘의 도리를 따라 선량하고 보람있는 삶을 살도록 교육 교화해야 한다.

그 다음에 정치 지도자가 솔선하여 윤리와 도덕을 실천하고 왕도의 덕치를 펴서 모든 사람들이 고르게 잘사는 공동체를 꾸며야 한다. 종국적으로는 인류대동의 평화세계를 창건해야 한다.

「왕도덕치(王道德治)」는 천도를 따라 지덕을 세우는 인애(仁愛)의 덕치(德治)를 말한다.

백성을 사랑한다는 뜻은 백성을 교화해서 훌륭한 사람되게 함이다. 그래야 모든 백성이 스스로 천도를 깨닫고 실천하여 지덕을 세울 것이다.

그러나 현실은 어떠한가? 개인적 차원에서나 국가적 차원에서나 천도를 따르지 않고 반대로 동물적 욕심을 바탕으로 「과학 기술 재물」을 악용하고 남을 살상하고 남의 재물을 탈취하고 있다.

개인이나 국가가 절대선(絶對善)인 하늘의 도리를 따르지 않고 반대로 절대악(絶對惡)인 아귀의 도리만을 따르며 온갖 악덕을 저지르고 있다. 그 결과 세계를 약육강식의 생지옥으로 전락케 하고 인류를 위기로 함몰시키고 있는 것이다.

그 중에도 악덕정치의 죄가 가장 크다. 정치는 인간의 운명을 좌우한다. 국제정치나 국내정치가 다 과학 재물을 악용하고 남을 살상하고 남의 재물을 탈취하고 있다. 이대로 가면 천벌을 받고 인류사회가 파멸한다. 맹자는 말했다. 「순천자는 살고 역천자는 망한다.」[12]

---

12) 順天者存 逆天者亡.

왜 국제정치가 악덕하게 타락했는가? 근본 원인은 강대국에 있다. 그들이 막강한 무력을 앞세우고 수렵(狩獵)의 논리만을 추구하기 때문이다.

그러므로 인류가 위기를 극복하고 구제되기 위해서는 동양의 내면적 정신문화를 선양하고 개인이나 국가가 절대선인 하늘의 도리를 따라 윤리 도덕을 실천해야 한다.

제2장 유교의 생명철학적 발전관

(1) 천도(天道)를 바르게 알자

<1> 지천명(知天命)의 깊은 뜻

공자는 논어에서 「오십이지천명(五十而知天命)」이라고 말했다. 즉 「나이 50세에 천명을 안다」는 뜻이다.

천명(天命)은 「하늘이 절대적 명령으로 내려준 모든 것이라는 뜻」이다. 「지(知)」는 「알고 실천한다는 뜻」을 다 포함하고 있다.

「지천명(知天命)」은 곧 「내가 우주 천지간에 인간으로 태어났다는 엄연한 사실과 아울러 만물의 영장인 나에게는 선본성(善本性)과 탁월한 지능(知能) 및 윤리 도덕성 등이 하늘에 의해서 주어져 있다는 엄연한 사실을 알고 실천하는 것이다.」

하늘은 우주 천지 자연 만물을 창조하고 또 모든 도리를 주재하는 절대자이다. 그러므로 공자가 말한 「지천명」의 핵심을 다음과 같이 추릴 수 있다.

① 우주 천지 만물을 생성 변화 발전케 하는 절대선의 도리인 천도를 알고 따라 살아야 한다.

② 만물의 영장인 사람에게는 영특한 「지능과 선본성(善本性)」이 선천적으로 주어져 있다.

③ 선본성의 핵심은 인심(仁心)과 도덕성(道德性)이다. 그러므로 모든 사람은 인심(仁心)을 발휘하여 「만민을 사랑하고 만물을 이롭게 하는 애민이물(愛民利物)」의 인덕(仁德)을 세워야 한다.

④ 이러한 모든 것을 알고 실천하는 것이 곧 「지천명」이다.

우주는 「공간과 시간을 통합한 실재」이다. 공간과 시간은 개념상으로는 분별이 된다. 그러나 실제로는 하나이다. 시간의 흐름이 곧 공간적 이동이고, 공간적 이동이 곧 시간의 흐름이다.

따라서 동양사상에서는 공간과 시간을 통합한 절대를 하늘 ,즉 천(天)이라고 한다. 아울러 공간과 시간을 통합한 절대(絶對)의 도리를 곧 절대선인 천도(天道)라고 한다. 천도는 우주의 법칙이다.

우주 천지 자연 만물은 하늘이 창조했다. 아울러 공간적으로 존재하는 자연 만물은 시간의 흐름에 따라 쉬지 않고 생성 변화 번식 발전하고 있다. 그 도리가 바로 절대선인 천도이다.

인간을 예로 들자. 하늘로부터 삶을 받고 태어난 갓난아이는 출생과 더불어 무럭무럭 자라난다. 어린아이가 시간의 흐름에 따라 성장하여 어느덧 어른이 되고 남녀가 결혼하여 가정을 꾸민다. 그리고 새 생명인 아들딸을 출산하고 사랑으로 양육한다.

그렇게 하는 사이에 그들은 노쇠하고 사망한다. 그러면 그 뒤를 성장한 아들 딸들이 이어서 가문을 계승하고 집안을 더욱 흥성케 한다. 이렇게 하여 세세 대대(世世代代)로 계승 발전하는 도리가 바로 하늘의 도리 즉 천도이다.

사람만이 아니다. 우주 천지 만물이 다 공간적 존재이자 동시에 시간적으로 변화 번식하고 있다. 존재 만물은 절대인 하늘의 도리를 따라 생성 변화 번식 발전하고 있다.

그 중에 유독 인류만이 역사 문화를 계승하고 또 발전시키고 있다. 이 같은 사실을 아는 것도 「지천명」이다. 만물의 영장인 사람만이 하늘의 존재와 하늘의 도리를 깨닫고 또 실천한다.

특히 유교에서는 절대인 하늘과 하늘의 도리를 철학적으로 해명하고 동시에 사상체계로 파악한다. 따라서 유교(儒敎)의 교(敎)는 종교(宗敎)의 교가 아니고 교육(敎育) 혹은 교화(敎化)의 교로 보아야 한다.

<2> 인심(仁心)과 애민이물(愛民利物)

절대선인 하늘은 만물의 영장인 사람에게 자연 만물을 사랑하고 키우는 인애(仁愛)의 「선본성(善本性)」을 주었다. 그러므로 인간은 천명(天命)과 천도(天道)를 따라 자연 만물 및 문화를 사랑하고 발전시켜야 한다.

「만민을 사랑하고 만물을 이롭게 하는 것」을 「애민이물(愛民利物)」이라 한다. 「애민이물」이 곧 「인애(仁愛)」이다. 「인애」의 덕성을 한마디로 줄여 「인(仁)」이라고 한다.

「인」은 우주적 차원의 사랑의 실천이다. 「인」은 인간애(人間愛)에만 머무르지 않고 자연 만물 및 우주로 확대되는 「끝없는 사랑의 실천」이다.

「인」은 공간적으로만 확대되고 뻗어나지 않고 시간적으로도 대대로 이어지면서 더욱 발전한다.

그래서 인간은 대를 이어가면서 역사와 문화를 계승하고 발전시키고 있는 것이다. 자연과학의 발전도 자연 만물을 사랑하는 「인의 실천의 결과」이다.

「사랑」은 필연적으로 협동에 연결된다. 협동에는 「공간적 협동과 시간적 협동」 양면이 있다. 그러므로 「인(仁)」은 우주적인 「사랑의 협동」이다.

하늘은 인간에게 문화를 창조하고 역사를 계승 발전케 하는 탁월한 지능(知能)을 부여했다. 그 지능에는 두 가지 면이 있다. 내면적 정신문화의 지능과 외형적 물질문명의 지능의 양면이다.

오늘의 인류는 외형적 물질문화의 지능인 창조성(創造性)과 역사성(歷史性)을 발휘하여 자연과학과 같은 외형적 물질문명을 창조적으로 발전시키고 아울러 놀라운 성과를 올리고 있다. 이 점은 누구나 잘 알고 있다.

그러나 하늘이 내려준 「선 본성」 속에는 내면적 정신문화의 지능도 있다. 그 핵심이 곧 「인심(仁心)」이다. 「인심」은 「만민을 사랑하고 만물을 선용하는 마음이다.(愛民利物之心)」

하늘은 인간에게 「선 본성(善本性)인 인심(仁心)」을 주었고 동시에 「애민이물」하는 지능도 주었다. 이와 같은 내면적 정신문화의 지능을 바르게 알고 행하는 것도 「지천명(知天命)」이다.

그러므로 과학 기술 및 재물을 악용해서 전쟁을 자행하고 남을 살상하고 남의 토지나 재물을 탈취하는 행위는 하늘의 뜻에도 어긋나고 또 절대선인 하늘의 도리에도 어긋난다.

⑵ 천도(天道)는 생육화성(生育化成)의 도리

우주 천지 만물은 공간적으로 분명히 있을 뿐만 아니라 시간의 흐름과 더불어 사실적으로 생성(生成) 변화 발전하고 있다.

식물을 예로 들자. 봄에는 싹이 살아나고[生], 여름에는 자라고 [育], 가을에는 열매로 변화[化]하고, 겨울에는 굳어서 새 생명의 바탕인 씨로 완성[成]된다.

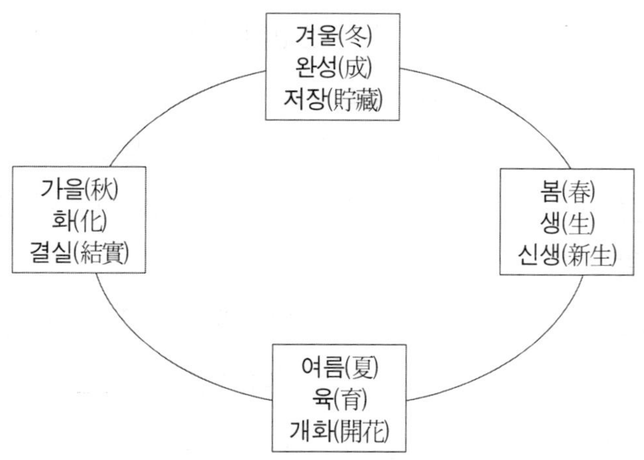

이렇게 춘하추동 4계절의 흐름에 따라 「생육화성(生育化成)」 하는 도리가 바로 하늘의 도리, 즉 천도이다.

공자는 논어에서 다음과 같이 말했다.

「하늘이 무슨 말을 하느냐? <하늘은 보이지도 않고 말도 없다. 그러나 잘 보아라.> 사 계절을 운행하고 <시간의 흐름에 따라> 만물을 낳고 자라게 한다. <그것이 바로 보이지 않는 하늘의 조화이고 또 하늘의 도리이다.>」[13]

천도는 「만물을 낳고, 키워 자라게 하고 또 음과 양이 하나로 합하고 변화해서 새 생명을 완성하고 번성케 하는 도리」이다. 즉 「춘생(春生), 하육(夏育), 초화(秋化), 동성(冬成)」을 되풀이하면서 번성한다. 이렇게 시간의 흐름에 따라 「생육화성」하는 도리가 바로 하늘의 도리이다. 인간은 하늘로부터 받은 「선 본성」과 「탁월한 지능」을 하늘의 뜻과 하늘의 도리에 맞게 착하게 써야 한다.

「생육화성(生育化成)」을 생성(生成)이라고도 하고, 혹은 한 마디로 생(生)이라고 압축하기도 한다. 위에서 공자가 말한 「생(生)」이 곧 「생육화성」을 압축한 말이다.

「생육화성」은 해를 거듭하면서 수량적으로 번식한다. 나무를 예로 들자. 한 열매에서 여러 개의 씨가 나온다. 그리고 이듬해 봄에는 여러 개의 싹으로 자라고 가을에는 더 많은 열매를 맺고 겨울에는 더욱 많은 씨를 걷는다. 해를 거듭할수록 식물은 기하급수적으로 불어나고 번식한다.

인간 인류의 경우는 수량적 번식만 하지 않고 역사적 문화적으

---

13) 天何言哉 四時行焉 百物生焉 天何言哉.

로 더욱 새롭게 발전한다.

비근한 예를 들자. 약 6백 년 전의 한반도의 인구는 약 5백만으로 추정된다. 그러나 오늘에는 남북한 인구를 합하면 7천만을 넘는다.

인구만 양적으로 증가한 것이 아니다. 문화가 얼마나 발전했는가? 이같이 시간의 흐름에 따라서 번식하고 발전하는 도리가 바로 하늘의 도리 즉 천도이다.

천도 속에는 「생명 철학적 발전관(生命哲學的發展觀)」이 살아 있다. 특히 역경(易經)에 잘 나타나 있다. 동양의 전통 사상은 절대로 진부한 퇴보 사상이 아니다. 역사적 발전관을 바탕으로 하고 있다.

따라서 천도를 따르고 실천한다는 것은 과거로 돌아가 후퇴한다는 뜻이 아니다. 반대로 하늘의 도리를 따라 더욱 문화적으로 발전한다는 뜻이다. 이와 같은 유교의 「생명 철학적 발전관」을 바르게 이해해야 한다.

다음으로 생각해 보자. 우주 천지 자연 만물, 그 모든 것이 원초적으로 누구에 의해서 창조되었으며 또 누가 저렇듯이 질서정연하게 우주의 운행을 주재하고 있는 것인가?

특히 어떠한 힘과 어떠한 원리에 의해서 시간적으로도 무궁하고 공간적으로도 무한대한 우주에 뭇 별들이 있고, 또 질서정연하게 운행하고 있는가? 또 자연 만물들이 시간의 흐름에 따라 변화 번식 발전을 거듭하고 있을까?

사람들은 태고 때부터 이와 같은 의문을 품었다. 그러나 아직도 이에 대한 명쾌한 해답을 얻지 못하고 있다. 오직 일부분을 종교적 철학적으로 설명하려고 애를 쓰고 있을 뿐이다.

인간의 지각이나 지식은 광대한 우주 앞에서는 지극히 미소하기 짝이 없다. 「나」라고 하는 한 인간의 존재도 참으로 미미하다. 백 년도 못 살고 한줌의 흙으로 돌아갈 허망한 존재이다. 「나」는 절대인 하늘 앞에 경건하고 절대선인 하늘의 도리를 따라 살아야 한다.

모든 종교의 가르침은 다 같다. 수천 년 전에 「석가, 공자, 예수」 등 최고의 성현들이 갈파한 바 진리와 가르침은 같다. 비록 언어상의 표현은 다를지언정 모든 종교는 절대인 하늘에 귀의하고 절대선의 도리를 따르라고 가르치고 있다.

모든 종교의 공통된 가르침을 다음과 같이 요약할 수 있다. 「우주 천지 만물은 절대에 의해서 창조되었고, 또 절대선의 도리에 의해서 존재하고 변화 발전하고 있다. 사람은 절대와 절대선의 도리를 따라 살아야 한다.」

그 도리를 불교에서는 「자비와 불법」이라 하고, 유교에서는 「인애와 천도」라 하고, 기독교에서는 「사랑과 진리」라고 한다.

96

⑶ 경전에 나타난 발전관

<1> 역경(易經)의 발전관

천지의 도는 하늘과 땅이 어울려서 만물을 생성 번식하는 도리를 뜻한다. 도의 뜻은 깊고 복합적이다. 우주 천지 만물을 실체적으로 있게 하는 본체(本體) 혹은 실재(實在)를 도라고도 한다. 동시에 우주 천지 만물이 시간의 흐름에 따라 생성 변화 번식 발전하는 도리도 도라고 한다.

「천지의 도는 영원하게 이어지고 끝남이 없다.」[14]

만물을 생성 변화 번식케 하는 하늘과 땅의 본체 및 그 도리는 영원하고 무궁하다. 따라서 하늘과 땅에 의해서 생성 변화 번식하는 만물의 양상도 영원하다는 뜻이다. 또 역경에 「천지의 조화로 얻어지는 큰 덕이 바로 삶이다.」라는 말도 있다.[15]

「큰 덕(德)」은 「얻을 득(得)」과 뜻이 통한다. 하늘[天 = 陽]과 땅[地 = 陰]이 어울려야 만물이 생성(生成)하고 번식한다. 이를 한마디로 생(生)이라 했다. 이 때의 생(生)이라는 한 글자 속에는 「생명과 생육화성(生育化成)」의 뜻이 다 포함되어 있다.

생(生)은 생명체로 태어나 산다, 육(育)은 자라서 커진다, 화(化)는 변화한다, <식물의 경우는 꽃으로 피어났다가 열매로 변한다.

---

14) 天地之道 恒久而不已也.<仝>
15) 天地之大德曰生.<仝>

사람의 경우는 남자와 여자가 짝짓기를 하여 부부가 되고 또 부모가 되고 점차로 늙고 쇠한다>. 성(成)은 완성한다는 뜻이다. 식물의 경우에는 새 생명의 근원인 씨를 완성한다, 사람의 경우는 자식을 출산하고 양육한다는 뜻이다.

자식은 부모의 생명의 완성체(完成體)이다. 생명이 「부모 자식 손자」로 이어지면서 무궁하게 발전한다.

하늘은 양(陽)이고 땅은 음(陰)이다. 그러므로 하늘과 땅의 조화는 곧 양과 음의 어울림이다. 역경(易經) 계사전(繫辭傳)은 다음과 같이 말했다.

「서로 기준이 맞는 음과 양이 어울려서 새로운 생명을 낳는 것을 도라고 한다. 그 도를 계승하여 만물을 낳고 번식케 하는 것이 곧 선이다. 도를 따르고 계승해서 만물을 성취하는 바탕이 곧 <만물 속에 주어진 저마다의> 성품이다.」 16)

이것이 「천지 조화(天地造化)」이다. 이 같은 조화는 끝없이 이어진다. 이것을 역경에서는 「생생불이(生生不已)」라고 했다. 앞의 생(生)은 명사로 생물의 뜻이고, 뒤의 생(生)은 동사로 「생육화성(生育化成)」을 합친 뜻이다. 불이(不已)는 끝남이 없다는 뜻이다.

대를 물려가면서 더욱 새롭게 태어나고 또 수량적으로 번식하는 것이 하늘의 도리이다. 만물의 영장인 사람은 수량적 번식만 하지 않고 문화적으로 더욱 새롭게 발전한다. 인류만이 역사와

---

16) 一陰一陽之謂道 繼之者善也 成之者性也.

문화를 발전케 하고 있는 것이다.

그러므로 인간은 문화의 창조적 발전에 동참해야 한다. 그것이 식물이나 동물과 다른 만물의 영장인 인간의 가치적 삶이다.

하늘의 도리를 따라 산다는 뜻은 곧 역사 문화의 창조적 발전에 기여한다는 뜻이기도 하다. 동물적 탐욕과 육체적 향락만을 추구하는 삶은 역사와 문화 발전 면에서는 가치적이지 못하다.

<2> 중용(中庸)과 대학(大學)의 발전관

중용(中庸)의 지성무식(至誠無息) : 일반적으로 「지극한 정성은 쉬지 않는다」로 풀이한다.

그러나 이 말은 역경에 있는 「하늘의 운행은 세차고 억세다. <밤낮을 쉬지 않고 운행하면서 천지 만물을 생육화성하고 있다.> 그러므로 군자도 하늘의 도리를 따라 스스로 노력하고 힘써 일하고 쉬지 말아야 한다.」17)라는 구절과 같은 뜻이다.

「지성(至誠)」은 「지극한 정성으로 만물을 낳고 키우고 번식케 하는 하늘의 도리」를 지칭한 말이다. 중용에 다음과 같은 말이 있다.

「정성으로 만물을 이룩하는 것이 하늘의 도리이다.」18)

「지성 성(誠)」은 곧 「이를 성(成)」에 통한다. 즉 「하늘이 진실무망(眞實無妄)하게 만물을 생육화성(生育化成)하고 번식케 하고

---

17) 天行健 君子以自强不息.

18) 誠者 天之道也.

또 발전케 한다」는 뜻이다.

하늘이나 하늘의 도리는 거짓됨이 없다. 또 밤낮으로 단 일초도 쉬거나 게으름피우지 않고 만물을 생육화성하고 있다.

사람도 천도를 따라 참되게 쉬지 않고 생육화성, 즉 창조적 발전에 전력을 기울여야 한다. 따라서 중용에서 「천도를 정성으로 받드는 것이 사람의 도리이다.」[19]라고 했다.

대학(大學)의 친민(親民)과 신민(新民) : 만물을 창조하고 끝없이 새롭게 발전시키는 하늘은 곧 사랑의 권화(權化)이며 또 그 하늘의 도리는 절대선의 도리이다.

그러므로 사람도 하늘과 천도를 따라서 남을 사랑하고 남들을 더욱 새롭게 발전시켜야 한다. 특히 하늘을 대신해서 만민을 다스리는 천자(天子)는 백성을 친애하고 백성들을 교육해서 날로 새롭게 혁신하고 발전케 해야 한다.

이러한 가르침을 강조한 것이 바로 대학의 삼강령(三綱領)이다. 주자장구(朱子章句)를 바탕으로 삼강령을 풀이하겠다.

「대학에서 깨우치려는 덕치의 근본도리는 다음의 삼강령 속에 나타나 있다. 먼저 하늘이 나에게 부여해 준 본연의 밝은 덕성을 밝혀내야 한다. 다음에 백성들을 사랑으로 교화하고 새롭게 혁신해서 그들이 저마다의 본연의 밝은 덕성을 밝혀내게 해야 한다. 그리고 종국적으로는 나와 백성이 함께 지극한 선의 경지에 도달

---

19) 誠之者 人之道也.

하고 그 곳에 머물러 있어야 한다.」[20] <程子는 親을 新으로 고쳤다.>

하늘은 지극한 사랑으로 만물에게 귀중한 생명을 주고 저마다 스스로 삶을 누리고 살면서 날로 자라고 번성케 하고 있다. 그와 마찬가지로 진정으로 백성을 사랑하는 정치 지도자는 백성을 날로 새롭게 혁신시켜야 한다.

백성이 새롭게 혁신되어야 국가 및 세계가 새롭게 혁신되고 발전한다. 여기서 우리는 주자를 위시한 성리학자들의 발전관을 볼 수 있다.

옛날의 고본대학(古本大學)에서 「백성을 사랑하다(親民)」라고 적은 글을 성리학자들은 「백성을 새롭게 혁신하다(新民)」로 고쳤다.

그들이 주장한 「새 신(新)」의 뜻이 매우 깊다. 즉 「낡은 허물이나 때를 청산하고 하늘이 준 선 본성으로 되돌아가서 하늘의 도리를 따라 날로 새롭게 발전한다」는 뜻이다.

「선 본성」을 대학에서는 명덕(明德)이라고 일컬었다. 주자는 다음과 같이 풀이했다. 「명덕은 하늘이 사람에게 준 것으로 그 형체는 보이지 않고 공허하다. 그러나 그 작용이나 기능은 영특하고 밝게 나타난다. 설사 일시적으로 그 밝음이 제대로 나타나지 않을 수는 있다. 그래도 근본적으로 <본연의 밝은 덕이> 완전히 꺼져

---

20) 大學之道 在明明德 在親民 在止於至善.

어둡게 되는 법은 절대로 없다. 그 명덕 속에 모든 도리가 갖추어져 있으며 그 영특한 작용은 만사에 적응되고 또 만사를 처리할 수 있다.」21)

「그러나 선천적으로 타고난 기질에 얽매이고 또 인간의 본능적 욕구에 가려서 이따금 어둡고 흐리게 되기도 한다.」22)

「그러므로 배우는 자는 마땅히 <착한 본성의 근저와 바른 도리를 따라서> 자신의 명덕을 밝혀내야 하며, <그렇게 함으로써> 처음의 본연(本然) <즉 선 본성>으로 되돌아가야 한다.」23)

「새롭게 함은 낡은 허물을 제거하고 혁신함이다. 먼저 나 자신의 명덕을 밝히고 더나가 남에게도 덕을 미치게 하고, 그들로 하여금 과거의 <타락 세상의> 허물과 때를 제거하게 한다는 뜻이다.」24)

「먼저 지도자 자신이 낡은 허물을 벗고 자신을 혁신하고 명덕을 밝혀야 한다. 그리고 더 나아가 백성들에게도 혁신이 미치게 해야 한다. 그들을 사랑으로써 교화하고 그들이 스스로 깨닫고 자신들의 낡고 때묻은 악습을 버리고 저마다의 명덕을 되찾고 본연의 빛을 발현케 해주어야 한다.」25)

---

21) 明德者　人之所得於天　而虛靈不昧　以具衆理　而應萬事者也.

22) 但爲氣稟所拘　人欲之所蔽　則有時而昏.

23) 故學者　當因其所發而遂明之　以復其初也.

24) 新者革其舊之謂也.　言旣自明其明德　又當推及人　使之亦有以去其舊染之
　　汚也.

25) 旣自明其明德　又當推及人　使之亦有以去其舊染之汚也.

그렇게 하는 것이 친민(親民 : 백성 사랑)이며 신민(新民 : 백성을 혁신함)이다. 절대인 하늘이나 절대선인 하늘의 도리는 어디까지나 순수하고 광명 정대하다. 그뿐만이 아니다. 하늘의 운행은 순간도 쉬거나 정체하지 않고 항상 자연 만물을 새롭게 발전케 한다.

하늘의 도리와 하나를 이루면 정신적으로 늙지도 않고 또 때도 끼지 않는다. 하늘의 도리와 반대되는 악덕한 마음을 품고 남을 해치면 쇠망한다. 그러므로 본연의 선 본성을 회복하고 천도로 되돌아가면 항상 새롭게 발전하고 밝게 빛날 것이다.

결국 주자가 말한 혁신은 인간적인 때를 제거하고 하늘이 준 본연의 명덕을 밝힘으로써 천도를 따라 새롭게 발전한다는 뜻이다. 유교 사상에는 「역사적 발전관(歷史的 發展觀)」이 살아 있다.

전통 사상에서 말하는 혁명의 뜻도 같다. 천도는 만물을 사랑으로 키우고 발전케 하는 절대선의 도리이다. 그 절대선의 천도를 어기거나 역행하는 폭군을 천명(天命)으로 추방하고, 새로 덕 있는 지도자를 내세우는 것이 혁명이다. 실덕(失德)한 폭군을 추방하고 유덕자(有德者)를 내세우는 것이 혁명이다.

유교에서 말하는 혁명은 서양의 혁명과 다르다. 서양의 혁명은 인위적으로 피를 흘리고 자기의 동물적 야욕을 달성하는 것이다. 그러나 동양의 혁명은 하늘에 의해서 악덕을 제거하고 선덕(善德)을 내세우는 것이다.

역경에 있다.

「은(殷) 나라의 탕왕(湯王)이 하(夏)의 포악무도(暴惡無道)한 걸(桀)을 무력으로 쳐 몰아내고, 또 주(周) 나라의 무왕(武王)이 은(殷)의 타락한 마지막 폭군 주(紂)를 방벌하고 새 나라를 세운 혁명(革命)은 다 하늘의 뜻을 따르고 <또 악을 물리치고 선을 내세우려는> 만민의 뜻에 응답한 것이다.」[26]

⑷ 예교(禮敎)와 예치(禮治)의 현대적 해석

<1> 삶의 의미와 보람

모든 사람은 하늘이 내려준 귀중한 생명의 덕택으로 삶을 누리고 있다. 생명은 살아서 활동하고 일하는 기능이다. 생명은 하늘이 내려준다. 혹 부모가 나에게 생명을 주었다고 착각할 수도 있다. 그러나 사람은 생명을 창조하지 못하고 또 남에게 주지도 못한다. 귀여운 자식이 병들어 죽게 되었을 때 부모는 물론 다른 아무도 죽어 가는 자식에게 새 생명을 주고 자식을 살릴 수 없다.

식물이나 동물에게도 생명이 있다. 모든 생명은 하늘이 내려준다. 생명은 살아서 활동하고 일하는 기능이다. 하늘이 왜 활동하고 일하는 기능인 생명을 나에게 주었을까? 하늘의 뜻과 하늘의 도리에 맞는 삶을 살라고 준 것이다. 따라서 사람은 하늘을 위해서 또 하늘의 도리에 맞게 삶을 살아야 한다.

---

26) 湯武革命 順乎天 而應乎人.

하늘의 도리를 따라서 가치 있는 삶을 살고 인류 문화에 창조적으로 이바지해야 한다. 저마다의 위상(位相)에서 최선을 다해서 인류의 역사와 문화 발전에 기여해야 한다. 그렇게 하라고 하늘은 사람에게 귀중한 생명을 준 것이다. 하늘의 뜻과 도리에 맞게 자기의 능력을 발휘하고 최선을 다하는 것이 충성이다.

주자(朱子)는 말했다. 「자기의 최선을 다하는 것이 충성이다.」[27]

반대로 하늘이 내려준 귀중한 생명을 이기적 탐욕을 채우기 위해 악덕하게 살거나 또는 하늘의 도리를 따르지 않고 아귀의 도리를 따라 남을 해치고 전체 인류의 문화 발전에 역행하는 악덕한 삶을 살면 천벌을 받는다. 천벌을 받는다는 뜻은 하늘이 무너지고 땅이 꺼지고 자연 만물이 소멸된다는 뜻이 아니다. 천도를 어기고 악덕한 짓을 한 사람들이 득실거리는 악한 세상이 지옥으로 화한다는 뜻이다.

오늘의 세계가 바로 아귀다툼하는 지옥이다. 동물적 관능적 쾌락만을 추구하고 이기적 탐욕을 채우기 위해 남을 잔인하게 살상하거나 혹은 간교하게 속여서 남의 재물을 탈취하는 오늘의 인류 사회가 바로 아비규환의 생지옥이다. 우리는 정신적으로 각성하고 천도를 따라 바르게 살아야 한다. 그러기 위해서는 한문을 배우고 성현의 가르침을 바탕으로 심성을 함양하고 인격을 높여야 한다. 저마다 도덕성을 회복하고 하늘의 뜻과 도리에 맞는 삶을 살면

---

27) 盡己之謂忠.

국가도 도덕정치를 펴게 될 것이고 따라서 세계가 진정으로 평화와 행복을 누리게 될 것이다.

인간은 태어나는 즉시 육체적으로나 정신적으로나 완성되지 않는다. 점진적으로 성장하고 발전한다. 육신을 키우는 데에는 식품이 필요하고 정신을 발전시키기 위해서는 성현의 가르침을 배우고 익혀야 한다. 오염된 물이나 공해식품을 취하면 육신이 망가지듯이 악덕하고 사악한 지식만을 머리에 넣으면 정신이 썩고 병든다. 그러므로 바르고 보람있게 살기 위해서는 바르게 배워야 한다.

<2> 예교(禮敎)와 예치(禮治)

유교에서는 예교(禮敎)와 예치(禮治)를 높인다. 예(禮)는 내면적으로는 천리를 기준으로 한다는 뜻이고 외형적으로는 문화적 문물제도를 갖춘다는 뜻이다. 「예(禮)」는 「이치 리(理)」와 「실천할 리(履)」에 통한다. 「예」는 내면적으로는 눈에 보이지 않는 「천도천리(天道天理)」이고, 외형적으로 「천도천리를 실천하는 문화적인 행동미(行動美), 생활미(生活美), 형식미(形式美)」이다.

$$
禮 \begin{cases} \text{내면적으로는 천리천도(天理天道)를 따름.} \\ \\ \text{외형적으로는 문물제도를 문화적으로 제정함.} \end{cases}
$$

예(禮)의 내면은 곧 천도(天道)이고, 외형은 곧 지덕(地德)이다. 이는 곧 진선미(眞善美)의 결정(結晶)이다. 어른을 공경하고 존경하는 마음이 있으면 자연히 어른에게 정중히 머리 숙여 절을 할 것이다. 그것이 예절(禮節)의 시발이고 바탕이다.

　모든 예는 「절대선인 천도」를 바탕으로 하고 표현된 「문화적 문물 제도 및 예의 범절」이다. 내면적으로 천도천리를 따라 외형적으로 나타난 「진선미의 문화적 덕치(德治)」를 「예치(禮治)」라고 한다. 이와 같은 「예치」의 깊은 뜻을 모르고 「풍악 울리고 절하는 것」으로 곡해하면 안 된다. 천리를 따라 착하고 아름답게 다스리는 정치가 곧 예치(禮治)이다. 예치는 곧 진선미(眞善美)를 통합한 도덕정치이다.

제3장 인(仁) : 우주적 사랑과 협동

(1) 인(仁)의 현대적 뜻풀이

유교의 창시자 공자(孔子)는 「인」을 최고의 덕목으로 높였다. 논어(論語)에는 인에 관한 구절이 백 개 이상 보인다. 그러나 어느 구절에도 인에 대한 정의(定義)를 딱 떨어지게 말한 것이 없으며 때와 경우에 따라 다양하게 설명했다. 그 중에도 다음의 셋이 가장 「인」의 핵심을 찌른 말이다. 이들 세 구절을 중심으로 인의 뜻풀이를 하겠다.

① 「인은 인간의 덕행이다」[28]: 「인(仁)」과 「인(人)」은 발음도 같고 뜻도 같다. 즉 인(仁)은 사람이 지키고 행해야 할 덕행(德行)이라는 뜻이다.

② 「인은 두 사람이다」[29]: 「두 사람」이란 「인간과 인간, 나와 너」 서로가 지키고 행해야 할 덕행이라는 뜻이다. 즉 인은 사회적으로 공생(共生)하는 두 사람이 서로 따르고 행해야 할 덕행이라는 뜻이다.

③ 「인은 남을 사랑함이다」[30]: 「사람 인(人)」은 「남」이라는 뜻

---

28) 仁, 人也.
29) 仁, 二人也.
30) 仁, 愛人也.

이다. 즉 「인은 내가 남을 사랑한다」는 뜻이다.

내가 인식과 행동의 주체이다. 내가 적극적으로 남을 사랑하는 것이 인(仁)이다.

이상을 종합하여 「어질 인(仁)」의 원초적인 뜻을 다음과 같이 나누어 풀이할 수 있다.

① 인은 사회적으로 공생하는 사람들이 서로 따르고 행할 쌍무적(雙務的)인 덕행이다.

② 인은 내가 주체가 되어 대상인 남을 적극적으로 사랑하는 덕행이다. 저마다 서로 사랑하고 협동하면 화합하게 된다. 따라서 인은 쌍무적인 사랑과 협동을 바탕으로 함께 잘살 수 있는 공동체를 형성하고 유지하는 최고의 덕행이다.

③ 공동체는 가정, 국가, 세계로 확대되고 또 역사적으로 이어지면서 발전한다. 따라서 사랑과 협동도 우주적으로 확대되어야 한다. 결국 인은 우주적으로 확대되는 사랑과 협동이다.

유교는 인류애(人類愛)의 바탕을 육친애(肉親愛)에 둔다. 육친애를 확대하면 가족애, 동포애, 인류애로 넓어진다.

그래서 논어에서 유자(有子)는 말했다. 「효제가 인을 이룩하는 근본이다」[31]

효(孝)는 부자간의 사랑과 협동이다. 제(悌 = 弟)는 형제간의 사랑과 협동이다. 효와 제는 육친애의 근간이다. 육친애를 확대하

---

31) 孝弟也者 爲仁之本與.

면 곧 인류애가 된다.

사랑은 필연적으로 협동에 이어진다. 그러므로 중국의 석학 진립부(陳立夫) 선생은 다음과 같이 「인」을 확대 해석했다.

「인은 동류의식(同類意識)과 인류애(人類愛)를 바탕으로 한 실천적 협동의 덕목 덕행이다. 인은 나(個體)와 모두(全體)가 함께 평화와 행복을 누리는 공동체를 구성하고 인류의 역사 문화를 계승 발전케 하는 최고의 덕목이다.」

인을 실천함으로써 인류는 동물과는 차원이 다른 공동체, 즉 가정, 사회, 국가 및 세계를 꾸미고 서로 협동하여 문화생활을 영위하고 또 역사적으로 문화를 발전케 한다.

협동에는 두 가지 면이 있다. 「횡적 공시적 사회적 협동」과 「종적 통시적 역사적 협동」의 둘이다.

공시적 협동은 꿀벌이나 개미 같은 동물 세계에서도 볼 수 있다. 그러나 통시적 역사적 협동은 인류에게만 있다. 그러므로 인류만이 역사와 문화를 계승하고 더욱 창조적으로 발전시키고 있는 것이다.

```
         ┌── 횡적(橫的) 공시적(共時的) 사회적 협동
협동 ──┤
         └── 종적(縱的) 통시적(通時的) 역사적 협동
```

① 횡적 협동 : 같은 시대를 사는 사람들이 서로 힘을 합하고 협동한다. 이는 공시적(共時的), 사회적, 조직적 협동이다.

② 종적 협동 : 다른 세대에 속하는 사람들이 협동한다. 즉 후인

(後人)이 선인(先人)의 문화를 계승하고 발전시킨다. 이와 같은 협동이 통시적(通時的) 역사적 협동이며 문화발전의 근간이다.

「인(仁)」은 공간과 시간 양면의 「사랑과 협동」을 통합한 덕행이다. 그러므로 「인」을 「우주적 사랑과 협동」이라고 한다.

⑵ 인간과 인덕의 공식 : X=(A+B)+C

중국의 석학 진립부(陳立夫) 선생은 인(仁)을 다음과 같이 풀었다. 인은 공존(共存) 공생(共生) 공진화(共進化)의 도덕 원리이자 동시에 덕행이다. 인(仁)은 인간의 선본성(善本性) 즉 「서로 사랑하고 협동하는 인심(仁心)」을 바탕으로 한 덕행이다.

동물과 다름없던 원시인들이 자연과의 투쟁에서 승리를 하고 줄곧 역사와 문화를 계승하고 발전케 한 요인이 바로 인심(仁心)을 바탕으로 인덕(仁德)을 행했기 때문이다. 즉 「동류의식을 바탕으로 하나가 되어 사랑하고 협동했기」 때문이다.

만약에 「동류의식을 바탕으로 한 사랑과 협동」이 아니었다면 인류는 자연이나 맹수와의 투쟁에서 패배했을 것이다. 원시인이 혼자 맨주먹으로 맹수와 싸웠다면 필연코 패배했을 것이다. 그러나 원시인들은 동류의식을 바탕으로 협동해서 맹수와 싸웠으므로 승리할 수 있었다.

결국 인(仁)은 사람을 사람답게 하고 아울러 역사와 문화를 계승 발전케 하는 최고의 덕행이다. 만약에 원시인들이 오늘의 악덕한 사람들처럼 혹심한 이기적 욕심을 채우기 위해 서로 싸우기만

했다면, 벌써 쇠멸했을 것이다. 그러므로 진립부 선생은 「인을 공존·공생·공진화의 덕행」이라고 말한 것이다.

인심(仁心)을 발현하여 실천적으로 인덕(仁德)을 세워야 한다. 그래야 인류는 멸망하지 않고 흥한다. 진립부 선생은 다음과 같은 공식으로 인덕의 중요성을 강조했다.

X(인격 : 人格) = [A(식 : 食) + B(색 : 色)] + C(인 : 仁)

X는 인간의 인격을 총합한 수치를 나타낸다.

A는 식생활을 포함한 물질 생활을 나타낸다.

B는 남녀의 짝짓기를 포함한 동물적 관능생활을 나타낸다.

C는 인(仁)을 나타내는 기호이다. 그 속에는 숭고한 정신, 인심(仁心)과 인덕(仁德) ·및 도덕생활이 포함되었다.

공식에서 동물적 본능생활을 총괄한 (A+B)의 수치와 도덕생활을 나타내는 C의 수치는 반비례한다. (A+B)의 수가 크면 클수록 C의 수가 적어진다. 따라서 (A : 식생활 + B : 관능생활)에 치중하면 「C : 인심(仁心)과 인덕(仁德)」이 위축된다. 그러므로 동물적 관능생활을 조절하고 억제해야 인덕(仁德)을 세울 수 있다. 이 공식을 가지고 인격을 품평해 보자.

보통 인간은 「10 = (식: 3 + 색: 3) + 인: 4」가 된다. 즉 식생활을 3, 관능생활 3을 하고, 인의 실천 4를 한다.

그러나 타락한 사람은 「10 = (식: 5 + 색: 5) + 인: 0」이 된다.

즉 식생활 5, 관능생활 5를 하지만, 인의 실천은 0이다. 결국 동물과 같은 생활을 한다.

한편 성인(聖人)은 「10 = (식: 2 + 색: 2) + 인: 6」이 된다. 즉 식생활 2, 관능생활 2 정도를 하고, 6 정도의 인의 실천을 한다.

각자 자신의 인격을 등식으로 꾸며 보자. 인심(仁心)이 얼마나 있으며, 실재로 인덕(仁德)을 얼마나 세웠는가?

⑶ 인(仁)의 바탕은 효제(孝悌)

천도를 따라 지덕을 세우기 위해서는 인간 개개인이 남을 사랑하고 동시에 윤리 도덕을 실천해야 한다. 인간 개개인은 우주의 중심적 존재이다. 그러므로 윤리 도덕 및 인(仁)의 실천도 우주적으로 확대되어야 한다.

「나」를 중심으로 한 시간과 공간의 관계를 인간을 실체(實體)로 하고 전개한 것이 가정이다. 따라서 가정을 소우주(小宇宙)라고 한다. 먼저 다음의 도표를 보자.

<가정은 소우주>

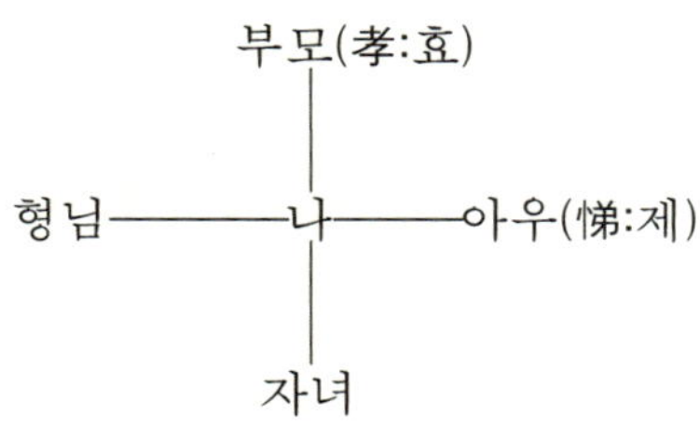

가정에서는 종적(縱的) 시간적으로는 「부모 - 나 - 자식」으로 이어지고, 횡적(橫的) 공간적으로는 「형님 - 나 - 동생」으로 넓어진다. 이 때에도 나는 소우주의 중심적 존재이다.

가정에서의 「종적 통시적 역사적 사랑과 협동」이 바로 효(孝)다. 한편 「횡적 공시적 사회적 사랑과 협동」이 바로 제(悌)다.

효(孝)는 「부모 - 나 - 자식」으로 이어지는 「사랑과 협동」이고, 제(悌)는 「형님 - 나 - 동생」으로 확대되는 「사랑과 협동」이다. 이 둘을 통합하면 「우주적인 사랑과 협동」이 된다. 그러므로 논어에서 공자의 제자 유자(有子)가 말했다. 「효와 제는 인을 이루는 근본이다.」[32]

가정에서 육친애를 바탕으로 서로 사랑하고 협력하는 것이 인(仁)의 근본이라는 뜻이다.

가족 관계는 천륜(天倫)으로 맺어진 절대적 인간관계다. 취소할 수도 없고 바꿀 수도 없다. 가족은 생명과 혈기(血氣)를 함께 한다. 가족 개개인은 개별적 존재이자 동시의 전체적으로 가족을 구성하고 있다. 종적으로는 부모와 자식이 하나이고, 횡적으로는 형님과 동생이 하나이다.

그러므로 인식과 실천의 주체인 「나 자신」이 솔선해서 가족을 사랑하고 하나가 되어야 한다. 그래야 개별적인 나도 잘 살고 전체로서의 가족도 번성한다.

---

32) 孝悌也者 爲仁之本與.

개체와 전체가 하나가 되어 잘 사는 도리가 천도이다. 천도를 따라서 서로 사랑하고 협동하는 마음과 행동을 인심(仁心), 인덕(仁德)이라고 한다.

거듭 강조하지만, 소우주인 가정에서 내가 솔선해서 부모를 사랑하고 잘 모시는 덕행을 효(孝)라 하고, 동기인 형제가 서로 화목하고 협력해서 집안을 흥성케 하는 덕행을 제(悌)라고 한다.

가정에서 효제를 실천하면 가정적 차원에서 인(仁)이 성취된다. 효제의 실천은 가문의 계승 발전에 직결된다. 부모로부터 물려받은 유산을 탕진하고 집안을 오그라들게 하는 것은 효도가 아니다.

⑷ 충신(忠信)과 인의(仁義)

가정적 차원에서의 효제(孝悌)의 실천은 국가적 차원에서는 충신(忠信), 세계적 차원에서는 인의(仁義)로 확대된다. 이것이 전통 사상에서 높이는 윤리 도덕의 일관된 도리이다.

가정에서의 효제를 국가적 차원으로 발전시킨 것이 충(忠)과 신(信)이다. 종적으로는 나라의 중심이자 부모인 임금에게 신하인 내가 충성해야 한다. 횡적으로는 같은 신하로서 선배 후배가 서로 협력하고 신의를 지켜 국가를 흥성케 해야 한다. 이렇게 하는 것이 국가적 차원에서 인(仁)을 이룩함이다.

세계적인 차원에서는 종적으로 인류세계를 대표할 유덕자(有德者) 혹은 「절대선의 정점」을 중심하고 모든 현인(賢人)들이 「효와 충」을 바치는 것을 「작은 인(仁)」이라 한다. 횡적으로 모든 현인들이 서로 사랑하고 협동해서 세계를 바르게 다스리는 것을 의(義)라 한다.

「작은 인과 의를 통합한 것」이 「큰 인(仁), 즉 세계적 차원의 인」이다. 「큰 인」은 곧 모든 인류가 서로 사랑하고 협동하여 진정한 평화 세계를 창건하는 덕행이다.

「효(孝), 충(忠), 인(仁)」은 종적 시간적 윤리 도덕의 실천이다.

「제(悌), 신(信), 의(義)」는 횡적 공간적 윤리 도덕의 실천이다.

이들을 전부 통합한 것이 「큰 인(仁)」이다. 그래서 「큰 인」은 모든 덕목 덕행의 총칭이고 최고의 덕목이다. 다음의 도표를 참고하면 이해하기 쉽다.

<孝悌의 확대 : 忠信 및 仁義>

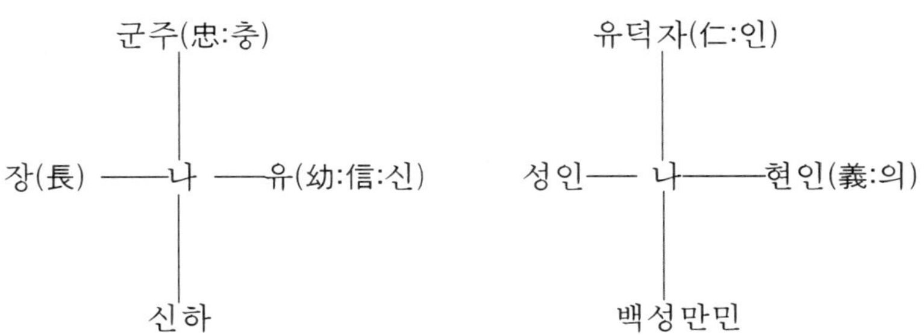

가정에서의 효제(孝悌), 국가에서의 충신(忠信)을 세계적 차원으로 확장한 덕행이 곧 인의(仁義)이다. 맹자는 말했다. 「부모를 친애함이 인이고, 연장자를 경애함이 의다」 33)

---

33) 親親仁也 敬長義也.

세계적 차원에서 인의를 실천하면 「평천하(平天下)」가 된다.

⑸ 인(仁)의 우주적 확대 : 애민이물(愛民利物)

인류의 역사나 문화는 총체적으로 하늘의 도리를 따라서 점진적이나마 선한 방향으로 발전하고 있다.

종교신앙의 입장에서만이 아니다. 역사적 사실로 우리는 인류의 역사나 문화가 선화(善化)되고 있음을 잘 알 수 있다. 다시 말하면 점진적이나마 인(仁)이 구현(具現)되는 방향으로 인류가 발전하고 있는 것이다.

인이 이루어지는 단계 및 그 역사적 발전 과정을 대략 다음과 같이 나눌 수 있다.

① 개인 : 사람은 누구나 어진 마음, 즉 인심(仁心)이 있다. 적극적인 인심은 「애인이물(愛人利物)」 즉 남을 사랑하고 자연 만물을 이롭게 하고 활용함이다. 소극적인 인심은 남을 살상(殺傷)하거나 혹은 잔인한 짓을 참아 할 수 없다는 측은한 마음, 즉 「불인지심(不忍之心)」을 가지고, 악덕을 행하지 않음이다.

가정이나 국가가 형성되기 전의 원시인들도 지극히 낮은 단계의 동류의식을 바탕으로 서로 협동하여 자연과 싸워 이겼다. 그러므로 고도의 문화를 자랑하는 우리는 인심(仁心)을 함양하고 인덕(仁德)을 실천해야 한다.

② 가정 : 육친애를 바탕으로 효(孝)와 제(悌)를 실천하면 가정

적 차원의 인이 성취된다. 즉 대학에서 말하는 제가(齊家)를 성취한다. 「같을 제(齊)」는 무차별적 평등이 아니다. 가족이 저마다의 위상(位相)에서 각자의 본분을 다하고 가정의 발전과 흥성에 기여하는 것을 제가라고 한다. 모든 가족이 가정에서 저마다의 본분을 다함을 제가(齊家)라고 한다.

가족의 위상은 저마다 다르다. 그러므로 인(仁)을 실천함에도 서로 다르게 마련이다. 부자유친(父子有親)하되 「부자 자효(父慈子孝)」해야 한다. 부부유별(夫婦有別)하되 「부화 부순(夫和婦順)」해야 한다. 장유유서(長幼有序)하되 「형공 제경(兄恭弟敬)」해야 한다.   윤리 도덕은 쌍무적(雙務的)으로 실천되어야 한다.

인류의 공동체는 옛날부터 오늘까지 오랜 세월에 걸쳐 가정을 기반으로 발달해 왔다. 그러나 오늘의 인류는 물질과 무력에 눌려 존엄한 가정의 존재와 가치를 망각하고 있다. 따라서 가정윤리의 핵심이 되는 효도(孝道)도 찾아볼 수 없게 되었다.

인류의 타락과 위기는 일시적인 현상이다. 하늘로부터 「선 본성, 인심(仁心)」을 받아 지니고 있는 인간은 다시 본연으로 돌아가서 가정 윤리를 되찾고 건전한 가정을 재건해야 한다.

③ 국가 : 민족애와 투철한 애국심을 바탕으로 나라에 충성(忠誠)하고 서로 신의(信義)를 지켜야 한다. 그래야 국가적 차원에서 인을 이룩할 수 있다.

임금이나 신하가 함께 천도를 따르고 예의를 지켜야 한다. 임금은 신하에게 예양(禮讓)하고 신하는 임금에게 충성(忠誠)해야 한다. 이를 「군례 신충(君禮臣忠)」이라고 한다.

임금이 예양(禮讓)한다는 뜻은 곧 인심(仁心)을 바탕으로 신하나 백성을 사랑하고 응분의 예우(禮遇)를 한다는 뜻이다. 사악한 마음으로 신하나 백성을 부리고 착취하면 안 된다. 예양을 해야 천도에 맞는 덕치를 펼 수 있다.

신하가 서로 신의(信義)를 지킨다 함은 말과 행동을 천도에 맞게 바르게 한다는 뜻이다. 상급자나 하급자가 임금을 중심하고 하나가 되어 서로 사랑하고 협동을 해야 도덕정치가 이루어진다.

임금이 신하에게 거만하고, 신하가 임금을 기만하고, 상하가 저마다 사리 사욕을 채우기 위해 국가의 재물을 노략질하면 그 나라는 쇠멸한다. <오늘의 타락한 정치인, 공무원 및 기업가들은 크게 반성을 해야 한다.>

위기에 처한 오늘의 모든 국가들은 타락했으며, 모든 나라들이 「이기적 국가 절대주의」를 내걸고 패도(覇道)의 악덕정치를 펴고 있다. 패도의 악덕정치는 반드시 하늘의 심판을 받고 멸망한다. 모든 나라들은 천도를 따라 왕도의 덕치를 펴야 한다.

④ 세계 : 천도와 인류애를 바탕으로 진정한 평화와 전 인류의 행복이 보장되는 인의(仁義)가 실천되는 도의세계(道義世界)를 창건해야 한다.

이상의 단계를 대학에서는 「수신(修身)—제가(齊家)—치국(治國)—평천하(平天下 = 明明德於天下)」라고 했다.

21세기에는 하늘과 천도에 맞는 대동(大同)의 이상세계를 구현해야 한다. 그러기 위해 모든 사람들이 바르게 배우고 하늘과 천도를 깨닫고 착하게 살고, 특히 윤리 도덕을 실천해야 한다. 그래야 세계적인 차원에서 인(仁)의 꽃이 피어나게 될 것이다.

사람은 만물의 영장이다. 원자탄을 만들 만큼 과학이 발달했다. 그러므로 인류의 정신과 윤리 도덕도 그만큼 커져야 한다. 그런데 그렇지 못하기 때문에 탈이다. 원자탄이 있다고 서로 터뜨리면 인류는 전멸한다.

인(仁)은 「애민이물(愛民利物)」이다. 도덕정치를 펴고, 과학이나 원자력을 선가치적으로 이용해서 만민을 잘 살게 하는 것이 「애민이물」이다. 인심(仁心)으로 도덕정치를 펴야 인류대동의 평화 세계가 창건된다.

인(仁)에는 「적극적인 사랑[忠]」과 「소극적인 사랑[恕]」 양면이 있다. 위에서 말한 것은 대개가 「적극적인 사랑」이다. 그러나 「남의 잘못이나 허물을 관대하게 용서해주는 것」은 「소극적인 사랑」이다. 나 자신을 위시하여 모든 사람은 부족하다. 그러므로 「잘못하고 실수하는 경우」가 많다. 그러므로 서로 관대하게 용서해 주어야 한다.

제4장 천지인(天地人) : 삼재(三才)

⑴ 천도(天道) · 지덕(地德) · 인행(人行)

<1> 삼재(三才)의 뜻

우주 천지 자연 만물은 엄연히 있고 또 질서정연하게 운행하면서 변화 발전하고 있다. 만물의 존재와 변화 및 발전을 주재하는 절대(絶對)를 「하늘(天)」이라 하고 그 절대선의 도리를 하늘의 도리, 즉 천도(天道)라고 한다.

동양사상에서는 공간(空間)을 우(宇)라 하고, 시간(時間)을 주(宙)라고 한다. 한편 공간과 시간을 통합한 절대를 천(天)이라고도 한다.

만물은 공간적으로 존재하고 있으면서 동시에 시간의 흐름에 따라 변하고 있다. 이와 같이 공간과 시간을 통합하고 자연 만물을 생성 발전케 하는 우주의 법칙을 곧 천도라고 한다.

하늘이 창조한 자연 만물은 땅을 터로 하고 생성(生成) 변화 번식 발전하고 있다. 만물 중에서 인간만이 우주 천지 자연의 운행 및 변화를 관찰하고 우주의 도리인 천도를 터득하고 활용한다.

인류는 백만 년 전부터 지구에 생존했으며, 수만 년 전부터는 소박하나마 문화생활을 영위해 왔다. 그리고 특히 2천 년을 전후해서 석가, 공자 및 예수 등의 성인이 나와 정산문화를 계발했다.

그러므로 「하늘, 땅, 사람」 셋을 삼재(三才)라고 한다. 즉 문화를 창조하고 발전케 하는 세 가지 요소라는 뜻이다. 삼재 중에서도 만물의 영장인 인간이 중심이 된다.

<2> 인행(人行)으로 지덕(地德)을 세운다

유교에서 말하는 도덕(道德)의 뜻은 깊다. 도(道)는 하늘의 도리, 즉 천도(天道)이고, 덕(德)은 도를 따르고 실천해서 얻은 좋은 성과이다. 보이지 않는 천도는 땅 위에 나타나고 얻어진다. 그러므로 천도에 대해서 지덕(地德)이라고 말한다.

천도에 따라 우주 천지 자연 만물이 창조되고 또 시간의 흐름에 따라 끝없이 생성 변화 발전하고 있다. 특히 인간의 경우에는 문화를 세세 대대(世世代代)로 이어오면서 더욱 새롭게 창조적으로 발전시키고 있다.

천도는 형이상(形而上)의 진리로 눈에 보이지 않는다. 그러므로 범용한 일반 대중은 잘 알지 못한다. 총명한 사람만이 터득하고 이를 사람들에게 알게 한다.

자연과학을 예로 들면 알기 쉽다. 자연법칙도 천도의 일부이다. 법칙은 눈에 보이지 않는다. 따라서 탁월한 과학자만이 자연법칙을 발견하고 활용한다. 그리고 지상에 실증적으로 눈에 보이게 과학적 성과를 올리고 있다. 그것이 곧 지덕(地德)이다.

과학자가 자연의 현상을 관찰하고 보이지 않는 자연법칙을 발견했듯이 동양의 성현(聖賢)들도 오랜 세월을 두고, 우주 천지 자연 만물의 생성 변화를 관찰한 결과 천도를 터득했던 것이다.

자연과학의 세계에서도 아직 모르는 것이 많다. 더욱이 영원한 시간과 무한대한 공간을 통합한 우주의 도리인 천도에 있어서는 아직도 모르는 것이 더 많다. 유한(有限)한 인간은 절대로 무한(無限)한 천도를 다 알 수 없다. 인간은 극히 일부를 알고 있을 뿐이다.

비록 눈에 보이지 않지만, 천도는 반드시 우주 천지에 밝게 나타난다. 그러므로 인간이 나타난 현상을 보고 천도를 알게 마련이다.

천도는 광명정대(光明正大)하고 공평무사(公平無私)하고 영구불변(永久不變)한 진리이다. 천도는 자연법칙과 마찬가지로 항상 눈에 보이게 지상세계에 사실적으로 좋은 열매를 맺는다. 그러므로 천도를 따르고 행하면 좋은 성과를 얻을 수 있다.

천지인(天地人) 삼재(三才)가 어울려야 문화가 창조되고 발전한다. 인간이 실제 행동, 즉 인행(人行)으로 천도(天道)를 알고 활용해서 지상에 사실적으로 좋은 성과, 즉 지덕(地德)을 이루어야 한다.

우주를 주재하는 절대인 하늘이 인간을 만물의 영장으로 창조하고 또 귀중한 생명을 내려주었다.

하늘이 왜 인간을 만물의 영장으로 만들고 또 귀중한 생명을 주어 살게 하고 있을까? 그 해답을 서경(書經)에 다음과 같이 짧게 적었다.

「하늘의 일을 사람으로 하여금 대신 하게 함이니라.」[34]

하늘은 무형의 실재이다. 몸체도 없고 손발도 없다. 그래서 사람을 만물의 영장으로 만들고 대신 일을 하게 한 것이다. 그러므로 사람은 하늘의 뜻과 도리를 알고 바르게 살아야 한다.

하늘의 일은 다른 것이 아니다. 천도를 따라 지덕을 세움이다. 즉 하늘을 대신하는 인간으로 하여금 「지상세계를 진선미(眞善美)의 문화세계, 도덕세계로」 만들자는 것이다.

그러므로 인간의 삶의 목적이나 가치도 「천도(天道)를 깨닫고, 성실한 인행(人行)으로 지덕(地德)을 세우는 데」 두어야 한다. 절대인 하늘의 뜻과 절대선인 천도를 따르고 실천해서 지상세계를 진선미의 문화세계, 도덕세계로 만들어야 한다.

과학의 발전도 「천도 지덕 인행」의 결과이다.

자연법칙이 바로 천도이고, 과학자가 연구하는 행동이 바로 인행이고, 현실적으로 얻어진 과학적 업적이 바로 지덕이다.

자연법칙(自然法則) - 천도(天道) : 하늘이 도리를 내려준다

과학연구(科學硏究) - 인행(人行) : 사람이 깨닫고 실천한다

과학성과(科學成果) - 지덕(地德) : 지상에서 성과를 얻는다

인류는 과학적인 면에서는 「천도 인행 지덕」을 잘 따르고 있다.

---

34) 天工人其代之也..

그러나 경제나 정치면에서는 천도를 따르지 않고 반대로 악덕한 수렵의 정치논리를 따르고 있다. 그러므로 하늘이 바라는 「진선미의 문화세계, 도덕세계」가 아닌 악덕한 지옥을 연출하고 있는 것이다.

<3> 학습과 「선 본성(善本性)」의 계발

사람은 「선 본성」을 하늘로부터 받아 가지고 있다. 그러므로 누구나 하늘의 도리를 깨닫고 윤리 도덕 효도를 실천할 수 있다.

그러나 바르게 배우고 또 「동물적 욕구」를 억제하지 못하면 본연의 「선 본성」을 계발하고 실천하지 못한다.

동물적 육체적 본능적 생활은 힘들여 배우고 익히지 않아도 능숙하게 영위할 수 있다. 그러나 정신적 도덕적 생활은 후천적으로 힘들여 배우고 익혀야 제대로 할 수 있다. 공자(孔子)는 논어(論語)에서 말했다.

「인간이 하늘로부터 받은 본성은 비슷하다. 그러나 후천적으로 배우고 익힘에 따라 서로 다르고 멀어지게 된다.」[35]

사람이 선천적으로 받은 이성적 도덕성은 서로 비슷하다. 그러나 후천적으로 배우고 익힘에 따라 서로 크게 차이가 난다는 뜻이다.

학습을 통해서 정신적 도덕성을 높이고 동물적 본능을 억제하거나 조절해야 한다. 그래야 착하고 보람있는 삶을 살 수 있다.

---

35) 性相近也 習相遠也.<陽貨>

사람은 학습과 훈련의 정도에 따라 인격이나 도덕생활의 높낮이가 다르게 된다. 동양의 성현의 가르침을 바탕으로 교육과 훈련을 받은 사람은 인격자가 되고, 교육과 훈련을 받지 못한 사람은 동물적 존재로 머물게 마련이다.

인류가 오늘의 위기를 극복하고 대동의 이상세계를 창건하기 위해서는 먼저 사람들이 바르게 배우고 도덕성을 회복하고 아울러 윤리 도덕 효도를 성실히 실천해야 한다.

⑵ 도덕(道德)의 깊은 뜻

일반적으로 도덕(道德 : Morality, Virtue)을 대략 다음과 같은 뜻으로 쓰고 있다. 「공동체의 질서와 공익을 위해서 모든 사람들이 따르고 지켜야 할 사회적 행동 규범이다. 그것은 그 공동체의 역사와 문화 및 습속에서 점차로 발달하고 정착된 가치적 생활규범이다.」

그러나 동양의 전통사상에서는 「도(道)」와 「덕(德)」을 나누어 풀이하며, 그 의미도 다양하고 깊다. 먼저 도의 뜻을 추려보겠다.

<1> 도(道)의 깊은 뜻

도(道)는 우주의 실재(實在) 및 우주의 법칙이다. 역경(易經) 계사전(繫辭傳)에 있다.

「현상계를 초월한 형이상의 <실재 및 도리를> 도라고 한다. <그 실재 및 도에 의해> 형이하로 눈에 보이게 나타난 물건이나

126

기물들을 기라고 한다.」 36)

이 때의 도는 본체론(本體論 : Ontology)에 속하며, 우주 천지 자연 만물의 근원이 되는 실재의 뜻이다. 그러나 다음의 도는 자연 만물의 「생성 변화의 법칙이나 도리」의 뜻이다.

「음과 양이 서로 어울려서 만물을 생성하고 번식하게 하는 도리를 도라고 한다.」 37)

도는 눈에 보이지 않는 우주의 실재이자 동시에 식물 동물 자연 만물 및 인간 등을 생성 발전케 하는 법칙, 도리이다. 노자(老子)는 다음과 같이 말했다.

「도는 만물의 깊은 속에 있는 핵심적 실재이다.」 38)

「하나가 둘을 낳고 둘이 셋을 낳고 셋에서 만물이 나온다.」39)

이 때의 하나는 역경에서 말하는 태극과 같은 것이다. 관자(管子)는 말했다. 「만물을 낳고, 만물을 자라게 하는 것을 도라고 한다.」 40)

도는 우주의 근원 혹은 실재이자 동시에 우주의 법칙 ,즉 천도(天道)이기도 하다. 도는 공간[宇]과 시간[宙]을 초월한 절대(絕

---

36) 形而上者謂之道 形而下者謂之器.

37) 一陰一陽之謂道.＜易 繫 ＞

38) 道者萬物之奧.＜62＞

39) 一生二 二生三 三生萬物.

40) 萬物以生 萬物以成 命之曰道.＜內業篇＞

對)이다. 「천지 자연 만물」은 우주의 실재인 도에서 나왔으며 또 우주의 법칙인 도에 의해서 생성 변화 발전하고 있다.

이렇듯이 우주의 실재이고 또 근본 원리이기 때문에 도는 형이상의 절대로 눈에 보이지 않는다. 노자는 말했다.

「도라고 하는 우주의 실재는 있는 듯 없는 듯 황홀하기만 하다.」[41]

「겉으로 잡을 수 없이 흐릿한 무엇인가가 천지 개벽 전부터 있었다. 그것은 소리도 없고 보이지도 않지만 절대적 실재이면서 동시에 영구히 변치 않는다. 그것은 우주 천지 만물(萬物) 만상(萬象)에 두루 퍼지고 돌면서 영원히 시들지 않는 실재이다. 그러므로 천하 만물의 어머니로 삼을 수 있다. 나는 그의 이름을 알지 못한다. 자(字)를 지어 도(道)라고 부르리라.」[42]

노자가 말하는 도는 곧 천도이다. 그 속에는 사람이 따르고 행해야 할 인도(人道)를 포함한다.

사람이나 만물은 하늘에 의해서 창조되고 또 하늘의 도리를 따라서 생존하게 마련이다. 그러므로 사람이나 만물은 절대로 도를 따르고 지켜야 한다. 천도는 우주의 법칙, 자연법칙 및 사람이 지키고 따라야 할 진리이기도 하다.

---

41) 道之爲物 惟恍惟惚.<20>

42) 有物混成 先天地生 寂兮寥兮 獨立而不改 周行而不殆 可以爲天下母 吾不
　　知其名 字之曰道..

중용(中庸)에 있다. 「천명으로 부여된 것이 인간의 본성이다. 그 선 본성을 따라 사는 것이 곧 사람의 도리이다.」 [43]

천명으로 주어진 인간의 본성은 곧 천리(天理)를 터득하고 실천하는 「선 본성(善本性)」 혹은 도덕성이다.

주자(朱子)는 말했다. 「모든 사람이 다 함께 따라 나아갈 바를 도라 한다.」 [44]

나정암(羅正菴)은 말했다. 「도는 즉 천지 만물이 다 따라야 할 <법칙이나 도리>이다.」 [45]

도는 수신(修身)과 예절의 바탕이 되는 도리이다. 관자(管子)는 말했다.

「도는 말로 표현할 수 없다. 눈으로도 볼 수 없다. 귀로도 들을 수 없다. 그러나 수신과 예절을 바로잡는 도리이다.」 [46]

노자는 말했다. 「도는 항상 억지를 부리지 않으면서 만물을 고르게 잘 살게 한다. 임금이 도를 잘 지키면 나라를 잘 간직할 수 있다. 동시에 만물을 자연스럽게 화성(化成)할 것이다.」 [47]

공자도 말했다. 「인간적 억지를 부리지 않고도 모든 것을 성취

---

43) 天命之謂性 率性之謂道.

44) 人所共由謂之道.

45) 道乃天地萬物所共由之理. <困知記>

46) 道者口之所不能言也目之所不能視也耳之所不能聽也所以修身而正形也.

47) 道常無爲而無不爲 侯王若能守之 萬物將自化.

케 하는 것이 천도이다」 48)

천도(天道)를 문화적으로 표현한 것을 예(禮)라고 한다. 예기정의서(禮記正義序)에 다음과 같은 말이 있다.

「예는 하늘과 땅을 바로잡아 주고 윤리적 위계와 질서를 바르게 잡아 주는 것이다. 그 시초는 하늘과 땅이 나누어지기 전부터 있었다. 그러므로 예운편(禮運篇)에 다음과 같은 기록이 있다. 『예는 반드시 가장 큰 하나, 즉 절대인 하늘에 뿌리를 두어야 한다. 그러므로 하늘과 땅이 갈라지기 전에 이미 예의 원리가 있었다.』」49)

예(禮)를 설문해자(說文解字)에서는 이(理)와 이(履)로 풀었다. 즉 내용 면으로는 천리(天理)이다. 그것은 문화적 생활양식으로 꾸민 것이 예의 예절이다. 이(履)는 곧 예를 따르고 실천함이다. 그러므로 덕치(德治)는 바로 예치(禮治)이다.

<pre>
        ┌─이(理)─<내면적 의미>─천리(天理)┐
예(禮)   문화생활
        └─이(履)─<외형적 실천>─예의(禮儀)┘
</pre>

동양에서 높이는 예치(禮治)는 결국 절대선의 천도를 따르고 실천하는 덕치(德治)라는 뜻이며, 이는 곧 왕도(王道)의 도덕정치(道德政治)이다.

---

48) 無爲而物成 是天道也.<禮記 哀公問>

49) 夫禮者經天地 理人倫 本其所起 在天地未分之前. 故禮記云 夫禮必本於大一 是天地未分之前 已有禮也.

<2> 덕(德)의 깊은 뜻

덕(德)은 득(得)과 뜻이 통한다. 「덕」의 기본 의미는 「도를 따르고 행해서 얻는 좋은 성과(成果)」다. 먼저 도와 덕을 대비하 겠다.

도(道)	덕(德)
보이지 않는 본체 [體]	나타난 사물과 기능 [用]
우주 자연의 도리[原因]	행해서 얻은 성과 [結果]
形而上之謂道	形而下之謂器

다음에는 덕(德)에 대한 성현들의 철학적 뜻풀이를 추려보겠다. 관자(管子)는 말했다.

「덕은 얻는다는 뜻이다.」 「실체나 형체도 없는 것이 도이다. <그러나 도에 의해서> 생성한 것을 덕이라 한다.」 50)

장자(莊子)는 「도의 덕택으로 만물이 삶을 누리는 것을 덕이라 한다.」 51)라고 말했다.

역경 계사전에 있다. 「하늘과 땅이 어울려서 얻어진 가장 큰 덕은 생이다. <생은 곧 자연 만물의 끝없는 생육화성이다.> 만물 의 생육화성은 끝없이 이어진다.」 52)

---

50) 德者得也.<管子 心術> 虛無無形謂之道 化育萬物謂之德.<管子 心術>
51) 物得以生謂之德.<莊子 天地篇>

　식물이나 동물이 천도를 따라 생존하고 결실(結實)하거나 번식
(繁殖)하는 것이 곧 덕이다. 과학자가 자연법칙을 활용하여 과학
적 성과를 얻는 것이 곧 덕이다.

　덕은 외면적으로 보이는 것만이 아니다. 내면적으로 마음속에
터득된 덕성(德性)도 역시 덕이다.

　주자는 말했다. 「도는 모든 사람이 따라 지키고 살아야 할 공통
된 천도 천리이다. 그러나 덕은 자기만이 얻는 것이다.」 53)

　사람마다 천도를 따르고 행하는 바에 따라 얻어지는 덕이 서로
다르게 마련이다.

　주자는 말했다. 「덕은 도를 행하여 자기가 마음으로 터득한
덕성이기도 하다.」 54)

　주자의 제자 진북계(陳北溪)는 말했다. 「덕은 도를 행해서 알찬
열매를 마음속에 터득한 것이다. 그러므로 덕이라 한다.」 55)

　덕(德)은 「척(彳 : 간다는 뜻)」과 「덕(悳 : 곧은 마음)」의 합자
(合字)이다. 덕(悳)은 선행(善行) 선심(善心)의 뜻도 있다. 설문해
자(說文解字)에는 다음과 같이 풀었다.

　「덕은 외적으로는 다른 사람을 통해 얻기도 한다. 내적으로는

---

52) 天地之大德曰生　生生不已.<易經　繫辭傳>

53) 道者人之所共由　德者己之所獨得.<朱子語類>

54) 德則行道　而有得於心者也.<朱子　語類>

55) 德是行道　而實有得於吾心者　故謂之德也.<性理字義>

나의 마음으로 터득한다.」[56]

당(唐)의 문장가 한유(韓愈)는 말했다. 「덕은 나 자신이 얻는 것이며, 남이나 밖에 기대할 것이 아니다.」[57]

이상을 종합하여 다음과 같이 추릴 수 있다. 「도는 내면적 도리이며, 그것을 실천해서 얻은 좋은 성과가 곧 덕이다.」

인애(仁愛)의 도리와 마음은 「애민이물(愛民利物)」의 덕행으로 나타나게 마련이다. 자연 만물이 「생육화성」하는 것은 「만물을 사랑하는 하늘의 마음과 도리」의 나타남이다. 상서정의(尙書正義)에 다음과 같은 말이 있다.

「하늘과 땅의 뜻은 만물을 키우고자 함이다.」[58]

또 역경에 있다. 「<만물을 생육 화성하는> 천지의 도리는 영원하고 끝날 때가 없다.」[59]

유교는 하늘을 무조건 믿으라고 강요하는 종교가 아니다. 현상 세계를 통해서 우주의 법칙이나 천도를 스스로 인식하고 몸소 실천하기를 강조하는 실천 철학이다. 흡사 자연과학자가 자연법칙을 터득하고 활용해서 좋은 성과를 거두는 경지와 같다. 유교는 신(神)보다 리(理)를 앞세운다.

---

56) 外得於人 內得於己也.
57) 足乎己 無待於外之爲德. <韓愈 原道>
58) 天地之意 欲養萬物者也.
59) 天地之道 恒久而不已也.

역경은 이(理)의 정점을 태극(太極)이라 하고, 양의(兩儀), 사상(四象), 팔괘(八卦), 육십사괘(六十四卦)로 우주의 도리를 부호화해서, 우주의 변증법적 발전을 수리적으로 풀이했다. 그 기본은 천도(天道), 지덕(地德) 및 음양(陰陽), 건곤(乾坤)이다.

⑶ 천도를 따르는 덕치(德治)

<1> 정치(政治)는 정차(正治)

공자는 논어에서 말했다. 「정치는 바르게 하는 것이다(政者正也)」 「바를 정(正)」은 「한 일(一)」과 「머무를 지(止)」를 합친 글자다. 그러므로 「정(正)」은 「하나에 가서 머문다 혹은 하늘의 도리와 하나가 된다」는 뜻이다.

설문해자(說文解字)는 「일(一)」을 다음과 같이 풀이했다.

「태초에 하나에서 도가 나타나 섰고, 그 도를 따라 하늘과 땅이 나뉘었고, 다시 변화해서 자연 만물이 생성했다.」[60]

「한 일(一)」은 곧 우주 천지 만물을 창조하고 만물을 「생육화성(生育化成)」하는 절대인 하늘이나 절대선인 하늘의 도리」를 상징한다. 「하나에 가서 멈춘다는 뜻」은 곧 「절대선(絶對善)인 천도」와 하나가 되라는 뜻이다.

하늘과 천도를 이탈하면 바르다고 말할 수 없다. 「정(正)」은 곧 「천인합일(天人合一)」의 경지이다. 따라서 공자가 「정치는

---

60) 惟始太初 道立於一 造分天地 化生萬物.

바르게 함이다」라고 말한 것은 정치는 하늘의 도리를 따라야 한다는 뜻이다. 즉 절대선인 천도를 따라서 좋은 성과를 거두는 덕치(德治)를 펴라는 뜻이다.

덕치의 기본원리와 방법 및 단계를 구체적으로 밝힌 것이 대학(大學)의 삼강령(三綱領)과 팔조목(八條目)이다. 여기서는 개략을 들겠다. <제7편에서 상세히 서술함>

<2> 덕치의 기본원리 : 삼강령과 팔조목

사서(四書)의 하나인 대학(大學)에서 주장한 덕치의 기본원리는 삼강령(三綱領)과 팔조목(八條目)이다. 나누어 간략히 설명하겠다.

삼강령(三綱領)

① 명덕을 밝힌다. (明明德)

② 백성을 사랑하고 새롭게 교화한다. (親民=新民)

③ 함께 지극한 선에 도달한다. (止於至善)

팔조목(八條目)

① 사물을 바르게 파악한다. (格物)

② 바른 도리를 안다. (致知)

③ 목적의식을 성실하게 갖는다. (誠意)

④ 마음을 하늘과 하나 되게 한다. (正心)

⑤ 자기를 수양하고 인격을 완성한다. (修身)

⑥ 가정을 고르게 잘 다스림. (齊家)

⑦ 나라를 바르게 다스림. (治國)

⑧ 세계 평화를 실현함. (平天下)

대학의 정치이론은 곧 절대선(絶對善)인 하늘과 하늘의 도리를 기준으로 하고 덕치를 펴서 「선 세계」를 창건하자는 도리이다. 이것은 바로 인류의 이상인 대동세계의 창건의 도리이기도 하다. 간단히 설명을 가하겠다.

① 격물(格物)과 치지(致知) : 모든 사물을 객관적 과학적으로 관찰하고 그 속에 있는 하늘의 도리를 바르게 인식해야 한다. 자연과학에서 절대시하는 자연법칙도 천도이다. 인류는 천도의 일부인 자연법칙을 엄격히 따르고 활용해서 놀라운 과학적 성과를 올리고 있다. 그러나 윤리 도덕 면에서는 천도를 따르고 행하지 않고 반대로 남을 살상하고 남의 재물을 탈취하는 사탄의 도리를 따르고 있다. 그래서 인류가 위기에 빠지고 있는 것이다.

② 성의(誠意), 정심(正心)과 수신(修身) : 물질가치보다 정신가치를 높여야 한다. 악덕하게 남을 살상하고 남의 재물을 탈취하지 말고 서로 사랑하고 협동하여 함께 잘 사는 공동체를 창건해야 한다.

그러기 위해서는 먼저 천도를 따라 지덕을 세우겠다는 목적의식과 가치관이 투철해야 한다. 목적의식이 바르게 서면 자연히 마음과 몸이 하늘과 하나되고 천도를 따르게 될 것이다. 이 경지를 천인합일(天人合一)이라고 한다. 심성함양(心性涵養)

인격도야(人格陶冶)는 곧 마음과 몸을 하늘과 하나되게 하는 것이다.

③ 제가(齊家) : 가정은 사회의 기본 단위이다. 가정이 바르고 건전해야 사회나 나라가 바르고 건전하게 된다. 따라서 가정을 다스림에 있어서도 천도를 기준으로 해야 한다. 서로 사랑하고 서로 협동해서 함께 잘 사는 도리가 천도이다.

시간적 종적(縱的)으로 부모와 자식이 서로 사랑하고 협동해야 한다. 특히 자식이 자기를 낳고 양육해 준 부모를 잘 섬기고 효도를 해야 한다. 공간적 횡적(橫的)으로는 형제 자매가 서로 사랑하고 협력을 해야 집안이 번성한다. 특히 아우는 형님을 공경해야 질서가 유지되고 형제애의 꽃이 피어난다. 논어에 있다. 「부모를 잘 섬기는 효(孝)와 형님을 공경하는 제(弟)가 인류애인 인(仁)을 구현하는 바탕이다.」 61)

④ 치국(治國)과 평천하(平天下) : 천도를 기준으로 나라를 바르게 다스리고 평화세계를 구현(具現) 해야 한다. 이를 「왕도덕치(王道德治)」라고 한다. 그러나 오늘의 세계는 기만과 폭력으로 국민을 억압하는 패도(覇道)의 폭력적 학정(虐政)만을 일삼고 있다. 악덕한 사람이나 정치는 결국은 멸망한다. 「왕도덕치」를 펴야 「평천하(平天下)」 즉 진정한 평화세계를 창건할 수 있다.

---

61) 孝悌也者 爲仁之本.

대략 이상으로 동양의 「왕도 덕치」가 서양의 「패도의 악덕 정치」와 얼마나 다른가를 알 수 있을 것이다. 오늘의 위기를 극복하고 진정한 평화세계를 창건하기 위해서는 「왕도 덕치」를 펴야 한다.

제5장 유교의 학문정신과 지식인의 사명

(1) 인성교육과 교육혁신

<1> 시급한 인재양성

사람들이 선량해야 도의사회를 창건할 수 있다. 선량한 사람이란 절대선인 하늘의 도리를 따라 윤리 도덕 효도를 실천하고 남을 사랑하고 인류의 역사 문화 발전에 선가치적으로 기여하는 사람이다.

선량한 사람이 되기 위해서는 이기적 탐욕과 관능적 쾌락을 억제하고 인심(仁心)을 바탕으로 인덕(仁德)을 세워야 한다. 또한 그러기 위해서는 바르게 배워 자신의 「선 본성(善本性)인 인심(仁心)」을 계발해야 한다.

그러나 현실은 이와는 정반대이다. 개인이나 국가나 이기적 동물적 탐욕을 채우기 위해, 과학 기술 재물 등을 무력화하고 남을 속이거나 살상하고 남의 재물을 갈취하는 데 골몰하고 있다.

이에 국가의 교육정책도 기능교육만을 중시하고 정신교육이나 인성교육을 망각하고 있다. 그 결과 사람들이 더욱 타락하고 사회나 국가가 날이 갈수록 더 악덕해지고 있다.

우리나라를 예로 들어 생각해 보자. 광복 후 반 세기가 넘었다.

그간 법과 제도를 수없이 많이 개정했다. 그러나 사회나 국가의 실상은 날이 갈수록 혼탁하고 악화되고 있다.

실제로 오늘의 난맥상은 극에 달했으며 자체적으로는 치유 불가능한 단계가 아닌가 심히 우려된다. 그 이유는 기성세대가 혹심하게 부패했기 때문이다. 특히 국가 사회를 책임지고 있는 지도층이나 지식인들이 총체적으로 타락했기 때문이다. 그들의 타락상을 살펴보자.

① 그들은 금전 만능주의에 중독이 되었다. 따라서 정신과 인격의 존엄성을 전연 모른다.

더욱 절대선(絶對善)인 하늘의 도리와 「바른 정치」를 알지 못한다. 그들은 「선 본성」을 바탕으로 한 「인애(仁愛)의 덕치(德治)」를 펴야 한다는 생각조차 가질 수 없다.

한마디로 그들은 「도덕 윤리 및 덕치」에 대해서 철저하게 무식하다. 재물 긁어모으기에 혈안이 되어 온갖 협잡을 예사로 한다.

② 그들은 서양의 물질문화와 무력 팽창주의만을 신봉한다. 혹심한 이기적 탐욕을 채우기 위해 개인적으로나 국가적으로나 간악한 술수로 남을 기만하고 또 폭력으로 국민을 위협하는 악덕정치를 함으로써 국가의 공금이나 재물을 축내고 있다.

③ 이에 바른 인성교육을 받지 못하고 반대로 악덕만을 보고 자라난 청소년들까지 심하게 타락할 수밖에 없다.

날로 패륜아들이 속출하고 있다. 심지어 유흥비 마련을 위해

친부모를 살해하거나 강도질을 해서 남의 재물을 탈취하는 범죄가 날로 증가하고 있다.

한마디로 모든 사람의 인간성이 고갈되고 국민 전체가 동물 이하의 존재로 전락했다.

이와 같은 타락을 제도나 법만으로는 바로잡기 어렵다. 낡고 썩은 기성 정치인들은 절대로 바르고 착하게 법을 제정하지도 않을 것이고, 또 기성의 권력층은 바르고 착하게 법을 집행하지도 않을 것이다. 속마음이 썩은 사람의 말은 거짓되고 행동이 악한 법이다.

결국 참신하고 양심적인 일꾼을 배양해야 한다. 이에 교육 혁신이 시급히 요청된다. 착한 사람을 배양해야 국가 정치도 혁신되고 바로잡힌다. 그러므로 가정에서나 학교에서나 인성교육을 중시하고 강조해야 한다.

주자는 「마음이 몸의 주인이다.」[62]라고 말했다. 마음이 바르고 착해야 인격이 높아지고 행동도 착하고 바르게 된다.

결국 도의사회를 창건하기 위해서는 모든 사람의 심성을 함양하고 인격을 도야해야 하며, 그러기 위해서는 교육을 대대적으로 혁신해야 한다.

<2> 정신과 인격을 중시하는 교육

심성 함양이나 인격도야는 절대선의 천도를 기준으로 해야 한

---

62) 心者 身之主也.

다. 동물적 탐욕이나 폭력을 기준으로 해서는 안 된다. 따라서 교육의 혁신도 동양의 정신문화를 바탕으로 해야 한다.

서양의 외형적 물질문화만으로는 위기를 극복할 수 없다. 심성함양과 인격도야를 소외하고 오직 재물을 쟁취하고 무력을 팽창하고 또 관능적 쾌락을 추구하는 기능교육만을 강화하면 인류는 더욱 타락한다.

오늘의 청소년 상을 보자. 먹고 놀고 뛰고 광란하는 그들이 과연 인류의 역사와 문화를 계승하고 더욱 창조적으로 발전시킬 수 있을까?

그들에게 바른 정신교육과 엄격한 도덕적 훈련을 하지 않고 반대로 그들의 동물성을 볼모로 돈벌이에 혈안이 된 기성세대는 천벌을 받을 것이다.

동시에 국가와 인류의 장래를 내다보지 못하는 정치 지도자나 교육의 담당자들의 죄도 크다. 그대로 가면 인류의 장래는 암담하고 종국적으로는 파멸할 것이다.

인간은 숭고한 정신을 바탕으로 육체적 활동을 해야 한다. 그와 마찬가지로 동양의 정신문화를 바탕으로 서양의 물질문화를 활용해야 한다. 그래야 물질과 무력이 악덕하게 악용되지 않는다.

동양의 정신문화는 선인(先人)들의 예지와 노력의 결정(結晶)이다. 그것은 오랜 세월에 걸쳐 탁월한 성현들이 창조하고 체계화한 귀중한 도덕적인 문화유산이다.

전통적 정신문화 속에는 잡스런 악한 요소가 없다. 오직 순수하고 착한 것만이 추려져 있다. 그러므로 동양의 순수한 정신문화를 잘 배우고 활용을 해야 인류가 악덕과 실패를 거듭하지 않고 역사나 문화를 선하게 창조적으로 발전시킬 수 있다.

과학과 재물은 선·악 양면으로 쓰인다. 사람이 착하면 과학기술을 선용하고 사람이 악하면 악용한다. 그러므로 과학과 재물을 선용하고 도의사회를 창건하기 위해서는 국가적인 차원에서 인성교육 즉 심성함양과 인격도야에 힘을 써야 한다.

⑵ 유교의 전통적 학문정신

유교의 학문정신을 다음과 같이 요약할 수 있다.

① 천도(天道)를 따라 지덕(地德)을 세우는 인격자를 배양하는 데 중점을 둔다. 오늘의 기능 편중 일변도의 잘못된 교육과는 정반대가 된다. 오늘의 교육은 동물적 탐욕을 바탕으로 과학, 재물, 무력을 악용하는 비인격적 기능인 양성에만 치중하고 있다.

② 인성교육을 중시한다. 즉 심성을 함양하고 인격을 도야해서 지행(知行)이 일치하는 지식인을 배양한다.

③ 학문과 덕행이 겸비한 군자(君子)를 배양한다. 그들은 가정에서는 부모에게 효도하고 형제간에 우애한다. 사회적으로는 천도를 기준으로 한 윤리, 도덕, 효도를 실천한다. 그리고 국가적으로는 충군애민(忠君愛民)하고, 아울러 인류의 역사와 문화 발전에

기여한다. 한마디로 「수기 치인(修己治人)」하는 휴머니스트를 배양한다.

④ 학문의 목적을 절대선인 천도를 각성하고 애민이물(愛民利物)의 실천에 둔다. 그러므로 동양의 정신문화의 정수인 「사서오경(四書五經)」의 가르침과 실천적인 훈련을 중시한다.

⑤ 덕행의 중심을 효제(孝悌), 충신(忠信), 인의(仁義)에 둔다.

⑥ 군자는 천도에 맞는 「선 세계」를 단계적으로 구현(具現)하라고 가르친다. 즉 수신(修身)—제가(齊家)—치국(治國)—평천하(平天下)의 일관된 도리와 실천을 강조한다.

「배울 학(學)」이나 「가르칠 교(敎)」의 핵심은 「욕효 효(爻)」이다. 「효(爻)」는 「천하의 만물이 <하늘의 도리에 따라> 생동하고 번식 발전하는 뜻을 나타낸 글자이다.」[63]

동양의 학문정신은 사람으로 하여금 「하늘의 도리를 배워 깨닫고 실천하여 인류의 역사와 문화를 더욱 발전케 함」이다.

하늘의 도리를 바르게 배우고 실천하는 삶이 바르고 착한 삶이다. 그러므로 사람은 천도를 따라서 바르게 선가치적으로 살아야 한다.

동물적 탐욕을 앞세우고 서로 싸우면 함께 망한다. 국가의 정치도 절대선인 하늘의 도리를 따르고 실천해야 한다. 그래야 인류가 서로 사랑하고 협동하여 대동(大同)의 이상세계를 창건

---

63) 爻也者 效天下之動者也.<說文 段注>

할 수 있다.

인류가 위기를 극복하고 밝고 명랑하고 행복이 넘치는 평화세계를 창건하기 위해서는 동양의 내면적 정신문화를 주체로 하고 서양의 외형적 물질문화를 활용해야 한다. 그래야 과학 기술 및 재물과 무력을 악용하지 않고 선용하게 될 것이다.

정신문화를 높이고 바르게 교육을 해야 사람들이 천도를 알고 윤리 도덕을 실천하게 된다.

바르게 교육을 해야 모든 사람들이 하늘이 내려준 본연의 「선 본성, 즉 인심(仁心)」을 바탕으로 천도를 따라서 착하게 살고 또 윤리 도덕 효도를 실천한다. 그래야 인류대동(人類大同)의 선세계 (善世界)를 기대할 수 있다.

생명은 「활동하고 일하는 기능」이다. 절대선인 하늘로부터 귀중한 생명을 받고 삶을 사는 인간은 절대로 하늘의 뜻과 도리에 맞게 살아야 한다. 서로 사랑하고 협동하여 착한 공동체를 이룩하고 또 인류문화를 새롭게 발전케 하는 삶을 살아야 한다.

그 반대가 서로 싸우고 남을 살상하고 남의 재물을 탈취하는 아귀도(餓鬼道)의 생활이다.

그런데 오늘의 사람들은 천도에 어긋나는 악덕한 삶이 삶의 전부인 줄 착각하고 있으며 따라서 온갖 악덕을 예사로 저지르고 있다.

따라서 사람들이 갈수록 도덕적으로 타락하고 종국적으로는 피폐하고 멸망할 것이다. 맹자는 말했다. 「하늘의 도리를 따르면 흥성하고 거역하면 망한다.」[64]

사람은 환경이나 교육의 영향을 받지만 ,반대로 사람이 환경이나 교육을 새롭게 혁신할 수도 있다.

따라서 천도를 알게 하고 윤리 도덕을 실천케 하는 교육을 중시하고 착한 사람들을 키워내야 한다.

예기(禮記)에 다음과 같이 교육의 중함을 말했다.

「옥돌을 다듬지 않으면 보배스러운 옥기가 되지 않는다. 사람은 배우지 않으면 도리를 모른다. 그러므로 옛날에 나라를 세우고 백성에게 임금 노릇을 하는 왕은 무엇보다도 가르침과 배움을 앞세우고 높였다.」[65]

국가를 바르게 다스리기 위해서는 국민에게 천도를 알게 하고 아울러 윤리 도덕 효도를 실천케 하는 인성교육을 중시해야 한다.

⑶ 지식인의 사명과 도의사회 창건

<1> 동양의 지식인이 앞장서야 한다

콩 심은 밭에 콩 나고, 팥 심은 밭에 팥 난다. 정치의 타락과 잘못된 교육이 오늘의 위기를 초래했다.

사람은 교육에 따라 좋게도 되고 나쁘게도 된다. 바르게 잘 가르

---

64) 順天者存 逆天者亡.

65) 玉不琢 不成器 人不學 不知道 是故 古之王者 建國君民 教學爲先.

치면 좋은 사람이 되고, 잘못 가르치면 나쁜 사람이 된다.

오늘 우리 주변에서 끔찍한 범죄를 자행하는 인간 아닌 인간들이 우후죽순 격으로 속출하는 것을 보면 지난 날의 교육이 심히 잘못되었음을 알 수 있다.

개인이나 국가적 차원에서 잘 살기 위해 물질적 부를 추구하고 과학 기술을 발전시키려는 노력은 필요하다. 그러나 정직하게 땀 흘려 일해서 돈을 벌고 또 근검절약해서 부자가 되어야 한다.

그런 경우에도 외형적 물질의 가치만을 높이고 인간의 존엄성과 특히 정신의 숭고함을 망각하면 안 된다. 그것은 잘못이고 가치의 전도이다.

돈은 사람을 위해 가치있게 쓰여져야 한다. 사람이 돈 때문에 타락해서는 안될 것이다.

오늘 우리의 주변에는 돈 때문에 금수보다도 못한 짓을 하는 아귀들이 득실거리고 또 날뛰고 있다. 그들 「패덕 패륜아(悖德悖倫兒)」들은 하루아침에 지옥에서 솟아난 아귀들이 아니다. 그들이 바로 잘못된 교육으로 양산된 일그러진 악덕한들이다.

이 시점에서 우리가 다급하게 서둘러야 할 일이 크게 두 가지가 있다. 하나는 사회를 정화하는 일이고, 다른 하나는 자라나는 청소년들을 바르게 교육하고 배양하는 일이다.

악을 도려내는 사회 정화도 교육을 바르게 하는 교육혁신도 다 하늘의 도리를 기준으로 해야 한다. 따라서 교육혁신도 전통적 교학정신(敎學精神)에서 찾아야 한다.

앞에서도 강조했듯이, 바른 사람을 키워야 정치도 바르게 되고 선한 공동체를 구성할 수 있다. 그 바탕이 바로 교육이다. 외형적 물질가치보다도 내면적 정신가치를 높이는 교육을 해야 한다.

교육혁명을 위해서는 우선 많은 지식인과 학자들이 각성하고, 그들의 의식을 전환해야 한다. 그들이 먼저 동양의 정신문화를 깊이 알고 또 윤리 도덕 및 효도를 실천해야 한다.

그러나 실제로 어려운 문제가 있다. 19세기 말부터 서양의 외형적 물질문화와 무력 팽창주의가 세계를 제패한 결과, 동양의 많은 지식인들이 물질과 무력만을 높이고 그것이 전부라고 착각하고 있는 것이다.

그 결과 동양의 정신문화 및 윤리 도덕에 대해서는 알지도 못하고 또 알려고 하지도 않으며 무조건 「낡고 쓸모 없는 것이라」고 매도하고 배척하고 있다.

도의사회 창건을 위해서는 먼저 동양의 지식인들이 자주적으로 정신문화를 높여야 한다. 그러기 위해서는 한문을 본격적으로 가르치고 배워야 한다.

과학을 배우고 발전시키기 위해서는 수학을 배워야 하듯이, 동양의 정신문화를 깊이 알기 위해서는 한문을 배워야 한다.

바로 지금 동양의 지식인들이 깨어나야 할 때이다. 특히 우리나라의 지식인들이 대오각성하고 정신교육과 윤리 도덕의 실천을

148

중시해야 한다. 그래야 서양의 물질문화 및 무력팽창주의의 굴레에서 벗어날 수 있다.

아울러 저마다의 「선 본성」을 되찾고 「수신—제가—치국」해야 한다. 그래야 세계와 인류가 위기를 극복하고 사랑과 협동의 대동이상(大同理想)의 공동체를 구현할 수 있을 것이다.

태양은 동방에서 떠오른다.

<2> 인류를 깨우쳐 도의세계를 창건하자

인류의 도덕적 타락은 극에 달했다. 세계의 모든 국가들은 치열한 무력과 경제전쟁을 전개하고 있다.

경제전쟁은 돈을 벌기 위한, 혹은 서로 빼앗기 내기하는 파렴치하고 치사한 전쟁이다.

옛날의 선비들은 돈을 앞세우지 않았다. 그런데 오늘날 국가들은 노골적으로 「돈이 제일이다. 돈을 벌어야 한다」고 떠벌이고 있다. 체면도 없고 창피도 모른다. 그만큼 인류가 타락한 것이다.

돈을 위해 남을 살상하는 인간을 아귀라고 한다. 그러한 의미에서 오늘의 국가 정치는 아귀도(餓鬼道)에 빠졌으며 따라서 오늘의 세계는 바로 생지옥이다.

그러면서도 그러한 짓거리가 얼마나 인류 대도에 어긋나고 창피한 것인지조차 모르고 있다.

자연법칙을 무시하면 과학적 성과를 얻을 수 없다. 사물의 도리를 무시하면 사물을 바르게 처리할 수 없다.

나라의 법률을 무시하면 나라가 혼란에 빠진다. 인류가 천도를 무시하면 세계가 파탄난다.

타락한 인간들은 방촌(方寸)에 불과한 마음속에 도사리고 있는 이기적 탐욕으로 하늘을 가려 덮고 천도에 어긋나는 짓을 하고 있으니, 얼마나 무식하고 통탄할 노릇인가.

여기서 다시 한번 동양과 서양의 문화의 특성을 살펴보자. 동양은 내면적 정신가치와 도덕 윤리를 높이고 따라서 심성함양과 인격도야에 중점을 둔다.

한편 서양은 외형적 물질가치와 과학 기술 및 기능을 높인다. 서양문화는 수렵(狩獵)을 바탕으로 한 문화다. 대상을 죽여서 내가 점유하는 것이 수렵이다. 따라서 서양은 무력적 패도(覇道)에 흐르게 마련이다.

한편 동양문화는 농경(農耕)을 바탕으로 한다. 내가 경작하고 배양해서 먹는다. 농경은 천도를 따라야 한다. 그러므로 동양은 천도를 받드는 「왕도덕치(王道德治)」를 높인다.

우리는 양자의 장점을 조화해서 새로운 정치문화를 창출해야 한다. 동양의 내면적 정신문화를 바탕으로 하고 서양의 외면적 물질문화를 가치적으로 활용해서 인류의 역사 문화를 더욱 발전시켜야 한다.

제4편 효도(孝道)의 원리와 현대적 의미

효(孝)의 일차적인 뜻은 「부모를 잘 받들고 모신다」이다. 그러나 깊은 뜻은 「천도를 따라 가문을 계승하고 더욱 발전케 함이다」이다. 문자학적으로 「효도 효(孝)」는 「육효 효(爻)」와 「본받을 효(效)」에 통한다. 그러므로 원리적인 면에서 효도(孝道)의 근본 도리를 「천도를 따라 문화를 더욱 발전케 하는 덕행」이라고 풀이할 수 있다. 효(孝)는 효심(孝心)을 바탕으로 한다. 효심은 선 본성(善本性)인 인심(仁心) 및 도덕성에서 나온다. 사람은 누구나 「선 본성」을 계발하면 효도를 따르고 효행(孝行)할 수 있다. 그러므로 어려서부터 교육하고 훈련을 해야 한다. 오늘의 청소년들이 효도하지 못하는 이유는 가정에서나 학교에서나 효도 교육을 하지 않기 때문이다. 그래서 그들은 수심(獸心)을 바탕으로 동물적 삶만을 살고 있는 것이다.

「나」는 우주의 중심적 존재이다. 「나」를 우주적으로 확대한 것이 가정이다. 가정은 곧 인간을 실체로 한 소우주(小宇宙)이다. 「아버지-나-아들」은 종적(縱的) 시간적으로 이어지고, 「형님-나-동생」은 횡적(橫的) 공간적으로 이어진다. 효도는 가정적 차원에서는 부모를 잘 섬기고 가문을 계승 발전케 하는 도리이고, 국가적 차원에서는 충군애민(忠君愛民)하고 공을 세워 나라를 흥성케 하는 도리이고, 세계적 차원에서는 인류의 역사와 문화를 계승 발전케 하는 도리로 확대된다.

이렇게 효도 효행은 우주적으로 확대된다. 가정윤리와 국가윤리를 통합한 것이 전통사상의 특색이다. 「내」가 「부모의 자식」으로 태어났다는 엄연한 사실을 인식하고 부모에게 감사하고 효도해야 한다. 그래야 나의 인심(仁心)을 우주적으로 발현하고 가치적 삶을 살고 동시에 인류의 역사와 문화 발전에 기여할 수 있다.

제1장 서론 : 인간의 존엄성과 효도

⑴ 효도의 깊은 뜻 : 계승 발전의 도리

<1> 효도는 정신문화와 물질문화를 포괄한다

인간도 동물적 본능생활을 한다. 그러나 만물의 영장인 인간은 동물과는 차원이 다른 문화생활을 영위한다.

문화를 크게 둘로 나눌 수 있다. 외형적 물질문화와 내면적 정신문화다. 인간만이 의식주를 문화적으로 누리고 또 높은 정신가치를 추구하고 아울러 도덕 윤리 효도를 실천한다.

이와 같은 양면의 문화생활 속에 인간의 존엄성이 있으며 특히 후자에 더욱 큰 비중을 둔다. 비행기를 타고 여행을 해도 부모에게 효도를 않고 또 윤리 도덕을 실천하지 않으면 진정한 문화인이라고 말할 수 없다. 더더욱 비행기에 폭탄을 싣고 가서 남을 살상하면 동물 이하의 악덕한 존재가 된다.

자연 만물은 시간의 흐름에 따라 더욱 번식한다. 인간의 문화도 사간의 흐름과 더불어 역사적으로 이어지고 더욱 발전한다. 그러한 도리를 천도라고 한다.

외형적 물질문화와 더불어 내면적 정신문화도 역사적으로 이어지면서 더욱 발전한다. 문화를 계승하고 더욱 발전케 하는 것이

154

곧 효(孝)이며, 그 도리를 효도(孝道)라고 한다.

옛날의 의식주는 오늘에 비하면 초라하기 짝이 없다. 마찬가지로 백 년 후에는 오늘보다 더욱 발전할 것이다. 외형적 물질문화만 발전하는 것이 아니다. 내면적 정신문화도 점차 발전하고 있다.

하늘은 인간에게 문화를 창조할 수 있는 창조성을 부여했다. 동시에 선인(先人)이 창조하고 남겨 준 문화를 계승하고 그 위에 나 자신의 창조를 덧붙여 더욱 발전케 하는 탁월한 「효심(孝心)」과 「지능(知能)」도 주었다.

사람은 누구나 본성적으로 「효」를 행할 수 있다. 선인(先人)들의 문화를 계승하고 자신의 업적을 가해서 역사 문화 및 학문 과학 등을 더욱 발전시키는 것이 곧 「선 본성」인 「효심(孝心)」의 발현이다.

관능적 쾌락만을 추구하는 인간은 학문이나 과학적 발전에 기여하지 못한다. 그런 자들은 오직 「먹고 마시고 뛰고 놀기」만 할 따름이다. 따라서 그들은 인류의 역사 문화 발전에 대한 의식이 없으며 이기적 탐욕과 육체적 쾌락을 채우기 위한 삶만을 산다.

가문을 계승하고 더욱 발전케 하는 「효도 효행」을 모르고 행하지 않는 사람을 불효자라고 한다. 오늘의 많은 지식인들이 불효자에 속한다. 동양의 숭고한 정신문화의 핵심인 「효도 효행」을 모를 뿐더러, 반대로 무가치하다고 매도하고 있으니, 참으로 통탄할 노릇이다.

자연과학 면에서 외형적 물질문화의 계승 발전을 높이듯이, 내면적 정신문화 면에서도 「효도 효행」을 높이고 행해야 한다.

정신도 알고 과학도 아는 진정한 지식인이라야 과학과 재물을 악용하지 않고 선용할 것이며, 따라서 위기를 극복하고 참다운 선문화(善文化)를 계승 발전하는 데 기여할 것이다.

<2> 효도의 역사적 문화적 발전의식

「효도 효(孝)」는 「육효 효(爻)」 및 「본받을 효(效)」와 뜻이 통한다. 그러므로 「효」의 근본 의의는 다음과 같다. 「천도를 따르고 실천하여 역사와 문화를 계승하고 발전케 함이다.」

「효도(孝道)」는 역사와 문화를 계승하고 더욱 발전케 하는 「천도(天道)」를 바탕으로 한 「선 문화 발전의 도리」이다.

「선 문화 발전」의 뜻을 바르게 알아야 한다. 남을 기만하거나 살상하고 남의 재물을 탈취하여 자기의 탐욕을 채우고 혼자 잘 사는 행위는 「선 문화」가 아니다. 그러한 짓은 천도에 어긋나는 악덕한 범죄행위이다. 오늘의 정치가 총체적으로 타락했으므로 많은 사람들이 윤리 도덕 효도를 알지 못하는 것이다.

효도를 가정적인 차원에서 다음과 같이 풀이할 수 있다. 「자식들이 부모를 정성으로 섬기고 동시에 가문의 전통과 가업을 계승하고 흥성케 하는 도리이다. 그리고 빛나는 집안을 다시 후손에게 물려줌으로써 세세 대대로 가문과 전통을 계승하고

156

집안을 문화적으로 발전케 하는 덕행의 도리이다.」

외형적 물질문화와 내면적 정신문화를 다 계승 발전해야 한다. 선조 및 부모가 물려준 가산(家産)만이 아니라, 그분들의 학문과 덕행 및 전통과 정신도 계승하고 발전시켜야 한다.

이와 같이 효도 속에는 역사적 발전의식이 깊이 깔려 있다. 효도는 절대로 퇴보하고 낙후하자는 도리가 아니다. 천도를 따라 더욱 발전하는 도리이다. 효도의 기본 의의를 바르게 알자.

<3> 효제(孝悌)는 인(仁)의 근본

가정적 차원의 효(孝)는 인류적 차원의 인(仁)에 직결된다. 「효나 인」은 다 「사랑을 바탕으로 협력해서 함께 잘 사는 윤리적 덕행」이다. 「사랑과 협동」은 우주적으로 전개되기 마련이다.

① 종적(縱的), 통시적(通時的), 역사적(歷史的) 협동(協同)

② 횡적(橫的), 공시적(共時的), 사회적(社會的) 협동(協同)

「우주적 차원의 사랑과 협동」을 인(仁)이라고 하며, 그 기본이 가정적 차원에서 「효와 제」를 실천함이다. 그러므로 논어에서 유자(有子)는 말했다. 「효와 제는 인을 이룩하는 바탕이다.」[66]

가정에서의 「효와 제」를 국가적으로 확대하면 「충과 신」이 되고, 세계적으로 확대하면 「인과 의」가 된다. <참조 : 3편 3장>

물론 인의 실천에는 공간과 시간에 따른 중점적 농도의 차등이

---

66) 孝悌也者 爲仁之本與.

있게 마련이다. 천륜으로 맺어진 육친애와 가족애는 절대적이다. 그렇다고 나의 육친만을 사랑하고 남을 모른 척하면 안 된다.

「충(忠)」은 군신(君臣)간의 사랑과 협동이고, 「신(信)」은 동료간의 사랑과 협동이다. 「충과 신」을 세계적인 차원으로 확대한 것이 인류애로서의 「인(仁)과 의(義)」다.

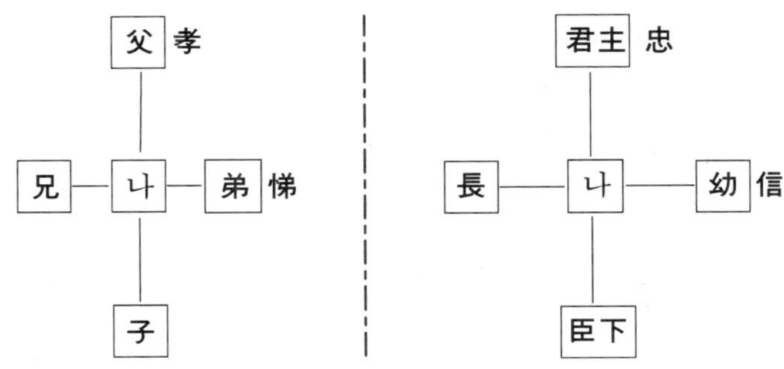

이상에서도 알 수 있듯이, 동양의 전통적 윤리 도덕은 천도를 중심으로 한 일관된 덕행이다. 가정에서의 효는 곧 국가 및 세계적 차원의 효로 확대되며, 일관되게 인류의 역사 문화의 계승 발전에 직결된다. 이것이 동양의 전통윤리의 특성이다.

개인의 인덕(仁德)을 바탕으로 가정윤리가 실천된다. 그리고 가정윤리는 곧 국가의 덕치와 세계평화에 직결된다. 이를 대학(大學)에서는 「수신(修身)—제가(齊家)—치국(治國)—평천하(平天下)」라고 했다.

윤리 도덕 효도를 알고 따르고 실천하는 것은 정신생활에 속한다. 숭고한 정신을 주체로 해야 가치있는 물질생활을 영위할 수 있다. 동물적 본능과 악덕한 탐욕을 바탕으로 한 물질생활은 인간 인류를 타락시킨다. 동물적 수심(獸心)을 억제하고 「선 본성인 인심(仁心)」을 계발하여 「효제(孝悌), 충신(忠信) 및 인의(仁義)」를 실천케 하기 위해서는 어려서부터 바르게 가르치고 잘 배우고 또 엄하게 훈련하여 효도 효행이 몸에 익도록 해야 한다.

정신교육, 인성교육을 하지 않으면 사람들이 수심을 바탕으로 동물적 삶만을 살게 된다. 아울러 국가 정치도 윤리 도덕을 외면하고 수렵(狩獵)의 악덕한 논리만을 고집하게 된다.

⑵ 어려서 효도교육을 해야 한다

인류는 역사적 사실로 정신을 높이면서 문화를 더욱 새롭게 창조적으로 발전시켜 왔으며 또 앞으로도 발전시킬 것이다. 정신가치의 기준은 하늘과 하늘의 도리이다. 하늘은 시간과 공간을 초월한 절대이며, 하늘의 도리는 시간의 흐름에 따라 자연 만물을 생성 변화 번식 발전케 하는 광명정대(光明正大), 공평무사(公平無私), 영구불변(永久不變)하는 절대선(絶對善)의 진리이다.

天(一 + 大)			
天(공간+시간)	天	공간(空間)	시간(時間)
	一	개체(個體)	순간(瞬間)
	大	전체(全體)	영원(永遠)

「천(天)」은「공간과 시간을 통합한 실재」이다.「천도(天道)」는 곧「일대지도(一大之道)」이다. 이를 앞의 그림처럼 도시할 수 있다.

따라서 절대선을 지향하는 정신가치는 곧「하나인 나와 전체로서의 인류, 순간적 현재와 영원한 시간, 외형적 물질과 내면적 정신」등을 잘 조화시키고 총체적으로 인류의 역사와 문화의 창조적 발전에 직결되게 마련이다.

가정은 소우주이며, 인류 사회의 기본 단위이다. 가정은 인류 문화의 창조적 발전의 세포이기도 하다. 효도는 기본적으로는 가정을 터로 한 가문과 전통의 계승 발전의 도리이다. 크게는 인류의 역사와 문화의 창조적 발전에 직결된다.

천도에 의해서 인류의 역사 문화가 계승 발전하듯이, 설사 일부의 편협한 지식인이 효도를 매도해도 실제로는 효도가 이루어지고 있다. 즉 자식이 부모의 유전자를 받고 태어난다. 그래서 자식은 부모의 용모나 성격 및 소질 등을 닮는다. 이와 같은 외형적 효도는 자연으로 이루어지고 있다. 문제는 정신적 효도를 의식하고 실천하지 못하는 데 있는 것이다.

자식들은 자기가 부모를 닮았다는 사실을 잘 알고 있다. 따라서 정신적으로도 자식은 부모와 선조 및 가문과 전통을 계승하고 더욱 발전시켜야 한다. 그것이 효도이다.

자식으로 태어난 내가 부모 형제와 하나가 되어 선조나 부모의 뜻과 이상을 계승하고 더욱 집안을 문화적으로 발전시키고 흥성케 하는 것이 곧 효도 효행이다. 그러므로 어려서부터 자식에게 엄하게 효도를 교육해야 한다.

효도와 효행도 「선 본성」을 바탕으로 한다. 동물의 세계에는 효도가 없다. 그러므로 효도를 모르고 행하지 않으면 사람이 아니다. 그런데 잘못된 교육이 효도 효행을 배척한다. 그 결과 오늘의 우리 주변에는 동물만도 못한 패륜아(悖倫兒)들이 속출하고 있다.

효도 효행은 배우고 익혀야 한다. 육신은 자율적으로 성장하지만 정신과 덕행은 지속적인 교육과 학습을 통해서 「선 본성」을 계발하고 또 몸에 배도록 훈련을 해야 한다. 어머니가 젖을 물려 자식을 키우듯이, 효도 교육도 품안에서부터 진지하게 해야 한다. 육신만을 키우고 정신가치나 효도 효행을 가르치지 않으면 부모의 책임을 다한 것이 아니다. 부모는 자식을 사람다운 사람으로 키워야 한다.

⑶ 가문의 계승과 일가의 흥성

효는 집안의 전통을 계승하고 물려받은 유산이나 재물을 아끼고 소중히 관리하고, 그 위에 「나의 창조적인 몫」을 더해서 더욱 발전시키고 더욱 번영케 하는 덕행이다.

그러므로 효는 인류의 역사와 문화 발전에 직결된다. 즉 선인(先人)이 이룩한 업적이나 문화유산을 잘 계승하고 활용해서 그 위에 오늘의 새 것을 덧붙임으로써 인류의 역사 문화가 발전한다.

이렇게 시간의 흐름에 따라 더욱 발전하는 도리가 곧 천도이자 효도이다. 「효도 효(孝)」는 「모방할 효(效)」와 같은 계통의 글자이며, 하늘의 도리를 본받고 따르고 행한다는 뜻이 있다.

좁게는 가정에서 넓게는 인류 사회에서 천도를 따라 역사와 문화를 창조적으로 발전시킴이 곧 효도이다.

오늘까지 인류의 문화도 그런 식으로 역사적으로 발전해 왔고 또 앞으로도 계속 발전할 것이다. 이것이 하늘의 도리이자 동시에 인류의 역사와 문화 발전의 원칙이다.

중용(中庸)에서 「효는 어른의 뜻을 잘 계승하고 어른의 사업을 더욱 발전시킴이다.」 [67]라고 했다.

조상이나 부모의 이상을 계승하고 그들의 사업을 더욱 발전케 하는 것이 효도 효행이다. 가문, 가산(家産), 및 문화 유산을 계승하고 더욱 창조적으로 발전시키고 흥성케 함이 곧 효도 효행이다.

집안의 살림을 위축되게 하고 문화적으로도 후퇴케 하는 것은 효도가 아니다. 천도를 어기고 악덕한 행동으로 돈을 벌고 선조의 분묘를 거창하게 꾸미는 것은 결코 효가 아니다.

효도의 원리와 사상 속에 역사적 「생명 철학적 발전관(生命哲學的 發展觀)」이 깊이 살아 있음을 잘 이해해야 한다. 천도는

---

67) 夫孝者 善繼人之志 善述人之事.

곧 시간의 흐름에 따라 만물이 생육 번성 발전하는 도리이다.

문화의 계승 발전이나, 집안의 재물을 늘이고 축적하는 경우에도 일대(一代)로 완성되지 않고, 대를 이어가면서 발전하게 마련이다. 알기 쉽게 그림으로 설명하겠다.

1대	①				
2대	①	②			
3대	①	②	③		
4대	①	②	③	④	
5대	①	②	③	④	⑤

1대가 한 평생 이룩한 ①을 남기고 죽는다.

2대는 ①에 자기의 몫인 ②를 덧붙이고 역시 죽는다.

3대도 ① ②에 역시 자기의 몫인 ③을 덧붙이고 죽는다.

4대도 ① ② ③에 역시 자기의 몫인 ④를 덧붙이고 죽는다.

5대는 선조가 물려준 ① ② ③ ④에 역시 자기의 몫을 덧붙임으로써 더욱 재산이나 문화를 발전시킨다.

인류의 문화도 선인들의 문화 유산에 후인들이 새롭게 덧붙임으로써 더욱 창조적으로 발전한다. 우리도 가정적으로나, 사회적으로나, 세계적 차원에서 선인들의 유산에 새 것을 덧붙여 인류 문화를 발전시켜야 한다. 그것이 바로 천도를 바탕으로 한 효도 효행이다.

선조가 물려준 집안을 계승한 자식은 경제적으로 가난하게 살거나, 문화적으로 후퇴하면 안 된다. 참다운 효자는 집안을 더욱 흥성케 해야 한다.

단 천도에 어긋나는 악덕한 짓을 하면 안 된다. 악덕한 짓 혹은 범죄적 수법으로 돈을 벌고 부모에게 물질적 공양을 해 올리는 것은 참다운 효도가 아니다. 효도 효행은 어디까지나 절대선인 천도 천리를 바탕으로 해야 한다.

⑷ 인류의 위기 극복과 효도교육

오늘의 우리 사회의 실상은 어떠한가? 「경로애친(敬老愛親)」과 정반대가 되는 반인륜적 사건이 빈번하게 발생하고 있다. 그 원인은 우리가 오랫동안 전통적 윤리 도덕 및 효도 교육을 망각하고 무시했기 때문이다.

잘못된 근본 원인은 정치의 타락에 있다. 우리나라만이 아니다. 세계적으로 모든 사람들이 혹심한 물질적 이기주의와 순간적 관능 향락주의에 빠져 있다.

또 끝없는 탐욕을 채우기 위하여 과학기술 및 재물을 악용하고 사술(詐術)과 무력으로 남을 속이거나 살상하고 남의 재물을 탈취하기에 골몰하고 있다.

그러므로 윤리 도덕 효도를 거의 완전히 망각하거나 무시했으

164

며, 그 결과 인류 세계를 아귀들이 날뛰고 설치는 약육강식의 사냥
터 혹은 생지옥으로 만들고 있는 것이다.

일차적으로는 이른바 서양 강대국들의 책임이 크다. 그들이 과
학 재물을 무력화하고 세계를 제패하고 있다. 이에 약소국들이
살아남기 위해서 부득불 물질과 과학기술을 앞세워야 하며 따라
서 정신적 도덕적으로 타락하고 있는 것이다.

도덕 윤리의 상실은 공동체를 내부적으로 와해시킬 염려가 크
다. 물질과 무력 일변도의 부국강병책은 뜻하지 않게 국민의 정신
과 도덕성을 마비시키고 결국에는 공동체 자체의 존립을 위태롭
게 한다. 우선 자식이 부모에게 효도를 하지 않음으로써 가정이
파괴되고 사회의 윤리 도덕이 증발한다.

사회의 기본 단위인 가정의 파괴는 결국은 건전한 국가의 존립
을 위협하게 마련이다. 일찍이 주자(朱子)는 「윤리 도덕이 문란해
지면 사회가 망한다」고 경고했다.

2천 년 전에 씌어진 예기(禮記)에는 「인간이 소외되고 물질적
존재로 전락하는 까닭은 하늘의 도리를 무시하고 오직 인간적 욕
심만을 추구하기 때문이다.」 68)라고 갈파했다.

대학(大學)에서는 다음과 같이 경고했다. 「덕이 근본이고 재물
은 말단이다. 그런데 덕을 홀대하고 재물을 중시하면 서로 싸우고
쟁탈을 일삼게 된다.」 69)

---

68) 人化物者 滅天理 而窮人欲者也.

이상의 말은 모두가 흡사 오늘의 인류의 위기를 예측하고 신랄하게 규탄하고 있는 듯하다. 인류의 번영과 발전을 위한 과학적 기능 교육은 계속 중시되어야 한다. 그러나 동시에 인성교육 및 효도 윤리 도덕의 실천 교육을 강화해야 한다. 그래야 우리의 공동체가 건전하게 존립하고 또 발전한다.

선량한 사람들이 과학기술 재물을 선용해야 인류의 행복과 세계의 평화가 보장된다. 반대로 재물 과학을 악용하는 악한 사람이 많으면 인류는 멸망한다. 개인적으로나 국가적으로나 이기주의와 탐욕을 극복하고 남과 동류를 사랑하는 심성교육을 높이고 강화해야 한다.

모든 사람이 서로 사랑하고 협동하는 인애(仁愛)를 행동으로 실천해야 한다. 그러기 위해서는 인간의 선 본성인 인성(仁性)을 계발하고 행동화할 수 있게 가르치고 길들여야 한다. 그 바탕이 효도 효행이다.

사람은 배우고 익히기에 따라 성인(聖人)도 되고 아귀(餓鬼)도 된다. 절대선인 하늘과 하늘의 도리를 따라 서로 사랑하고 협동하는 착한 사람을 배양하기 위해서는 어려서부터 윤리 도덕 및 효도의 교육을 강화해야 한다.

특히 가정에서의 효도 교육과 효행이 몸에 배게 훈련해야 한다. 자기 친부모에게 효도할 줄 모르거나, 형제간의 사랑에 익숙지

---

69) 德者本也 財者末也 外本內末 爭民施奪.

못한 사람이 어찌 인류애를 실천할 것인가?

그러므로 공자는 효경(孝經)에서 말했다. 「효는 모든 덕행의 기본이며 또 모든 가르침과 배움의 시발점이다.」[70]

전에는 우리나라에서도 가정에서나 사회적으로나 효도교육을 높였다. 그러나 세계적으로 밀어닥친 「이기적 물질만능주의」로 인한 위기적 병폐와 더불어 마침내 학교에서 효도교육을 망각하거나 배척함으로써 급기야 오늘의 혼란상을 초래한 것이다.

친부모를 살해하는 패륜(悖倫)의 청소년들이 급증하자, 당황한 정치인들이 간혹 「청소년 선도」를 외친다. 그러나 그들이 바로 부도덕하게 권력을 잡은 사람들이므로 신념이 굳지 못하다. 그들 자신들이 권모술수와 재물 및 무력을 앞세우는 자들이므로 효도 윤리 도덕 교육을 실천에 반영시킬 수 없다.

그러므로 일대 혁신이 있어야 한다. 기성 정치인들이 단을 내리고 각급 학교에서 심성함양과 윤리 도덕 효도교육을 본격적으로 강화해야 한다.

부모에게 효도하고 윤리 도덕을 실천한다고 과학 기술이 낙후되지는 않는다. 사람이 착해야 과학기술도 선 가치적으로 활용하게 될 것이다.

---

70) 夫孝 德之本也 敎之所由生也.

제2장 정리(情理)로 본 효도

(1) 보은(報恩)과 덕행(德行)

효도의 원리에는 크게 두 가지 면이 있다. 하나는 나를 양육한 부모의 은공에 보답하는 것이고, 다른 하나는 부모의 뒤를 이은 자식이 훌륭한 사람이 되어 집안을 번성케 하고 아울러 국가에 공을 세워 부모와 가문을 빛내고 더 크게는 인류 문화 발전에 선 가치적으로 기여하는 것이다.

「오유반포지효(烏有反哺之孝)」라는 말이 있다. 까마귀도 늙은 어미새에게 먹이를 갖다가 물려준다는 뜻이다. 하물며 사람이 부모에게 감사하고 보답하는 효도를 하지 않을 수 있으랴?

인간의 존엄성 중의 하나가 바로 자기를 낳고 양육해 준 부모를 하늘땅처럼 높이고 감사할 줄 알고 보답하는 효도를 행함이다. 은덕을 저버리면 인간이 아니다. 하늘이 준 인간의 본성은 착하다. 그러므로 잘 계발하면 누구나 착한 사람이 된다. 즉 집안에서는 효도하고 사회에 나아가서는 윤리 도덕을 잘 지키고 또 착한 일을 한다. 국가적으로는 애국애민(愛國愛民)하고 하늘의 도리를 따라 나라에 공을 세우고 더 나아가 인류 문화 발전에 기여한다.

그렇게 하면 자연히 부모와 가문을 빛내고 영광되게 할 것이다.

168

그것이 참 효도이다. 악덕하게 권력과 재물을 긁어모으는 행위는 효도가 아니다.

⑵ 출생과 양육의 은공

인간은 누구나 「자기 자신과 자기의 생명」을 소중히 여긴다. 귀중한 나를 낳고 나의 생명을 가꾸고 키워서 성숙한 인간되게 돌봐주신 분이 누구인가? 바로 나의 양친이다. 부모의 은공에 보답해야 한다. 그것이 효도의 첫걸음이다.

이미 노쇠하신 나의 양친을 누가 친근하게 돌봐 올려야 하나? 바로 자식된 내가 아닌가? 나를 낳고 키워 주신 어버이의 은혜는 하늘보다 높고 바다보다 깊다. 그러므로 끝없이 감사하고 끝없이 보답해야 한다. 사자소학(四字小學)에 다음과 같은 구절이 있다. 「부모님의 은혜는 하늘처럼 높고 땅처럼 두텁다. 어찌 자식된 몸으로 효도하지 않으랴.」 71)

나를 낳고 키워주신 분이 바로 부모님이시다. 부모는 나의 생명의 근원이다. 나는 부모의 혈육과 기질 및 성품과 정신까지도 나누어 받았다. 그러므로 나의 용모나 소질이 부모를 닮은 것이다.

부모는 곧 나의 전신(前身)이며 나는 곧 부모의 후신(後身)이다. 따라서 부모와 나의 생명과 삶은 같은 연장선 위에 있고 부모와

---

71) 恩高如天 德厚似地 爲人子者 曷不爲孝.

나는 같은 가문과 혈통을 이어가고 있는 것이다.

부모와 자식은 몸은 다르지만 같은 핏줄기 같은 생명을 이어간다. 생명과 삶의 본체에서 볼 때, 부모와 나는 일체(一體)이다. 그러므로 부모와 자식은 영원히 하나이다. 그것이 절대인 하늘에 의해서 주어진 절대적 인간관계, 즉 천륜(天倫)이다.

⑶ 천륜(天倫)과 효도

내가 이 세상에 출생하면서 가장 먼저 관계를 맺고 접한 사람이 바로 부모다. 그리고 부모와 자식간의 인연과 관계는 하늘에 의해서 맺어진 불가분의, 절대적인 천륜의 인연이요 관계이다. 천륜의 관계는 취소할 수도 바꿀 수도 없다.

60억 인류 중에서 가장 밀접한 사이가 부모와 자식의 관계이다. 그런데 생각이 얕은 사람은 부모와의 일체감을 깨닫지 못하고 부모를 오다가다 만난 애인보다 멀게 착각하고 홀대한다.

불효는 정신가치와 도덕 윤리에 대한 무지에서 야기된다. 무지하기 때문에 부모가 나의 뿌리이고 나를 키워 준 은인이고 나와 불가분의 천륜으로 맺어진 가장 가까운 존재임을 모르고 남처럼 생각한다.

자신의 탐욕을 채우기 위해서는 재물을 주저 없이 쓰면서도 부모 공양에는 인색하게 군다. 탐욕에 눈이 덮인 무식쟁이는 효도의 뜻도 모르고 따라서 효자가 될 수 없다.

그러므로 어려서부터 도덕 윤리의 기본인 효도를 잘 깨우쳐 주고 몸에 익혀 실천할 수 있게 해야 한다.

가르치지 않고 내버려두면 동물 이하로 전락한다. 동물은 자기 욕심을 채우기 위해 어미를 죽이는 법이 없다. 그러나 탐욕을 억제하지 못하고 금전이나 재물에 눈이 어두운 불효자식은 지능을 악용하여 부모를 잔인하게 살해하는 경우도 있다. 어려서부터 자식의 육신만 키우지 말고 자식의 정신과 덕성을 키우고 높여주어야 한다.

⑷ 육신의 양육과 덕성 훈육

부친은 생명의 씨를 심고 모친은 열 달 동안 복중에서 생명의 씨를 키운 결과 나를 출산한 것이다. 출생 후에도 밤낮 없이 온갖 고생과 정성으로 나를 건장하게 키워 주었으며, 부모님 덕택에 내가 태어나 자랐고, 편하게 먹고 입으면서 성장하고 있는 것이다.

한편 부모는 삶과 역사의 「선경험자(先經驗者)」로서 생활을 통해 나에게 삶의 지혜와 기능 및 남들과 함께 어울려 사는 도덕 윤리를 깨우쳐 주고 또 몸에 익히게 해 준다.

비싼 학비를 주어 학교공부도 받게 해 준다. 한편 자식인 나는 때로는 병들거나 엉뚱한 행동으로 집안의 재물을 축내고 부모의 속을 무한정 태우기도 한다.

그런데도 부모는 한결같은 자애와 정성으로 뒷바라지를 해주고 무한대한 관용으로 감싸주고 간곡히 훈도해 주고 있는 것이다.

이와 같은 부모님의 사랑과 훈도 덕택으로 나는 사회의 일꾼이 되어 활동하고 있는 것이다. 내가 사회에 진출하고 활동함에 있어서도 직접 간접으로 부모와 가문의 후원과 선조의 음덕을 입고 있는 것이다. 이러한 부모의 막중한 은혜와 가문의 덕택을 모른 척하고 효도를 하지 않아도 괜찮을까? 마땅히 부모의 은공에 감사하고 보답하는 동시에 가문을 잘 계승해야 한다. 아울러 사회적으로도 천도를 따라 좋은 일을 하고 공을 세워 부모님의 이름을 높이고 가문을 더욱 빛내야 한다. 그것이 효도이다.

⑸ 물질적 유산과 가업의 계승 발전

내가 결혼해서 가정을 꾸밀 때도 막대한 가산을 쪼개서 일가를 이루게 해주는 분이 바로 부모다. 뿐만 아니라, 장차는 부모가 한 평생 이룩한 가업과 유산도 다 물려 주게 마련이다.

부모도 대대로 이어온 가업과 가산을 물려받고, 그 위에 당신들의 노력으로 재산을 더욱 불렸던 것이다. 따라서 내가 계승하고 물려받을 가산은 결국 모든 선조들의 노력의 결정(結晶)인 것이다.

그러므로 나도 물려받은 가산에 나의 몫을 덧붙이고 불려서 자식 손자에게 넘겨주어야 한다. 그것이 효도이다. 효도는 가문을 더욱 흥성케 하는 도리이다.

이와 같이 영광된 가문과 많은 가산을 물려주는 부모에게 감사하고 보답해야 한다. 직장에서 월급을 주는 윗사람에게는 충성하면서 부모나 선조를 홀대할 수 있을까?

장차 나도 늙고 모든 것을 자식에게 물려 줄 것이다. 그 때에 자식이 나를 홀대하면 느낌이 어떠하랴? 늦기 전에 효도해야 한다. 공자가어(孔子家語)에 다음과 같은 말이 있다. 「나무가 조용히 있고 싶어도 바람이 멈추지 않고 자식이 효도하려 해도 어버이는 기다리지 않는다.」 [72]

부모에 대한 효도는 생전에 늦기 전에 해 올려야 한다. 우리 주변에는 부모가 사망한 다음에 생전에 효도하지 못한 것을 뉘우치며 회한의 눈물을 흘리는 사람들이 의외로 많이 있다.

부모님이 살아 계실 때에 효도하자. 효도는 천도의 연장선상에서 행하는 덕행이다. 천도를 어기고 악덕하게 권력을 잡고 재물을 차지한 자는 효도를 할 자격이 없다.

다음에 부모와 지식간의 관계를 연령 별로 도시하겠다. 헤아리기 편하게 나이 30세에 자식을 출생한다고 가정하자.

```
부친 나이   30──40──50──60──70──80──90── 사망
        나 출생--10---20--30---40---50---60---70---80
            나의 아들 출생--10---20---30---40---50─
```

---

[72] 樹欲靜而風不止 子欲養而親不待.

아버지 30세에 아들인 「나」를 낳고, 장년기 「30-40-50-60세」에 나를 양육하고 교육하고 또 내가 결혼해서 가정을 꾸미는 데에 모든 뒷바라지를 한다.

아들인 「나」도 30세에 「나의 아들」을 낳는다. 그 때에 아버지는 나이 60세로 노년기에 접어든다. 그 때에 나는 「30-40-50-60세」의 장년기다. 따라서 「아들인 내가」 이미 노쇠한 부모를 돌봐 드려야 한다.

장차 「나」도 늙으면 「내 아들」에게 도움을 받게 마련이다. 이렇게 세세 대대 이어지면서 위로는 부모에게 보답하고 이래로는 자식을 양육하는 것이 가정 윤리의 핵심인 효도이다.

효도는 부모가 자식에게 은혜를 베풀고, 자식으로부터 돌려 받는 도리이다. 효도는 집안을 계승하고 발전케 하는 도리이다.

⑹ 전통과 정신의 계승발전

가정은 물질생활과 더불어 정신생활 면에서도 역사적으로 발전하고 있다. 그러므로 자식은 외형적으로 가산이나 가업을 계승함과 아울러 내면으로도 가문과 전통 및 선조나 부모의 정신을 잘 계승하고 발전케 해야 한다.

부모는 자식에 앞서 집안살림을 꾸리고 가문을 계승 발전케 한 선인(先人)이다. 자식은 그 뒤를 이은 후계자(後繼者)이다. 시간과 세대의 흐름에 있어 나의 부모가 선대의 역사 문화 및 가문과 전통을 이어 더욱 발전케 했듯이 나도 가문과 전통을 이어 더욱 발전케 해야 한다.

오늘의 우리 집안은 세세 대대로 계승되면서 발전해온 「역사적 발전체(歷史的 發展體)」이다.

그러므로 오늘의 「나」는 우리 집안을 계승하고 「나 자신의 힘과 업적」을 더해서 우리 집안을 더욱 발전시키고, 다시 후손에게 물려주어야 한다.

효도는 시간의 흐름에 따라 역사와 문화가 더욱 새롭게 창조적으로 발전케 하는 천도를 바탕으로 한 덕행이다. 따라서 자식은 가문과 전통을 계승하고 더욱 발전시켜야 한다.

소우주라고 할 가정에서 천도를 따르고 실천하는 것이 효도이다. 현재의 나는 과거와 미래를 연계하는 중계자이다. 그러므로 위로는 선조를 잘 모시고 아래로는 후손들로 하여금 집안을 흥성케 해야 한다.

⑺ 영적교류와 제사

효도의 심정적 차원이 높아지면 필연적으로 선조와 영적으로 교류하게 된다. 제사를 통해 선조와 영적으로 접하게 된다.

「제사 제(祭)」는 「접할 접(接)」과 뜻이 통한다. 제사를 경건한 마음으로 올리면 돌아가신 부모나 선조의 영혼에 접하게 된다.

그리고 그분들의 정신이나 이상을 체득하고 집안을 계승하고 더욱 빛내고 발전시킬 수 있는 힘을 얻게 된다. 제사를 모시면서 선조에게 새롭게 맹세도 한다. 제사는 영적으로 부모 및 선조와 접하고 대화를 나누고 가르침을 받는 의식이다.

후손 된 나는 때맞추어 엄숙하고 경건하게 제사를 올려야 한다. 제사는 허례허식이 아니다. 나의 근본을 잊지 않고 감사하며 때맞추어 모시는 효행이다.

제사는 흡사 선조나 부모가 눈앞에 살아 있듯이 경건한 자세와 감사하는 마음으로 올려야 한다. 목욕재계하고 엄숙하게 제사를 모시고 영적으로 대화를 나누면 신명의 슬기로운 계시를 받을 수 있다. 부모에 대한 효도는 선조에 대한 제사에 이어진다.

이러한 효도를 인식하고 실천하는 주체가 바로 「나」다. 제사를 통해 나의 근본에 접하고 선조와 영적으로 하나가 될 수 있다. 나의 생명의 뿌리는 가까이는 부모, 멀리는 선조이다. 그리고 종국적으로는 하늘이다. 제사는 하늘에 통하는 의식이다.

부모와 심정적으로 교통해야 한다. 부모가 생존해 있거나 혹은 사망했거나 자식은 부모와 심정적으로 교감 교통해야 한다. 예기 곡례편(禮記 曲禮篇)에 다음과 같은 말이 있다.

「<자식은 부모님의 뜻이나 감정을> 소리 없는 속에서 들어 깨닫고 보이지 않는 형상 속에서 알아차리고 받들어야 한다.」 [73]

이심전심(以心傳心)으로 부모님을 받들고 섬겨야 한다. 그러므

---

73) 聽於無聲 視於無形.

로 「웃어른이 입던 의복이나 쓰던 기물을 소중히 하고 그 위치를 함부로 옮기면 안 된다. 또 어른이 즐겨 들던 음식을 함부로 치우거나 먹어 없애면 안 된다.」

이러한 심정적 교감은 어른이 돌아가신 후에도 계속되어야 한다. 예기 옥조편(玉藻篇)에 다음과 같은 글귀가 있다.

「부친이 돌아가신 뒤에 부친께서 생전에 애독하시던 책을 자식이 펴놓고 읽지 못하는 까닭은 부친의 손때가 묻어 있기 때문이다. 모친이 돌아가신 뒤에 모친이 쓰시던 그릇을 참아 쓰지 못하는 까닭은 모친의 입김이 서려 있기 때문이다.」

이와 같은 심정적 교감 교통은 사람에 대한 사랑에서도 확대되기 마련이다. 예기 내칙편(內則篇)에 있다.

「부모가 사랑하시던 것을 사랑하고 부모가 공경하시던 것을 공경해야 한다. 부모님이 사랑하시던 개나 말까지 자식이 아끼고 사랑해야 하거늘 하물며 부모님이 사랑하시던 사람에 대해서는 더욱 자식이 사랑을 베풀어야 한다.」

「부모님 생전에 종의 몸에서 난 자식이나 혹은 첩의 몸에서 난 서자나 서손이 있고, 그들을 부모님이 사랑하셨다면, 적자는 부모님이 돌아가신 뒤에도 그들을 종신 한결같이 사랑하고 돌봐주어야 한다.」

공자는 논어에서 말했다. 「부친 생존시에는 뜻을 살피고 사망 후에는 행적을 본으로 삼고 따른다. 적어도 3년을 두고 부친의 생각이나 방침을 고치지 않고 따라야 효자라 할 수 있다.」

효자는 「계지술사(繼志述事)」해야 한다. 즉 부모의 뜻과 이상을 계승하고 부모가 하시던 사업을 이어서 더욱 발전적으로 성취시켜야 한다.

제3장 효도의 깊은 뜻과 실천사항

⑴ 천경(天經) 지의(地義) 민행(民行)

공자는 효경(孝經)에서 다음과 같이 말했다. 원문을 의역해 보겠다.

「무릇 효는 영원히 변치 않는 하늘의 도리를 근본 원리로 삼는다. 그리고 지상의 모든 사물들을 올바르게 다스리고 정의로운 세계를 만들기 위해 모든 사람들이 실천해야 할 덕행이다.」[74]

공자가 말한 「천경(天經) 지의(地義) 민행(民行)」은 곧 「천도(天道) 지덕(地德) 인행(人行)」이다. 천도는 하늘의 도리, 지덕은 지상에 얻어진 좋은 성과, 인행은 인간의 행동이다. 하늘의 도리를 따르고 실천하면 지상에 현실적으로 좋은 성과를 얻을 수 있다.

「변하지 않는 만물의 근본 도리라는 뜻」을 강조하기 위해서 「천도」를 「천경」이라고 했다. 「지상에서 모든 사물을 바르게 다스리고 정의로운 세상을 만든다는 뜻」을 강조하기 위해 「지덕」을 「지의」라고 했다. 하늘의 도리를 따르고 행동으로 실천해서 좋은 지상 세계를 건설하기 위해서는 만민이 행해야 한다.

---

74) 夫孝 天之經也 地之義也 民之行也.

그로므로 「민행」이라고 했다.

자연과학을 예로 들면 이해하기가 쉽다. 눈에 보이지 않는 자연법칙을 과학자가 깨닫고 활용하면 좋은 과학적 성과를 거둘 수 있다. 자연법칙은 천도의 일부이다. 과학자의 연구 활동이 곧 인행(人行)이다. 과학적 업적은 지상세계에 얻어진 좋은 지덕이다.

천(天)·지(地)·인(人) 셋을 삼재(三才)라 한다. 하늘의 변치 않는 도리를 천경(天經) 혹은 천도(天道), 땅위에서 바르게 얻어지는 좋은 성과를 지의(地義) 혹은 지덕(地德), 그리고 사람이 천도를 따라 지덕을 세우는 행동을 민행(民行) 혹은 인행(人行)이라 한다.

효도는 「천경 지의 민행」을 일관하는 기본적인 도리이다. 부모를 공경하고 전통을 이어받고 더욱 발전되게 하는 효도는 바로 하늘의 도리를 따라 더욱 흥성하고 발전하는 도리이다. 모든 사람이 효도를 실천하면 종국적으로 선량한 지상세계가 구현(具現)된다.

⑵ 「나」는 우주의 중심, 가정은 소우주

삶의 주체는 바로 「나 자신」이다. 나 자신이 인식과 행동의 주체이다. 먼저 나의 위상을 살펴보자. 천지 자연 만물은 다 시간과 공간의 교차점 위에 존재하면서 생성 변화 번식 발전하고 있다.

「나」도 마찬가지이다. 공간을 우(宇), 시간을 주(宙)라고 한다. 그러므로 공간적이면서 동시에 시간적 존재인 나는 결국 우주의 중심적 존재가 된다.

이와 같이 귀중한 「나의 위상」을 스스로 깨닫고 알아야 한다. 송대(宋代)의 육상산(陸象山)은 다음과 같이 말했다. 「우주는 바로 나의 마음이고, 나의 마음이 바로 우주이다.」[75]

인간관계에 있어 부모 형제는 같은 생명체이다. 우주의 중심적 존재인 나는 종적(縱的) 시간적으로는 「아버지-나-아들」에 이어지고, 횡적(橫的) 공간적으로는 「형님-나-동생」으로 이어지며 동시에 확대된다.

가정은 「나」를 중심으로 한 소우주이다. 즉 나를 중심으로 해서 시간적으로 위로는 아버지와 아래로는 아들과 이어진다. 한편 공간적으로 형님과 아우로 이어진다. 그러므로 가정은 육친을 실체로 한 소우주이다. 내가 시간과 공간과 불가분이듯이 나와 부모 형제는 불가분의 천륜관계에 있다. 도시하면 다음과 같다.

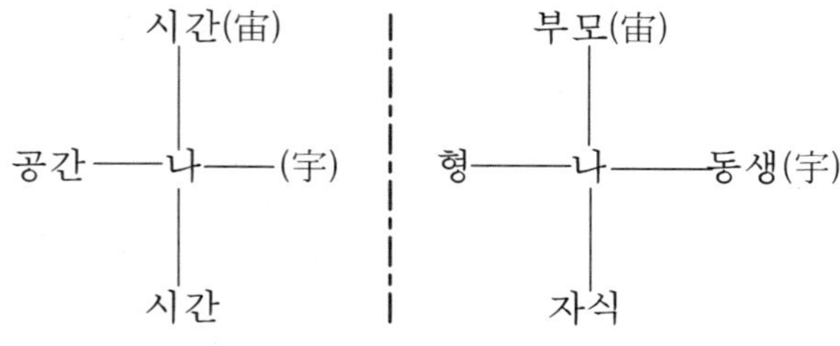

---

75) 宇宙便是吾心 吾心便是宇宙.

⑶ 효는 인류애 즉 인(仁)의 바탕

공자는 인(仁)을 최고의 덕목으로 높였다. 인의 뜻을 「사랑을 바탕으로 한 협동」으로 풀이할 수 있다.

인을 확대 해석하면 인류애를 바탕으로 하나의 대동세계를 구현하는 최고의 덕목이다. 동류의식을 바탕으로 하고 서로 사랑하고 협동해서 함께 잘 사는 공동체를 수립하는 덕행을 인이라 한다.

그 인의 바탕이 곧 효와 제이다. 효는 부자간의 사랑과 협동이고, 제는 형제간의 사랑과 협동이다.

논어에 있다. 「군자는 근본에 힘을 쓴다. 근본이 서야 도가 생긴다. 효제는 인을 이루는 근본이다.」 76)

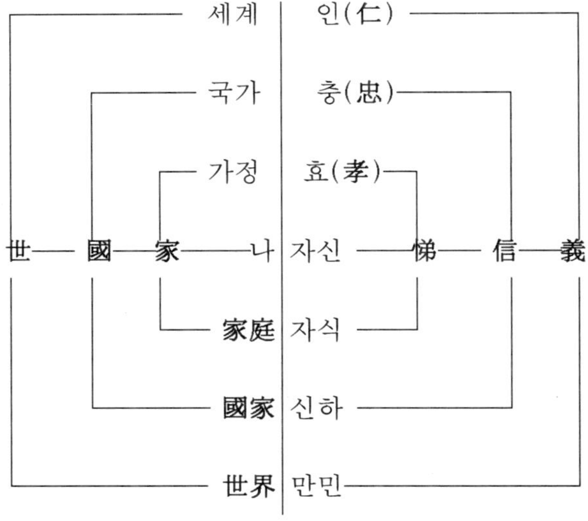

---

76) 君子務本 本立而道生 孝悌也者 爲仁之本與.

효는 종적 육친애이고, 제는 횡적 육친애이다. 이를 우주적으로 확대한 것이 인, 즉 인류애다. 종적 횡적 사랑을 국가적으로 확대하면 충(忠)과 신(信)이 되고 우주적으로 확대하면 인(仁)과 의(義)가 된다.

효제(孝悌), 충신(忠信), 인의(仁義)를 통합하여 인애(仁愛) 혹은 「큰 인(仁)」이라 한다. 부모에 대한 효도와 육친애를 확대하여 인간애 인류애 및 자연 만물에 대한 사랑으로 뻗어야 한다. 그러한 확대된 사랑도 인(仁)에 포함된다.

그와 같은 사랑의 바탕인 효심(孝心)이 만물의 영장인 인간에게는 하늘에 의해서 선천적으로 주어져 있다. 그러므로 인간의 「선 본성」을 계발하면 누구나 인(仁)과 효도를 따르고 실천할 수 있다.

⑷ 효도와 경천숭조(敬天崇祖)

효도는 부모에게만 멈추지 않고 조부모 및 선조에 대한 감사와 존경으로 확대되어야 한다. 즉 선조와 영적으로 접하는 제사를 경건하게 모셔야 한다.

효도는 나의 근본을 찾아 시발점으로 소급해 올라가며 선조에 대한 숭상과 감사에 이어진다. 이를 「보본반시(報本反始)」라고 한다. 그리고 이는 필연적으로 만물의 창조주이자 천도의 주재자인 하늘에 대한 사랑, 즉 경천(敬天)으로 이어지게 마련이다.

예기(禮記)에 있다. 「만물은 하늘에서 나왔고 사람은 선조를 통해 태어났다. 그러므로 선조도 상제 곁에 모시고 제사를 올린다. 교제는 크게는 근본에 보답하고 근본으로 돌아가려는 제사이다.」[77]

음수사원(飮水思源)이란 말이 있다. 물 한 모금을 마셔도 샘의 근원을 생각하고 감사하라는 뜻이다. 오늘의 나를 있게 해 준 하늘과 선조 및 부모에게 감사해야 한다.

하늘은 나를 만물의 영장인 사람으로 태어나게 했다. 그러므로 사람은 절대선인 하늘과 천도를 알고 받들어야 한다. 다음에는 선조와 부모에게 감사하고 모셔야 한다. 돌아가신 분은 영적으로 모신다. 생존하고 있는 어른에게는 현실적으로 효도 효행을 다해야 한다.

동시에 효자는 국가나 역사 문화 발전에 공을 세워야 한다. 효자는 하늘과 인류 문화에 대해서도 효도를 해야 한다.

⑸ 효는 수양과 예절의 바탕

자기를 수양해야 한다. 절대선인 하늘과 하늘의 도리를 깨닫고 실천하는 인격자가 되어야 한다. 그것은 바로 예(禮)에 직결된다.

예는 일반적으로는 의례, 의식 및 예의범절의 뜻으로 쓰인다. 그러나 확대된 뜻은 문화적인 생활양식 및 국가의 문물제도 등을

---

77) 萬物本於天 人本於祖 此所以配上帝也 郊之祭也 大報本反始也.

포함한다. 그리고 더 깊게는 「자기의 동물적 이기적 욕심을 극복하고 하늘의 도리를 따르고 실천한다.」의 뜻이다.

논어에 「극기복례(克己復禮)」라는 말이 있다. 이를 주자는 「자기의 사사로운 욕심을 극복하고 천리에 복귀함이다.」라고 풀었다.

예(禮)는 이(理)에 통한다. 내면적 천리(天理)를 밖으로 문화적 행동미(行動美)로 나타낸 것이 예의(禮儀) 예절(禮節)이다.

예절은 남을 사랑하고 남과 잘 어울려 함께 잘 살고 함께 발전하기 위한 문화적 예술적 행동규범이다. 그러므로 예절을 실천하기 위해서는 먼저 나의 이기적 탐욕을 극복하고 만물을 고르게 사랑하는 인심(仁心)을 바탕으로 하고 또 하늘의 도리를 따라야 한다.

마음과 몸이 하나가 되어야 한다. 즉 남과 만물을 사랑하고 인류 전체의 문화를 더욱 발전시키려는 마음가짐과 행동이 일치해야 한다. 이와 같은 예절의 바탕이 바로 가정에서의 효도 효행이다.

효의 실천은 좁게는 부모에게 보답하고 집안을 계승 발전케 함이다. 크게는 모든 사람을 사랑하고 함께 잘 사는 공동체를 창건하고 동시에 인류문화 발전에 공헌하는 덕행이다. 그러기 위해 모든 사람들이 스스로 심성을 함양하고 인격을 도야해야 한다.

⑹ 효와 충군애민(忠君愛民)

수기치인(修己治人)해야 한다. 먼저 학식과 덕성을 높여 나의 인격을 완성하고 그 다음에 사회나 국가의 지도자로서 남들을 사랑으로 교화하고 백성을 잘 살게 해주어야 한다. 더 나아가서는 인류문화 발전에 기여해야 한다.

진정으로 하늘의 도리를 따르고 실천하여 가정에서 효도하는 인격자는 국가의 중심적 존재인 임금에게 충성한다. 충성은 착한 임금을 전심전력으로 받들고 섬기는 덕행이다. 나쁜 임금 밑에서 악덕한 행위로 권세와 재물을 얻는 것은 충성이 아니다.

효자이어야 충신이 된다. 효경에 「효로써 지성껏 임금을 섬김이 곧 충이다.」[78]라고 했다. 주자는 「충성은 자기의 최선을 다함이다.」[79]라고 풀이했다.

효자이어야 충군애민(忠君愛民)할 수 있으며 따라서 진정한 의미로 입신출세도 하고 나라에 공을 세워 영광을 누리고 또 부모님과 가문도 빛나게 할 것이다. 효경에서 공자는 다음과 같이 말했다.

「효도의 실천은 처음에는 부모님을 섬기고 중간 단계에서는 임금을 받들고 나중에는 입신출세해야 한다.」[80]

---

78) 以孝事君則忠.

79) 盡己之謂忠.

80) 夫孝 始於事親 中於事君 終於立身.

「사회에 나아가서 도를 지키고 행하여 공을 세우고 후세까지 이름을 내고 부모님을 영광되게 함이 효도의 완성이다.」[81]

효행이나 충성은 다 하늘의 도리를 기준으로 한다. 그러므로 효자는 충신에 직결된다. 한편 불효자식은 사회적으로도 난신적자(亂臣賊子)가 되게 마련이다.

⑺ 효자와 충신은 충간(忠諫)한다

많은 사람들이 잘 알지 못하고 동양의 전통사상이나 윤리 도덕은 무조건 악덕한 군주를 옹호하는 반인간적 낡은 사상이라고 오해를 하고 있다. 동시에 효도는 무조건 부모에게 맹종하는 비진취적, 비인간적 도덕률이라고 곡해하고 있다. 또 충효(忠孝) 때문에 동양사회가 후퇴했다고 비방도 한다.

그러나 제대로 알지도 못하고 함부로 매도해서는 안 된다. 동물은 진주의 진가를 모른다. 어질고 슬기로운 성현들에 의해서 주장되고 오랜 세월에 걸쳐 이어져 내려온 전통사상은 귀중한 정신적 문화유산이다. 동양의 전통사상은 바로 인류의 병폐를 치유할 유일한 약이다. 매도하지 말고 힘들여 공부해서 자신의 병을 치유해야 한다.

성현의 사상과 역사적 사실을 구분해야 한다. 예나 지금이나 악덕한 패자(覇者)가 악덕한 정치를 폈던 것이다. 이에 대해서

---

81) 立身行道　揚名於後世　以顯父母　孝之終也.

성현들은 그들을 질책하고 바른 도리와 길을 제시해 주었던 것이다. 현실적으로 성현이 천하의 대권을 잡고 덕치를 펴 본 일이 없었다.

그러므로 역사적 악덕의 책임을 성현들의 가르침에 돌리는 것은 잘못이다. 이러한 태도는 강도 편에 서서 성인을 매도하는 격이라 하겠다. 인류 구제의 길을 동양의 정신문화에서 찾아야 한다.

역사적 사실로 많은 선비들이 악덕정치에 참여하고 방조자 노릇을 했다. 그러나 그들은 참다운 선비가 아니다. 진정으로 수기치인(修己治人)한 선비가 아닌 것이다.

그들은 학문과 덕행이 일치하지 않은 사이비 선비였다. 학식을 악용해서 권좌에 앉아 재물을 탐한 악덕한 선비들이었다.

오늘의 악덕정치는 과학기술, 제물 등을 악용하고 있다. 그 책임은 악덕정치가에 있지, 과학기술이나 재물에 있는 것이 아니다.

전통사상의 참 도리나 정신은 어디까지나 절대선인 천도를 기준으로 한 것이다. 따라서 참다운 선비들은 절대로 포악무도한 군주들과는 한패가 되지 않았으며, 반대로 그릇된 임금에게 천도를 따르고 만민을 사랑하라고 충심으로 간언을 올렸던 것이다.

뿐만 아니라, 임금이나 아버지가 불의(不義)한 경우에는 신하나

아들은 정성껏 간언을 올려야 했다. 즉 전통사상에서 높이는 충효(忠孝)의 도리는 무조건의 굴종(屈從)이 아니다.

도에서 벗어난 임금이나 부모에게 정성껏 충간(忠諫), 직간(直諫)을 올려야 했다. 그것이 충신과 효자의 도리였다. 나쁜 임금이나 잘못하는 부모와 함께 어긋난 길을 가는 것은 충효가 아니다.

임금과 신하 사이에서는 의(義)를 높인다. 따라서 임금이 의에 어긋나고 무도하게 행동하면 신하는 일차적으로는 충간을 올려 그가 바른 길을 가게 해야 한다. 그런데도 임금이 듣지 않으면 충신은 별수 없이 임금 곁은 떠나야 했다. 그것이 충신의 도리다. 그렇게 해야 하늘의 도리에 어긋나지 않는다.

그러나 부모와 자식은 천륜으로 맺어진 불가분의 사이다. 그러므로 자식은 끝까지 부모에게 효성을 다해야 한다. 효는 절대적이고 충은 조건적이다. 효경에는 다음과 같은 말이 있다.

「불의 앞에서는 아들이 아버지에게 간언을 올려야 하고, 신하는 임금에게 간쟁을 올려야 한다.」[82]

「불의 앞에서는 아들이 간쟁해야 한다. 무조건 부모의 영을 따르면 어찌 효라고 할 것인가?」[83]

「임금이나 부친에게 불의한 일이 있는데도 신하나 자식이 간쟁

---

82) 當不義 則子不可以不爭於父 臣不可以不爭於君.

83) 當不義 則子爭之 從父之令 又焉得謂之孝乎.

을 올리지 않으면 즉 나라가 망하고 집안이 거덜난다.」[84]

「부모에게 굴종하고, 좋아도 따르고 나빠도 따르면서 마음에 숨기는 바가 있으면 어찌 효라고 하겠느냐?」[85]

「<자식의 간언을 부모가 듣지 않아도 자식은> 여전히 부모를 공경하고 빗나가지 말고, 고생스럽더라도 원망해서는 안 된다.」[86]

「간언을 세 번 올려도 <어른이> 듣지 않으면 소리내어 울면서 따라야 한다.」[87]

효자나 충신은 부모나 임금에게 간곡하게 간언을 올려야 한다.

⑧ 다섯 가지의 불효

맹자는 불효를 다음과 같이 들었다.

① 게으름을 펴고 부모를 공양하지 않는다.

② 노름과 술을 좋아하고 부모를 돌보지 않는다.

③ 재물과 처자에 빠져 부모를 돌보지 않는다.

④ 관능적 향락에 빠져 부모를 고생시킨다.

⑤ 포악과 난동을 일삼아 부모까지 위험에 몰아넣는다.

맹자에 대한 주에서 조기(趙岐)는 다음의 셋을 첨가했다.

---

84) 君父有不義 臣子不諫諍 則亡國破家之道也.

85) 委曲從父母 善亦從善 惡亦從惡 而心有隱 豈得謂孝乎.

86) 又敬不違 勞而不怨.

87) 三諫而不聽 則號泣隨之.

「무도한 뜻에 아첨하고 굴종하여 결과적으로 부모를 불의에 빠뜨리는 것, 집안이 가난하고 부모가 연로한데도 녹사(祿仕)를 마다하는 것, 처를 얻지 않고 자식이 없어 선조의 대를 끊게 하는 것.」

이상 맹자가 들은 세속적 불효를 오늘에 견주어 보면 어떻게 될까? 대부분의 현대인들은 구제되지 못할 것이다. 그러므로 오늘의 세계를 도덕적 윤리적으로 타락했다고 말한다. 효도를 해야 사람다운 사람이 되고, 따라서 착한 가정, 정의로운 사회나 국가가 꾸며지고, 또 인류문화도 바르게 발전한다. 자기수양과 인격완성의 바탕이 효도, 효행임을 명심하고 자진해서 적극적으로 효를 실천하자.

⑼ 효자는 자중자애(自重自愛)한다

생명보다 더 귀중한 것이 없다. 그 생명은 누가 준 것일까? 부모나 의사가 주는 것일까? 아니다. 생명은 사람이 주는 것이 아니다. 식물에도 동물에도 생명이 있다. 그 모든 생명은 바로 하늘이 준 것이다.

생명이 있어야 살아서 활동한다. 생명은 곧 활동하고 일하는 기능이다. 하늘이 왜 사람에게 일하는 기능 즉 생명을 주었을까? 나의 탐욕을 채우기 위해 남을 해치고 부정한 방법으로 권력과 재물을 탈취하는 악덕을 저지르라고 생명을 주었을까? 그것은 결코 아니다.

절대선의 권화(權化)인 하늘이 사람에게 생명을 준 뜻은 「천도를 따라 더욱 문화를 창조적으로 발전시키는 일에 동참케 함이다. 따라서 사람은 인류문화의 창조적 발전에 각자가 자기 나름대로의 가치적 일을 해야 한다.

동물적으로 먹고 마시기만 하거나, 혹은 육체적 쾌락만을 취하는 것은 보람있는 삶이 아니다. 우리에게 생명을 준 하늘의 뜻에 크게 어긋난다. 하늘이 나에게 생명을 준 뜻을 깊이 인식하고 나의 삶을 가치적으로 살아야 한다. 그렇지 않으면 천벌을 받는다.

나는 우주의 중심적 존재로 유일무이한 존재이며, 하늘로부터 막중한 사명을 받고 있는 존엄한 생명체이다. 좁게는 가정에서 부모님을 잘 봉양해 올리고, 집안을 번성케 하고, 아울러 가문을 더욱 빛나게 해야 한다. 크게는 사회나 국가적으로 공을 세워 이름을 떨치고 선조나 부모의 이름을 영광되게 해야 한다. 그리고 천도를 따라 인류역사 문화발전에 이바지해야 한다.

그러므로 자신을 아끼고 고귀한 삶을 살아야 한다. 자신의 막중한 사명감을 자각하고 몸가짐을 근엄하게 해야 한다. 또 큰 일을 하기 위해 학식을 높이고 덕을 높여야 하며, 동시에 신체적으로도 자중 자애해야 한다.

몸은 하늘과 부모가 나에게 물려준 것이다. 그러므로 내가 소중히 간직했다가 온전하게 후손에게 물려주어야 한다. 또 몸이 건전해야 훌륭한 일도 하고 공도 세울 수 있다. 그러므로 효자는 몸을 아끼고 보전해야 한다. 효경에 다음과 같은 말이 있다.

「부모가 나를 온전한 몸으로 낳아 주셨으니 자식인 나도 온전하게 돌려야 한다. 그래야 비로소 효라 할 수 있다.」[88]

「나의 신체는 부모가 물려준 귀중한 몸이다. 부모님의 유체를 가지고 행동하며 삶을 사니 감히 경애하지 않으랴?」[89]

「신체 발부는 부모로부터 받은 것이다. 이를 감히 훼손하지 않음이 효의 시작이다.」[90]

하늘이 준 생명을 누리고 사는 나는 인류의 역사 문화 발전에 가치적으로 기여해야 한다. 가치적 삶을 사는 효자는 자중 자애한다. 진정한 효자는 내 자신을 아끼고 가치적 삶을 살아야 한다.

(10) 효도 효행의 3단계

나를 낳고 키워주신 어버이에게 감사하고 보답하고 공경하고 순종하고 아울러 정성껏 받들어 모시고 봉양해 올려야 한다. 그러나 효도 효행은 가정적 차원에서만 끝나서는 안 된다. 그 이상의 단계로 확대되어야 한다. 효도에는 세 단계가 있다.

---

88) 父母全而生之 子全而歸之 可謂孝矣.
89) 身也者 父母之遺體也 行父母之遺體 敢不敬乎.
90) 身體髮膚 受之父母 不敢毀損 孝之始也.

「나의 신체나 모발 및 피부는 부모로부터 받은 것이다. 그러므로 나의 몸을 소중히 여기고 다치거나 상하지 않게 해야 한다. 그것이 효도의 시발이다.」 91)

「그 다음에는 사회에 나아가서 하늘의 도리를 따라 공을 세우고 이름을 후세에 선양하고 아울러 부모를 영광되게 해야 한다. 그렇게 하는 것이 효도의 마지막 완성이다.」 92)

「무릇 효도에는 세 단계가 있다. 가정에서 부모님을 섬김이 첫 번째 단계이고, 나라에 나아가 임금에게 충성함이 두 번째 단계이고, 하늘의 도리를 따라 공을 세워 세상에 이름을 높이 선양함이 세 번째의 마지막 단계이다.」 93)

하늘의 도리를 따라 부모에게 효도하는 동시에 자기가 속한 국가에 충성해야 한다. 동시에 인류의 역사 문화 발전에 이바지해야 한다. 그 중에서도 부모에 대한 효도가 기본이 된다. 부모를 사랑하고 부모에게 보답하는 마음이 바탕이 되어야 한다. 또 신분의 고하 및 직종에 관계없이 누구나 다 천도를 따라 가정, 사회, 인류 역사 발전에 기여해야 한다. 그것이 효도 효행의 깊은 뜻이다. 나의 집을 사랑하되 나라에 해를 끼치는 것은 참 효도가 아니다.

---

91) 身體髮膚 受之父母 不敢毀損 孝之始也
92) 立身行道 揚名於後世 以顯父母 孝之終也.
93) 夫孝始於事親 中於事君 終於立身.

제5편 삼강오륜(三綱五倫) : 윤리의 핵심

슬기롭고 착한 사람이 많아야 서로 잘 어울리고 고르게 행복을 누리는 공동체를 구성할 수 있다. 반대로 이기주의적 탐욕만을 채우려는 자들이 많으면 그 공동체는 대립과 투쟁에 휩싸이게 마련이다.

서로 싸우고 탈취하는 사회에서는 음흉하게 남을 속이는 자나 잔인하게 폭력을 행사하는 악한 자들이 득세하고 반대로 양심적이고 선량한 사람들이 고생하게 마련이다.

불행하게도 오늘의 개인이나 국가가 혹심한 이기주의에 빠져 끝없는 탐욕을 채우기 위해 간교한 권모술수를 농하거나 혹은 무자비하게 무력을 동원하여 남을 살상하고 남의 재물을 강탈하고 있다.

따라서 개인이나 국가가 타락하고 동물 이하로 전락했으며, 마침내 지구와 세계를 약육강식(弱肉强食)의 처참한 사냥터로 만들었다. 특히 국제정치의 타락이 혹심하다. 강대국들은 고도의 과학기술과 방대한 재물을 무력화하고 세계를 제패하고 있다. 그러므로 인류사회에는 윤리 도덕이 설 자리를 잃고 말았다.

자고로 폭력은 보다 큰 폭력을 부르고, 악덕은 보다 큰 악덕으로 발전한다. 폭력과 악덕의 종착점은 멸망이다. 그러므로 오늘의 인류가 위기에 처했다고 말하는 것이다.

오늘의 인류가 절대선인 하늘의 도리를 따르지 않고 반대로 절대악의 도리를 따르고 있다. 인류가 위기를 극복하고 멸망을 모면하고 구제되기 위해서는 개인적인 차원에서나, 국가적인 차원에서나 도덕성을 회복하고 모든 사람이 윤리 도덕을 실천해야 한다. 그래야 인류가 과학이나 재물을 선하게 활용하고 대동(大同)의 세계를 창건할 수 있다.

제1장 서론 : 도덕윤리와 위기극복

(1) 인간소외와 도덕성 상실

사회생활의 원칙이 있다. 「서로 사랑하고 협동하면 함께 잘 살고 반대로 서로 싸우고 죽이면 함께 망한다.」 이것이 하늘의 도리이다. 삼척동자도 알 수 있는 평범한 진리다.

그런데 오늘의 악덕한 정치는 「절대선(絕對善)의 천도(天道)」를 따르지 않고 반대로 「극악한 아귀도(餓鬼道)」를 따라 인류를 위기에 빠뜨리고 세계를 지옥화하고 있다. 이대로 가면 인류는 멸망한다.

맹자는 말했다. 「하늘의 도리를 따르는 사람은 흥하고 거역하는 사람은 망한다(順天者存 逆天者亡).」

망한다는 뜻을 바르게 알아야 한다. 사람이 죽고 땅이 꺼진다는 뜻이 아니다. 악덕한 정치체제가 무너지고 새롭고 착한 체제가 나타난 다는 뜻이다. 악이 물러나고 선이 등장하는 것이 하늘의 뜻이고 도리이다.

나만의 탐욕을 채우기 위해 악덕을 자행(恣行)하면 망하고 냉엄한 역사의 심판을 받을 것이다.

노자(老子)는 말했다. 「하늘의 그물은 성기지만 빠뜨리지 않는다.」 94)

자연법칙을 따르지 않으면 좋은 성과를 거둘 수 없다. 마찬가지로 정치(政治)도 천도를 따르는 정치(正治)가 되어야 한다.

⑵ 도덕 윤리의 바른 뜻

만물은 개별적 존재이면서 동시에 우주적으로 존재하고 있다. 즉 공간적으로나 시간적으로나 다른 만물과의 관계 속에 존재하고 또 함께 변화하고 있다. 인간도 같다. 모든 사람은 저마다 우주의 중심적 존재로 더없이 존귀한 개별적 존재이다. 그러나 동시에 모든 사람은 무한대한 공간과 영원한 시간 즉 우주와 하나가 되어 저마다의 삶을 누리고 있다.

모든 사람은 혼자서는 태어날 수도 없고 또 온전하게 생활할 수도 없다. 사람은 누구나 다 「자식으로 태어나고 또 다른 사람과의 관계 속에 살게 마련이다.」 즉 개별적인 존재이면서 사회생활을 하게 마련이다.

이와 같은 절대적인 도리가 곧 하늘의 도리, 즉 천도이다. 한편 「사회적으로 모든 사람이 어울려 함께 잘 사는 도리」를 윤리(倫理)라고 한다. 윤리도 크게는 도덕의 일부이다.

천도(天道)는 피할 수도 없고 또 거역할 수도 없다. 잘 따르고 실천을 해서 좋은 성과, 즉 지덕(地德)을 세워야 한다. 자연과학자가 자연법칙을 따르고 활용해서 좋은 성과를 거두듯이 모든

---

94) 天網恢恢 疎而不失,

사람들이 천도를 따르고 실천을 해서 지덕을 세우는 도덕생활(道德生活)을 해야 한다. 아울러 모든 사람이 사회적으로 잘 어울리고 다 같이 잘사는 윤리(倫理)를 지키고 실천해야 한다. 특히 모든 나라의 정치지도자들이 윤리 도덕을 높이고, 천도를 따라 덕치를 펴야 인류가 위기를 극복하고 평화세계를 창건할 수 있다.

제2장 삼강(三綱)의 현대적 해의

⑴ 삼강(三綱)과 중심인물

사회생활에 있어 가장 기본적인 인간관계는 다음의 세 가지이다. 국가에서는 임금과 신하, 가정에서는 어버이와 자식 및 남편과 아내의 관계이다. 그들 상호관계에서 어느 쪽이 중심적 인물인가를 밝힌 것을 삼강(三綱)이라고 한다.

- 군위신강(君爲臣綱) : 임금이 신하의 중심적 주체이다.
- 부위자강(父爲子綱) : 부친이 자식의 중심적 주체이다.
- 부위부강(夫爲婦綱) : 남편이 아내의 중심적 주체이다.

강(綱)은 그물 전체의 코를 연결하는 벼리다. 벼리를 잡고 조작하면 그물 전체를 뜻대로 움직일 수 있다. 여기서는 주체가 되는 중심적 인물 혹은 통솔자라는 뜻이다. 주체가 되는 사람은 모범적인 인물이어야 한다.

사회나 공동체의 발생 과정을 따라 삼강의 순서를 「부부-부자-군신」으로 정해야 할 것이다. 그러나 국가를 높이는 가치적 측면에서 「군신-부자-부부」로 순서를 바꾸었다.

천지 만물에는 반드시 중심이 있게 마련이다. 중심이 있어야 안정된다. 또 사물의 변화 운동도 목적과 방향을 바르게 잡을 수 있다. 그것이 자연의 법칙 곧 하늘의 도리이다.

사람이 함께 어울려 공동체를 이루고 공동생활을 할 때에도 반드시 중심적 인물과 전체가 지향할 목표가 있게 마련이다. 그래야 하나를 중심하고 뭉치거나 혹은 한 방향으로 전진하게 된다. 중심이 없으면 하나로 뭉치지 못하고 또 지향하는 방향이 없으면 우왕좌왕하고 목적을 향해 바르게 전진하지 못한다.

인간과 인간이 어울리는 기본관계에 있어 중심적 존재이자 주체적 지도자가 될 인간, 즉 강(綱)은 절대로 제멋대로 자신의 편리나 이익을 위해 포악무도한 짓을 해서는 안 된다. 하늘의 도리를 따르고 전체 이익을 위해 모범적으로 행동해야 한다.

그러나 많은 사람들이 깊이 알지 못하고 삼강의 뜻을 「임금이나 아버지는 제멋대로 하고 신하나 자식들은 굴종해야 한다」라고 곡해하고 있다. 그렇지 않다. 다음에서 삼강을 나누어 설명하겠다.

(2) 삼강(三綱) 각론(各論)

<1> 군위신강(君爲臣綱) : 임금은 신하의 모범

국가의 최고 통치자인 임금은 모든 신하의 중심적 주체적 존재로 모범적 영도자가 되어야 한다. 만백성을 친애하는 어버이로서 인애(仁愛)의 덕을 베풀고 모든 사람을 잘 살게 해주어야 한다.

총명과 덕성을 갖춘 유덕자(有德者)만이 하늘로부터 천명을 받고 존귀한 임금의 자리에 오를 수 있다. 그러나 덕을 잃으면 하늘이 천명을 거두어 그를 자리에서 추방하고 새로운 유덕자에게 명을 바꾸어 내린다. 그것이 혁명(革命 : 천명을 바꾸다)이다.

전통사상에서는 혁명을 인정한다. 단 인간적 차원에서 무력으로 하는 피비린내나는 혁명이 아니고 하늘에 의해서 조용히 이루어지는 혁명이다.

동양에서는 하늘이 명을 내릴 수 있다고 믿었다. 하늘은 반드시 덕이 있는 최고의 지도자에게 명을 내린다. 그러나 도중에서 덕을 잃고 포악무도한 학정을 펴면 하늘은 내렸던 천명을 거두어 새 사람에게 바꾸어 내린다.

옛날 하(夏)의 걸왕(桀王)이 「주지육림(酒池肉林)」의 향락에 빠져 백성들을 도탄에 빠지게 하자, 하늘은 은(殷)나라의 시조 탕왕(湯王)으로 하여금 새 나라를 세우게 했다.

또 은의 마지막 주왕(紂王)이 포악무도하자 하늘은 주(周)나라의 무왕(武王)으로 하여금 치게 했다. 실덕(失德)한 임금은 천벌을 받는다. 그것이 하늘의 뜻이고 도리이다.

임금은 왕도덕치(王道德治)를 펴야 한다. 「임금 왕(王)」은 「천(天) 지(地) 인(人) 셋을 하나로 꿰뚫다」의 뜻이다. 즉 왕도덕치란 곧 「임금이 하늘의 도리를 따르고 본받아서, 땅 위에 좋은 성과를 거두는 덕의 정치를 편다는 뜻이다.」

「덕 덕(德)」은 「얻을 득(得)」과 뜻이 통한다. 「도를 행해서 얻어진 좋은 성과」를 덕이라고 한다. 그러므로 덕치는 「천도를 따라서 지덕을 세우는 정치」이다. 하늘이 만물을 키우고 번식케 하듯이 임금도 인덕(仁德)을 베풀고 만민을 잘 살게 해주어야 한다.

하늘은 덕치를 할 수 있는 사람에게만 천명(天命)을 내려서 존귀한 임금자리에 앉아서 만민을 다스리게 한다. 그러므로 임금은 하늘의 뜻과 하늘의 도리를 따르고 본받아야 한다. 상서(尙書)에 다음과 같은 말이 있다.

「하늘은 백성을 사랑한다. 임금은 하늘을 받들어야 한다.」 95)

또 상서정의(尙書正義)에는 「하늘과 땅의 뜻은 만물을 키우고자 한다.」 96)라는 말도 있다.

임금은 만민을 사랑하고 만물을 양육하고 나라와 문화를 더욱 창조적으로 발전케 해야 한다.

천도는 광명정대(光明正大)하고 공평무사(公平無私)하고 영구불변(永久不變)하는 절대선(絶對善)의 진리이다. 천도는 곧 시간의 흐름에 따라 만물을 생화(生化)하는 도리이다.

하늘은 시간과 공간을 초월한 절대이자 천지 만물을 끝없이 번식 발전케 하는 「절대선의 실재」이다. 그러므로 하늘의 도리,

---

95) 惟天惠民 惟辟奉天.
96) 天地之意 欲養萬物也.

즉 천도는 절대선의 도리이다.

임금은 절대선의 도리를 따라서 지덕을 세워야 한다. 현실적으로 만민을 잘 살게 하고 문화를 더욱 발전케 하는 덕치를 펴야 한다. 덕치의 바탕은 인애(仁愛)와 교화(敎化)이다. 사랑을 베풀고 덕으로써 만민을 교화해야 한다.

동양에도 역사적 사실로 잔학하고 무도한 폭군들이 많았다. 그러나 전통사상은 그들을 폭군이나 졸부로 치부했으며 다만 성군(聖君)만을 임금으로 인정했던 것이다.

따라서 「군위신강(君爲臣綱)」의 임금은 인덕(仁德)을 갖추고 왕도덕치를 펼 수 있는 모범적인 임금을 말한다. 그 때에 비로소 신하들이 그를 벼리로 삼고 따를 것이다.

포악무도한 자는 백성 위에 군림할 수가 없다. 하늘이 그를 추방하고 새로운 유덕자에게 새로 명을 내려 임금되게 한다. 이것이 전통사상의 제왕관(帝王觀)이다.

무력으로 통치하는 자는 임금이 아니다. 그는 단지 패자(覇者)일 따름이다. 패자는 신하의 중심적 존재가 될 수 없다. 따라서 포악무도한 패자에게 붙거나 혹은 그 밑에서 녹을 먹어서는 안된다.

이러한 깊은 뜻을 모르고 「군위신강」을 악덕한 임금이 일방적으로 신하를 예속케 하는 악덕 사상이라고 매도해서는 안되는 것이다.

<2> 부위자강(父爲子綱) : 아비는 자식의 모범

아버지가 자식들의 주체적 중심 인물이 되기 위해서는 먼저 아버지의 구실을 바르게 해야 한다. 가장으로서의 아버지의 자리는 존귀하다. 동시에 아버지의 책임이 막중하고 크다. 아버지의 구실을 완수해야 비로소 「자식들의 벼리」가 될 수 있다. 아버지는 가장(家長)인 동시에 사회나 국가의 일꾼이다. 따라서 아버지의 책임도 가정적인 것과 국가적이 것이 있게 마련이다. 대략 다음 같다.

① 외형적 경제생활 면에서 아버지는 선조로부터 물려받은 가문과 가업 및 가산을 더욱 흥성케 해야 한다. 아울러 집안의 살림을 풍족하게 꾸려나가고 온 가족을 잘 살 수 있도록 해주어야 한다.

② 내면적 도덕생활 면에서 아버지는 가족이나 자식들을 잘 훈육해서 가족들이 서로 사랑하고 협동하는 화목한 가정을 꾸리게 해야 한다. 동시에 가족 개개인의 심성을 함양하고 인격을 도야해서 집안에서는 효제(孝悌)의 도리를 다하고 사회에 나아가서는 윤리 도덕을 실천하고 국가적으로 충군애민(忠君愛民)하는 일꾼이 되도록 양육해야 한다.

③ 역사적 전통 면에서 아버지 자신이 가문의 전통과 선조의 이상을 계승하고 전 가족들로 하여금 더욱 가문을 빛내고 선조들을 영광되게 해야 한다.

다음으로 대외적으로 아버지가 해야 할 일을 들겠다.

아버지 자신이 학문과 덕행을 겸비하고, 입신출세(立身出世)하고 충군애민(忠君愛民)하여 국가에 공을 세우거나 혹은 역사 문화 발전에 기여해야 한다.

④ 사회적으로 과학기술 공업 생산 면에서 공을 세우고 국가 민족 및 인류문화에 공헌하는 것이 곧 「입신출세와 충군애민」이다. 그러나 천도를 따르고 양심적으로 「나」보다도 「사회나 국가 및 국민」을 위해야 한다.

최소한 이상과 같은 책임을 완수해야 훌륭한 가장으로서 자식들에 대한 중심적 주체가 될 수 있다. 다음에서 좀 더 자세히 설명을 가하겠다.

「군사부 일체(君師父一體)」라는 말이 있다. 이 말을 아버지를 중심으로 해서 풀이하면, 「아버지는 가정에서는 임금이며 동시에 스승이다」라는 뜻이 된다.

가장으로서의 아버지는 가정을 다스리는 통치자인 동시에 자녀들을 교육하고 인도하는 스승이다. 특히 자식을 잘 훈육하여 선량하고 유능한 일꾼이 되게 하는 막중한 책임을 다해야 한다.

자식들을 육체적으로 양육하는 것만으로는 부족하다. 그들에게 정신교육과 윤리 도덕교육을 엄하게 해야 한다. 그래야 자식들이 성장하여 사회나 국가에 「선 가치적」으로 공을 세우게 될 것이다.

아버지 자신이 솔선수범해서 효도를 실천해야 한다. 선조의 제사를 잘 모시고 영적으로 선조와 자손들을 연결시켜 주어야 한다. 아울러 아버지 스스로가 부모를 잘 섬기고 봉양해 올려야 한다. 그래야 자식들도 효도를 배우고 따라서 아버지에게 그렇게 할 것이다.

그 다음은 근검 절약해야 한다. 선조가 남긴 유업이나 가산을 계승하여 더욱 흥성케 해야 한다. 아버지가 정직하고 청렴하게 벌고 근검 절약해서 가산을 더욱 축적해서 자손들에게 물려주어야 한다.

아울러 가문의 정신과 전통도 계승하고 더욱 발전케 해야 한다. 이렇게 물질과 정신 양면에서 선조 대대로 이어온 집안을 더욱 발전시키는 것이 바로 효도다. 「효도 효(孝)」는 「본받을 효(效)」와 같은 뜻이다.

중용(中庸)에 있다. 「무릇 효는 어른의 이상을 계승하고 어른의 사업을 발전시키는 것이다.」 97)

아버지가 먼저 「계지술사(繼志述事)」해야 한다. 그래야 자식도 본받고 따라서 효도하게 될 것이다. 가정은 사회나 국가 발전의 기본 단위이다. 천도를 따르고 직책을 다하는 착한 아버지이어야 가장으로서 가정이나 자식들의 중심적 주체로서 그 집안을 모범적으로 영도할 수가 있다.

---

97) 夫孝 善繼人之志 善述人之事.

208

<3> 부위부강(夫爲婦綱) : 남편은 아내의 모범

부부 사이에서는 남편이 중심적 주체가 된다는 뜻이다. 그러나 이 말은 절대로 남존여비(男尊女卑)를 합리화하는 말이 아니다.

농담으로 「남편은 하늘처럼 존귀하고 아내는 땅처럼 천하다」는 말을 하지만, 대개의 경우는 그 뜻을 깊이 알고 하는 소리가 아닐 것이다. 졸장부가 자기의 포악을 흐리려는 의도로 한 말일 것이다. 그러나 그 말 속에는 부부의 도리가 잠재해 있다.

결혼은 인생의 중대사이다. 신중하고 엄숙하게 임해야 한다. 그러므로 서로 착하고 기준이 맞는 남성과 여성이 짝이 되어야 한다. 그래야 서로 사랑하고 화목하고 협동하는 좋은 가정을 꾸미고 또 사랑의 결실체인 아들딸을 낳을 것이며 따라서 착한 자손이 번성할 것이다.

부부의 도리도 절대선인 천도를 바탕으로 해야 한다. 하늘과 땅이 어울려 만물을 생성하듯이 남성과 여성이 짝짓기를 해야 자녀를 번식한다. 이 때에 남성과 여성의 위상(位相)이나 역할이 다르다. 역경(易經)에 다음과 같은 말이 있다.

「남성은 강건한 건(乾)의 도리를 따르고 여상은 유순한 곤(坤)의 도리를 따른다. 건은 원인적인 큰 시초를 다스리고 곤은 결과적인 실물을 만든다.」[98]

「하늘 건(乾)」은 「굳셀 건(健)」과 뜻이 통하고, 「땅 곤(坤)」은

---

98) 乾道成男 坤道成女 乾知大始 坤作成物.

「순할 순(順)」과 뜻이 통한다. 남성은 하늘의 건도(乾道)를 따라 강건(剛健)해야 하고, 여성은 땅의 곤도(坤道)를 따라 유순(柔順)해야 한다. 그래야 천지가 어울려 만물을 생성하듯이, 부부가 어울려 화목한 가정을 꾸미고 자녀를 낳고 흥성할 것이다.

강건한 건도는 적극적이고 근원적인 힘을 발산한다. 한편 유순한 곤덕은 수동적이고 결과적인 열매를 맺게 한다. 부부의 결합에서 남편이 생명의 근원을 주면 아내는 생명의 씨를 받아서 훌륭한 생명체로 키우고 생산을 한다.

생리적인 면에서만 건도(乾道) 곤덕(坤德)이 있는 것이 아니다. 생활이나 정신면에서도 건도 곤덕이 있다. 남성은 적극적으로 사회적 생산활동을 하고 벌어들여야 한다. 아내는 그것들을 받아서 더욱 늘려 가정살림을 풍요롭게 해야 한다. 남편의 적극적인 창업을 아내가 받아서 수성(守成)의 공을 세워야 하는 것이다. 남편은 적극적으로 아내를 사랑하고 덕으로 품어야 한다. 이에 아내는 순응하고 내조의 공을 세워야 한다.

이렇게 하는 것이 「부위부강(夫爲婦綱)」의 참 뜻이다. 그것은 절대로 「남존여비」가 아니다. 남편은 무도한 짓을 해도 된다는 뜻으로 곡해하면 안 된다. 남편이 솔선해서 창조와 발전의 천도를 따르고 실천을 해야 그 집안이 바르게 잡힌다. 동양의 윤리는 하늘의 도리를 따르고 행한다는 전제 하에서 성립이 되는 「쌍무적 윤리규범」이다.

자연과학에서 플러스(＋)와 마이너스(－)가 자연법칙에 따라 결합하듯이 남성과 여성도 천도를 중심하고 어울려야 좋은 성과를 거둘 수 있다. 이를 역경에서는 다음과 같이 말했다.

「음(陰)만으로는 생산할 수 없다. 양(陽)만으로도 생산할 수 없다. 음양이 하늘의 도리를 따라 합해야 생산할 수 있다.」[99]

하늘과 하늘의 도리는 만물의 생성의 근본이다. 그러므로 하늘과 천도를 중심하고 남편은 생명의 씨를 주고 아내는 수태하고 복중에 품었다가 새 생명을 탄생한다. 동시에 하늘적인 건도(乾道)를 대표하는 남편은 강건(剛健)하게 활동해야 한다.

한편 만물을 양육하는 대지의 곤덕(坤德)을 닮은 아내는 집안에서 수성(守成) 해야 한다. 이와 같이 부부 사이에는 위상이나 기능 및 직분이 다르다. 그것은 「남존여비」가 아니다.

역경에 있다. 「하늘의 운행은 세차다. 그러므로 군자는 스스로 강건하게 활동하고 쉬는 일이 없어야 한다.」[100]

남편이 천도를 따라 적극적으로 덕을 세워야 한다. 그래야 아내 앞에 떳떳한 주체적 중심이 될 수 있는 것이다. 그것이 곧 부위부강(夫爲婦綱)의 참 뜻이다.

이상에서 삼강(三綱)에 대한 현대적 뜻풀이를 했다. 동양의 전통 윤리는 쌍무적 행동규범이다. 쌍방이 다 인격자로서 절대

---

99) 獨陰不生 獨陽不生 陰陽與天參 然後生.

100) 天行健 君子以 自彊無息.

선인 하늘과 하늘의 도리를 따르고 행한다는 전제에서 성립이 된다.

임금은 신하에게 예양(禮讓)하고 신하는 임금에게 충성(忠誠)을 한다. 부모는 자식을 자애로써 양육하고 자식은 부모에게 효도한다. 남편은 아내를 화애(和愛)로써 보듬어 주고, 아내는 남편에게 순종하면서 둘이 힘을 합해 가정을 번성케 한다. 인간의 기본관계에 있어 저마다 이기주의적 욕심만을 내세우면 서로 화합하고, 사랑하고 또 협동할 수 없다. 따라서 진정으로 함께 잘 사는 공동체를 구성할 수 없는 것이다.

서양에서는 도덕 윤리보다 법으로 서로의 위상을 정하고 각자의 권익(權益)을 지킨다. 그러나 동양에서는 법보다 한층 위의 도덕을 기준으로 한다. 그리고 「사랑과 협동하는 인덕(仁德)」을 최고의 덕목으로 높인다.

따라서 동양에서는 모든 사람들에게 심성을 함양하고, 인격을 도야하고 또 윤리 도덕을 실천할 것을 가르치고 훈련을 한다. 그러므로 바르게 교육을 받으면 소아(小我)를 극복하고 대아(大我)에 살 수 있다.

제3장 오륜(五倫)의 현대적 해의

(1) 오륜(五倫) : 다섯 가지의 기본 윤리

맹자는 다음과 같이 말했다.

「배불리 먹고 따뜻하게 옷을 입고 편하게 살되 교육을 제대로 받지 못하면 금수와 비슷한 존재가 된다. 이에 옛 성인이 염려하고 설(契)을 교육장관으로 임명하여 백성들에게 <다음의 다섯 가지 기본> 윤리를 가르치게 했다.

① 부모와 자식은 육친애를 바탕으로 서로 사랑하고,

② 임금과 신하는 도의를 바탕으로 서로 의를 지키고,

③ 남편과 아내는 화애를 바탕으로 서로 분별있게 행동하고,

④ 연장자와 연하자는 서열을 바탕으로 서로 질서를 지키고,

⑤ 친구와 벗은 우애를 바탕으로 신의를 돈독히 해야 한다.」[101]

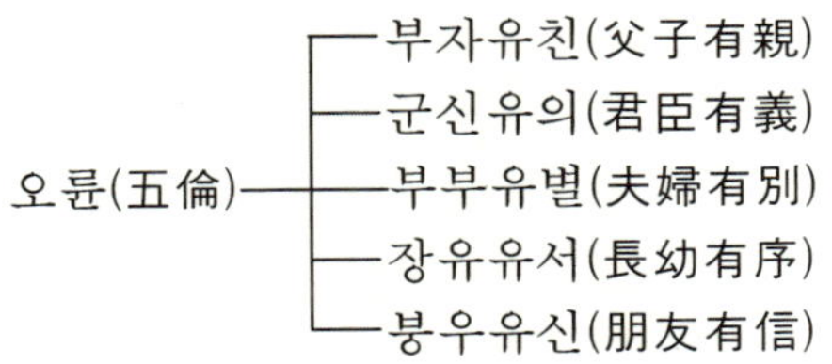

---

101) 飽食煖衣 逸居而無敎 則近於禽獸 聖人有憂之 使契爲司徒 敎以人倫 父子有親 君臣有義 夫婦有別 長幼有序 朋友有信.

　인간관계의 기본은 「부모와 자식, 임금과 신하, 남편과 아내, 연장자와 연소자, 친구와 벗」의 다섯이다. 그 다섯 가지 인간관계를 잘 조절하는 도리가 바로 오륜(五倫)이다.

　사람들이 서로 사랑하고 협동을 해야 사회가 좋아지고 문화가 발전한다. 그러므로 오륜은 인간이 인간답게 살고 공동체를 번영시키고 문화를 발전시키는 기본 도리이다.

　「부자유친(父子有親), 부부유별(夫婦有別), 장유유서(長幼有序)」의 셋은 가정윤리에 속하고, 「군신유의(君臣有義)」는 국가윤리에 속하고, 「붕우유신(朋友有信)과 장유유서(長幼有序)」는 사회윤리에 속한다.

　「장유유서」는 가정에서는 형제간의 윤리이고 사회에서는 연장자와 연소자 혹은 상위에 있는 선배와 하위에 있는 후배 사이의 윤리에 해당한다.

　오륜도 쌍무적으로 실천되어야 한다. 그러나 주체와 대상의 분별은 있게 마련이다. 즉 「임금, 아버지, 남편, 형님」이 주체적 자리에 있고, 「신하, 자식, 아내, 동생」은 대상적 자리에 있게 마련이다.

　국가에서는 중심적 존재인 임금을 주체로 삼는다. 가정에서는 생명의 근원인 부친과 건도(乾道)의 상징인 남편 및 나이 많은 형님을 주체로 삼는다.

　사회적으로는 연장자나 상위의 선배 혹은 손위의 친구를 공경

한다. 특히 「붕우」의 경우는 「연장자 혹은 학문이나 덕이 높은 자」가 주체가 되어야 한다.

주체적 중심은 상대적으로 변할 수가 있다. 아버지는 어린 자식에게는 부모가 된다. 그렇지만 조부모 앞에서는 아들이 된다.

모든 사물에는 중심이 확고해야 안정도 되고 능률도 오른다. 그것도 천도이다. 오륜도 천도에서 연유된 도덕 윤리이다.

윤리 도덕은 나 자신이 깨닫고 실천해야 한다. 「나 자신」이 인식과 실천의 주체가 되어야 한다. 설사 남이 모르고 실천을 하지 않더라도 나는 솔선수범하고 적극적으로 실천해야 한다. 나는 지키지 않고 남에게만 강요해서는 안 된다. 오륜도 역시 교육을 통해 배워 깨닫고 몸에 익혀서 행동으로 실천해야 하는 것이다.

오륜을 배우고 몸에 익히는 기본의 장(場)은 가정이다. 그러므로 동양에서는 가정교육을 중시한다. 가정에서 도덕 윤리를 실천하면 사회나 국가에서도 도덕 윤리를 실천하게 된다. 가정에서의 효자는 곧 국가적으로도 충신이 될 수 있을 것이다. 반대로 가정에서의 불효자는 국가적으로도 난동분자가 될 가능성이 많은 것이다.

다음에서 오륜을 항목별로 나누어 설명하겠다.

⑵ 오륜(五倫) 각론(各論)

<1> 부자유친(父子有親) : 부자간의 육친애

부자간에는 육친애가 있어야 한다. 부모는 자식을 자애롭게 양육하고 자식은 부모에게 효순(孝順)해야 한다.

동몽선습(童蒙先習)에는 「부자자효(父慈子孝)」라 했다. 즉 아버지는 자애롭고 자식은 효도하고 순종하라고 가르쳤다.

아버지는 부모를 대표한 뜻이다. 부모가 있은 다음에 자식이 있다. 자식은 부모에게 감사하는 마음으로 효도를 다해야 한다. 효도를 모르면 사람이 아니다.

부자의 관계는 천륜으로 맺어진 절대적 관계이다. 자기 임의로 선택하거나 변경할 수 있는 것이 아니다.

부자는 같은 생명, 같은 핏줄을 이어받고 있다. 따라서 부친과 자식은 같은 가문을 계승하고 집안을 더욱 발전시키는 같은 사명을 지니고 있는 것이다.

이 같은 일체감, 동류의식을 각성하면 선천적으로 하늘에 의해서 주어진 육친애가 더욱 공고해지고 협력이나 단결이 한층 더 굳어지게 될 것이다.

모든 사람은 누구나 다 자식으로 태어난다. 그러므로 「나」의 생명의 근원이며, 나를 양육해 주신 부모에게 지극한 효도를 해야 한다.

부모는 자식에게 효도를 가르쳐야 한다. 오늘의 자식이 크면 부모가 된다. 그 때에도 부자의 관계는 오늘의 그것과 같다. 이렇게 세세 대대로 이어지고 집안이 번성하게 마련이다.

자식에게 효도를 가르치는 것이 부모의 책임이고, 부모에게 효도하는 것이 자식의 의무이다. 단 효도는 배우고 익혀야 행할 수 있다. 효도를 모르고 효행을 하지 않으면 인간이라 할 수 없는 것이다.

부모가 부모답게 자식을 사랑하고 양육해야 한다. 그렇지 않으면서 자식에게만 효도를 일방적으로 강요해서는 안 된다. 자식이 스스로 깨닫고 자발적으로 실천하도록 사랑으로 교육하고 인도해야 한다. 효심(孝心)은 인간의 「선 본성」에서 계발되게 마련이기 때문이다.

효도는 인간만이 깨닫고 실천하는 문화적 예절이고 덕행이다. 그러므로 열심히 가르치고 훈련시켜야 한다. 과학기술도 배워야 한다. 효도도 배워야 한다. 효도를 가르치지 않으면 동물 이하의 존재가 되어버리고 마는 것이다.

<2> 군신유의(君臣有義) : 임금과 신하의 도의(道義)

임금과 신하는 쌍무적으로 의리(義理)와 도의(道義)를 지켜야 한다. 의리나 도의는 다 하늘의 도리를 기준으로 한다. 의(義)는 모든 사물을 천도를 기준으로 하고 적절하고 합당하게 처리한다는 뜻과 더 나아가서는 정의 및 예절(禮節), 예의(禮義), 예양(禮讓)등의 뜻을 모두 포함한다.

정치는 절대선인 하늘의 도리를 따라서 바르게 다스려야 한다. 임금이나 신하가 사리사욕을 채우기 위해 악덕한 짓을 해서는 안 된다. 그렇게 하면 천벌이 내려질 것이다.

동몽선습에는 「군의신충(君義臣忠)」이라고 했다. 즉 임금은 도의나 신의를 지키고 신하는 충성한다는 뜻이다.

국가의 중심적 존재인 통치자가 먼저 도의를 지키고 신하에게 예양(禮讓)해야 한다. 그래야 신하들로부터 충성을 받을 자격이 있다.

사자소학(四字小學)에는 「임금은 예로써 신하를 대하고 신하는 충성으로써 임금을 섬긴다.」102)고 했다.

포악무도한 임금 밑에 빌붙는 것은 범죄를 조장함과 다를 바 없는 것이다. 악덕한 자에게 굴종하고 관직을 얻고 녹을 먹는 자는 참된 선비가 아니다. 공자는 논어에서 말했다.

「천도를 굳게 믿고, 천도를 배워 깨닫고 행함을 즐거워하고, 죽음으로써 선한 도리를 지켜야 한다. 천도를 따르지 않는 위태로운 나라에는 들어가 벼슬하지 말고 문란하고 흐트러진 나라에서는 살지 말라. 천하에 도가 있으면 나타나 참여를 하지만, 도가 없으면 은퇴해야 한다.」103)

---

102) 事臣以禮 事君以忠.

103) 篤信好學 守死善道 危邦不入 亂邦不居 天下有道則見 天下無道則隱.

<3> 부부유별(夫婦有別) : 남편과 아내의 분별

천지 만물이 음과 양의 조화로 생성 발전하듯이 부부가 사랑으로 하나가 되어야 자손이 번성한다. 그러므로 결혼은 인륜의 대사로 경건하고 엄숙하게 거행되어야 한다. 부부가 있은 다음에 부자도 있고 형제도 있고 군신도 있게 마련이다.

하늘과 땅은 조화를 이루고 만물을 생성한다. 그러므로 남편과 아내가 서로 사랑하고 화목해야 가정이 번성한다.

하늘과 땅이 저마다의 역할이 다르듯이 남편과 아내의 역할도 서로 다르게 마련이다. 「남경 여직(男耕女織)」이란 말이 있다. 남자는 밭에 나가서 경작하고 여자는 집안에서 베를 짜고 가사를 돌본다는 뜻이다.

부부유별(夫婦有別)의 「유별」은 각자의 역할과 책임이 다르다는 뜻이다. 이 말을 남편은 존귀하고 아내는 비천하다는 뜻으로 곡해해서는 안 된다.

동몽선습에는 「부화 부순(夫和婦順)」이라고 했다. 남편은 아내를 부드럽게 사랑하고 아내는 온순해야 한다는 뜻이다.

자녀를 낳고 양육하고 교육함에 있어서도 아버지와 어머니는 서로 다르다. 아버지는 엄하게 대하고 어머니는 자애로써 포근하게 감싸준다. 즉 「부엄 모자(父嚴母慈)」해야 한다. 아버지의 권위와 어머니의 애정이 합해야 자식이 강직하면서도 인애(仁愛)로운 인격자로 성장할 수 있다. 「엄부 자모(嚴父慈母)」 밑에서 효자와 충신이 나오는 것이다.

부부는 하늘과 땅처럼 서로 다르면서도 일심동체(一心同體)가 되어야 가정이 화목하고 번성한다. 부부가 사랑으로 하나가 되어야 사랑의 자녀를 출산한다.

<4> 장유유서(長幼有序) : 위아래의 위계와 질서

가정적으로는 형제의 질서, 사회적으로는 연장자와 연하자 혹은 선배와 후배간의 질서를 다 포함한다. 먼저 형제간의 우애(友愛)에 대해서 말하겠다.

형제는 같은 부모에서 태어난 동기(同氣)이다. 또 어려서 한 상에서 먹고, 한 이불 속에서 자면서 자라났다. 그리고 장차는 같은 가문을 계승하고 더욱 발전시켜야 할 공동의 책임을 지고 있다. 이와 같은 천륜의 동류의식을 바탕으로 서로 사랑하고 협동해야 한다.

형제 자매는 같은 세대에 속한다. 형제간의 사랑과 협동을 제(悌)라고 한다. 즉 「횡적 동시적 사회적 사랑과 협동」이다.

이에 비해 부자간의 사랑과 협동을 효(孝)라고 한다. 즉 「종적 통시적 역사적 사랑과 협동」이다. 「효와 제」를 합한 것이 가정적 차원의 인(仁)이다.

가정에서의 형과 아우간의 형제애 및 위계질서를 사회적으로 옮기면 「연장자와 연하자 혹은 선배와 후배간의 우애와 위계질서」가 된다.

　동기간의 형제애를 사회적 형제애로 확대하면 곧 선후배간의 우애가 된다. 그러므로 「장유유서」는 형제간의 가정윤리이자 동시에 사회윤리이기도 하다. 형제나 선후배간의 위계질서의 일차적 기준은 연령이다. 하늘에 의해서 정해진 출생 시기의 앞과 뒤는 절대적이다.

　동몽선습에는 「형우 제공(兄友弟恭)」하라고 가르쳤다. 먼저 형이 아우를 우애(友愛)로 품고 지도해야 한다. 그러면 후배인 아우는 자연히 형을 공경(恭敬)하고 순종하게 된다. 사자소학은 다음과 같이 가르쳤다.

　형제를 「같은 뿌리에서 뻗은 다른 가지(同根異枝)」 혹은 「같은 샘에서 나온 다른 흐름(同源異流)」에 비유했다. 따라서 「형제 자매는 우애롭게 해야 한다.」[104]

　한편 「연장자는 연하자를 자애롭게 지도하고 연하자는 연장자를 존경해야 한다.」[105]

　가정적 차원에서 형제는 같은 부모에서 나온 동기라는 동류의식을 바탕으로 서로 사랑하고 협동해야 한다. 사회적 차원에서는 같은 공동체를 문화적으로 발전케 할 동반자라는 사명감을 바탕으로 서로 사랑하고 협동해야 한다. 그것이 곧 「장유유서(長幼有序)」이다.

---

104) 兄弟姉妹　友愛而已.
105) 長者慈幼　幼者敬長.

<5> 붕우유신(朋友有信) : 붕우간의 도의와 신의

사람은 누구나 벗과 사귀고 함께 어울린다. 같은 마을이나 학교 혹은 일터에서 서로 벗을 찾고 사귄다. 사람은 혼자서는 큰 일을 하기가 어렵다. 여럿이 힘을 합해야 비로소 큰 일을 해낼 수 있는 것이다.

한편 인간은 고독하고 불완전한 존재이다. 그러므로 서로가 의존(依存)할 상대를 구하게 마련이다. 그러므로 같은 또래의 벗을 찾아 서로 사귄다.

벗을 찾고 어울리는 것도 본성적 욕구의 하나이다. 동물도 같은 또래가 어울려 뛰고 논다. 사람은 정신적으로 함께 어울리고 서로 절차탁마(切磋琢磨)해야 한다.

벗은 형제와는 달리 선택이 자유롭다. 즉 자신이 자유롭게 선택하고 정할 수 있다. 직장 같은 사회조직에서도 상호 의존 혹은 보완적인 동료를 구하고 함께 협력을 한다. 그 때에는 특정한 사회나 조직의 목적을 전제로 하고 상대를 선택하게 마련이다.

어려서는 죽마고우(竹馬故友), 학창시절에는 학우나 동문, 사회에서는 동료 혹은 같은 취미활동의 회원 등 벗의 종류는 다양하다.

붕우의 도리, 즉 벗을 사귀는 기본 도리와 의미를 다음과 같이 추릴 수 있다.

「서로의 존재를 긍정하고, 서로의 인격을 존중하면서, 서로 의존하고 협동하여 함께 향상 발전하고 또 고락을 함께 나누며, 서로가 행복한 삶을 살고자 함이다.」

그러므로 동몽선습은 「붕우는 서로가 인덕으로 도움을 주어야 한다(朋友輔仁)」라고 가르쳤다.

사자소학에는 「상대방의 덕을 벗으로 삼아야 한다(友其德也)」고 가르쳤다. 즉 천도를 따르고 실천하여 좋은 성과를 거두는 덕행을 하는 사람과 벗하라는 뜻이다. 함께 놀기만 하고 또 나쁜 짓을 하기 위해 결탁한 사람은 진정한 벗이라고 말할 수 없다.

공자가 강조한 인(仁)의 뜻은 「동류의식을 바탕으로 하고 서로 사랑하고 협동함이다.」 사람은 천성으로 만물을 사랑하는 인심(仁心)을 지니고 있다. 이를 계발하고 행동적으로 실천하여 만물과 모든 사람을 사랑하고 양육하고 발전케 하는 덕이 곧 인덕(仁德)이다.

그러므로 붕우는 반드시 인덕을 중심으로 해서 어울리고 함께 대국적 견지에서 문화의 창조 발전에 이바지하는 「도의로 사귀는 벗(道義之友)」이어야 한다.

속마음과 밖의 행동이 일치하는 것이 「믿을 신(信)」이다. 「붕우유신」에 대해 사자소학은 다음과 같이 풀이했다.

「속으로는 싫어하면서 겉으로 친한 척하는 것이 불신이다.」[106] 「행동이 말과 다른 것도 역시 불신이다」[107]

---

106) 內疏外親 是謂不信.

천도에 맞는 말을 하고 행하는 것이 신의를 지킴이다. 천도에 어긋나는 악한 말과 악한 행동을 해서는 안 된다. 붕우간의 신의는 변하지 말아야 한다. 친구 사이에서 신망을 얻지 못하면 윗사람에게도 발탁되지 못한다.

붕우지도(朋友之道)도 천도를 따라 인류 문화의 창조적 발전에 동참하는 높은 경지로까지 이어져야 한다.

논어에서 증자(曾子)는 말했다. 「군자는 학문을 바탕으로 벗하고 또 벗함으로써 서로의 인덕을 높인다.」[108]

삼강오륜(三綱五倫)은 하늘의 도리를 바탕으로 인간과 인간이 서로 사귀고 또 사회생활을 참되고 착하고 또 아름답게 하는 기본이 되는 윤리 도덕적 규범이다. 나만을 알고 나의 탐욕만을 채우려고 하면 서로 싸우고 쟁탈하게 되는 것이다.

---

107) 行不如言 亦曰不信.
108) 以文會友 以友輔仁.

제6편 고대의 부녀관과 부녀도

인류의 절반이 여성이다. 또 모든 인간은 어머니에 의해 출생하고 양육된다. 그러므로 부녀의 위상(位相)은 더없이 높고 귀중하다. 여성과 어머니가 착해야 아들딸이 착하게 성장한다. 아들딸이 착해야 사회나 국가도 좋게 된다. 그러므로 전통사상에서는 부녀도(婦女道)를 중시했던 것이다.

그러나 오늘의 여성들은 인류와 더불어 혹심하게 타락하고 있다. 물론 일차적인 책임은 남성에게 있다. 모든 사람들이 「이기주의, 금전만능주의 및 무력주의」에 빠져 저마다의 탐욕을 채우기 위해 서로 속이고, 서로 살상하면서 재물을 쟁취하고 있다. 동시에 순간적 관능적인 향락만을 추구하고 있다. 이에 남성과 더불어 여성도 같이 타락하게 된 것이다. 한마디로 남도여창(男盜女娼)의 몰골로 전락한 것이다.

따라서 가정에서나 학교에서나 청소년에 대한 진지한 인성교육이나 도덕교육이 증발했으며, 그 결과 오늘의 청소년들이 인간도 아닌 괴물로 변질되고 있는 것이다. 즉 그들은 동물적 생리를 바탕으로 기계적인 행동을 반복할 뿐, 존엄한 정신이나 심오한 사고 및 포근한 인정의 흔적조차 찾기가 어렵게 되었다. 말하자면 동물적 로봇으로 화하고 있는 것이다.

그런데도 오늘의 많은 지식인들이 서양의 외형적 물질 및 무력주의를 기준으로 하고, 동양의 정신문화와 윤리 도덕을 무시하고 있다. 특히 동양의 전통적 부녀의 도리에 대해서는 알지도 못하면서 무조건적으로 배척하고 있다.

부모의 잘못으로 청소년들이 「동물적 로봇」으로 화하고 있다. 이를 화급하게 바로잡지 않으면 인류는 멸망해 버리고 말 것이다.

인류가 위기를 극복하고 멸망하지 않기 위해서는 동양의 성현들이 제시한 숭고한 부녀의 도리를 바르게 알고 따라야 할 것이다.

제1장 태고의 모계 씨족사회(母系氏族社會)

⑴ 고고학과 신화 전설

고고학에서는 중국의 태고시대를 대략 다음과 같이 나눈다.

북경원인(北京猿人) : 약 60만 년 전, 구석기 시기.

산정동(山頂洞) : 약 1만 년 전, 중석기 시기.

반파촌(半坡村) : 대략 기원 전 3, 4천년 전, 초기 신석기 및 앙소기(仰韶期), 채도(彩陶) 문화 시기.

용산기(龍山期) : 대략 기원 전 1천 5백~2천 5백 년 전후기, 신석기 흑도(黑陶) 문화 시기.

한편 고대의 신화 전설에서 높이는 삼황(三皇) 오제(五帝)를 다음과 같이 추정할 수 있다. 단 연대를 측정하기 어렵고 또 열거하는 명칭이 학자에 따라 다르기도 하다.

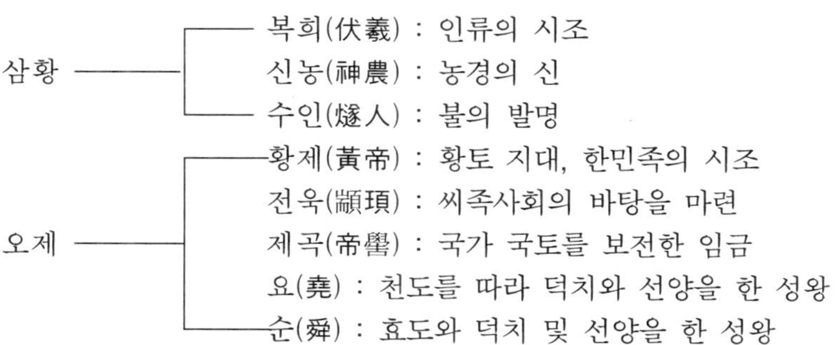

이상과 같은 오랜 전사시대(前史時代)를 거친 다음 역사시대가 시작된다. 최근에는 순(舜)으로부터 선양을 받은 우(禹)가 세운 하왕조(夏王朝 : B.C. 2183-1752)를 역사시대에 편입하는 설이 유력하다. 그 다음에 탕(湯)이 세운 상(商 : 후기에 殷으로 고침 : B.C. 1751-1111)이 이어진다.

대략 하 왕조 창건(B.C. 2200년 경)까지를 막연하게 태고, 즉 신화 전설 시기로 본다. 그러나 씨족사회 형성과정을 보기 위해서는 삼황시대와 오제시대를 다시 구분할 필요가 있다.

삼황시대는 천지창조로부터 중화민족이 형성될 때까지를 다 포괄한다. 그 기간은 수십만 년에 걸친다. 그 말기(대략 기원전 6~5천 년)를 전후해서 「모계 씨족사회(母系氏族社會)」가 존재했다고 본다. 그러나 오제시대 특히 요임금, 순임금 때부터 점차로 「남성 중심의 씨족사회」로 넘어왔고 다시 주(周)에 와서는 「부가장제(父家長制)」가 확립되었다.

(2) 태고의 모계 씨족사회와 여성숭배

중국의 신화 전설에는 천지 및 인간 창조에 여신들이 많이 등장한다. 여와씨(女媧氏)가 오색의 돌로 천지를 보수하고 또 흙을 빚어 사람을 만들었다고 했다.

원시종교에서는 여성숭배가 성했다. 원시인들이 보는 바로 여자가 아이를 출산하는 것이 확실했으므로 인간 출산에 관한 신화에도 여자만이 보인다.

「복희씨(伏羲氏)의 어머니 화서씨(華胥氏)가 하늘의 발자국을 밟고 감응 잉태하고, 황제(黃帝)의 어머니가 번갯불을 보고 아들을 낳고, 주(周)나라의 선조 후직(后稷)의 어머니 강원(姜嫄)이 거인의 발자국을 밟고 잉태하고, 은(殷)의 선조 설(契)의 어머니 간적(簡狄)이 제비의 알을 먹고 아들을 낳았다」

신화 전설은 고대인의 생활과 의식을 반영한 것이다. 고대의 원시인들은 혼인에 대한 의식이나 제도를 갖지 못한 상태에서 동물에 가까운 군혼(群婚), 혹은 잡혼(雜婚) 생활을 했으며 여성이 아이를 잉태하고 출산하는 사실을 목도하고 인간의 선조로 여성을 높이고 숭배했던 것이다.

그 후에 무(巫)를 만신(萬神)으로 믿는 샤머니즘이 이어졌고, 더 나아가서는 유약(柔弱)과 허정(虛靜), 무위(無爲) 자연(自然)의 여성적 음덕(陰德)을 높이는 도가(道家)사상으로 발전했다. 고고학적으로는 앙소문화(仰韶文化)의 유적에서 여성 시조를 숭배한 흔적을 볼 수 있다.

모계 시대에는 「사람들이 어머니는 알지만 아버지는 몰랐다.」[109] 즉 자기를 출산한 어머니는 알지만 누구의 씨인지는 몰랐다. 그러므로 성(姓)은 「계집 여(女)와 날 생(生)」을 합한 글자이다. 즉 어느 여성의 소생인가를 밝히는 것이 성이다.

한편 「옛날의 신성(神聖)은 그들의 어머니가 하늘에 감응을

---

109) 民知有母 而不知有父.

받고 출생했으므로 하늘의 아들이라고 했다.」110)라고 설문(說文)에서 풀이했다. 그러나 이와 같은 원시적 모계 사회는 차츰 남성 중심의 사회로 바뀌었다. 즉 자연에 있는 먹이를 주워서 먹는 원시 단계를 넘어, 차츰 힘을 써 생산하고 또 싸우며 쟁취하게 되자 힘이 센 남성이 사회의 주도권을 잡게 되었고, 따라서 남성 중심 사회로 이동하게 되었다. 요임금과 순임금 시대에는 이미 남성 중심 시대이며 남자가 사회나 국가를 관장하던 때였다. 요임금이 자기의 두 딸을 순에게 내려주고 그로 하여금 천하를 다스리게 한 때가 바로 부가장 시대의 초기단계였을 것이다.

원시적 잡혼(雜婚) 시기를 지나 차츰 가족의식이 높아지고 더 나아가서는 같은 족속이 모여 사는 공동체가 형성됨에 따라 다른 부족과의 대립과 싸움이 발생하게 되었다. 이에 힘이 센 남성들이 무사로 나가서 적을 막거나 무찌름으로써 남성 우위의 사회로 바뀌게 되었다.

요순(堯舜) 다음 우(禹) 임금으로 넘어오면서 공동체도 커지고 씨족사회 및 부족사회가 민족적 국가로 확대되고 남성의 위상이 더욱 높아졌던 것이다. 동양의 전통사상이나 윤리 도덕은 주로 주(周)나라의 「부가장 가족제도」를 바탕으로 한 사회규범이다. 그러나 그 이전에는 「모계 씨족사회」가 있었다. 그러므로 「남성 중심 사회」는 「여성 중심 사회」보다 역사적으로 후기에 속한다.

---

110) 古之神聖 母感天而生子 故稱天子.

제2장 사회변천과 남성우위

⑴ 부가장제도(父家長制度)의 확립

상(商)나라는 저마다 독립된 여러 부족의 연합체로 미처 중앙집권의 국가체제를 확립하지 못했다. 그러나 반경(盤庚)이 국호를 은(殷)으로 개칭한 후, 농업 경제가 발달함에 따라 씨족사회가 점차로 분화되고 가족중심의 사유재산제도가 나타나기 시작했다.

재산의 사유화는 재산의 쟁탈을 야기하고 따라서 무력에 의한 권력을 촉진했다. 주왕조(周王朝)는 해체 과정에 놓인 은을 무력으로 치고 강력한 중앙집권의 왕국을 세웠다.

종교 사상 면에서도 은나라는 만물숭배의 다신교로 무술과 점복(占卜)으로 신의(神意)를 묻는 미신의 단계에서 벗어나지 못했다.

그러나 주나라는 유일무이한 하늘을 절대시하고 천명(天命)을 받은 하늘의 아들, 즉 천자(天子)를 최고의 통치자로 높였다.

따라서 천자는 하늘의 뜻과 하늘의 도리를 따라 만민을 다스리는 절대 권력자로 군림했던 것이다.

천자만이 절대인 하늘에 제사를 올리고 천명을 받을 수 있고 또 선조를 상제에 견주어 제사지낼 수도 있었다.

동시에 주나라는 적자제도, 종묘제도 등의 종법(宗法)을 확립했다. 이에 가부장적 가족제도가 공고해졌으며 이것이 유교를 중심으로 한 전통사상과 도덕 윤리의 바탕이 되었다.

부가장 중심의 가족제도가 확립됨에 따라 여성의 위치가 낮아지고 차츰 예속화되었으며 더욱 그 제도가 악용되어 부도덕한 남성이 힘으로 유약한 여성을 학대하기도 했다.

이에 혹심한 남존여비(男尊女卑)의 악덕이 발생하게 되었다. 그것은 예법의 기본정신과 어긋나는 것이며, 또 악한 사람들에 의해서 만들어진 악습이었다.

⑵ 문자에 나타난 부녀의 위상

전통사상에 나타난 옛날의 여성의 위상(位相)은 원칙적으로 남성에 예속되기 마련이었다. 그러나 남자는 절대로 존귀하고, 여자는 무조건하고 천대하는 식의 「남존여비」는 아니었다. 먼저 한자의 뜻풀이를 통해서 고찰해 보겠다.

「계집 여(女)」 : 여자가 앉아 있는 모양을 그린 상형문자(象形文字)다. 그러나 발음이나 뜻이 「너 여(汝)」「같을 여(如)」와 통한다. 「계집 여」는 부드럽게 순종한다는 뜻이다. 남자를 따르고 순종한다는 뜻이다.」 111)

「어미 모(母)」 : 역시 상형문자로 여자의 젖무덤을 중심으로 그

---

111) 女者如也. 如男之敎也.

린 글자이다. 자식에게 젖을 먹여 키우는 사람의 뜻으로 「기를 목(牧)」과 뜻과 발음이 통한다.

「아내 부(婦)」: 여자가 손에 비를 들고 있는 모양을 그린 상형 문자다. 그러나 음이나 뜻은 「복종할 복(服)」, 「업드릴 복(伏)」과 통한다. 「부인은 어른에게 복종하고 섬김을 주로 한다.」 112)

「부인은 어른에게 복종하고 따라야 한다. 고로 제멋대로 행동 하면 옳지 않다. 부인은 삼종지도를 따라야 한다.」 113)

「시어머니에 대해서 며느리를 부라고 한다. 부는 복의 뜻이다. 즉 부지런히 일을 한다는 뜻이다.」 114)

「아내 처(妻)」: 즉 「손에 비를 들고 집안 일을 다스린다. 처는 가지런하다는 뜻으로 집안 일을 다스린다.」 115)

⑶ 건곤(乾坤)과 남녀(男女)

천지 자연 만물의 생성(生成) 변화 발전은 음과 양의 조화로 이루어진다. 인간도 마찬가지다. 남성과 여성이 어울려야 자손을 낳고 집안을 번성케 한다. 따라서 동양의 전통사상은 음양(陰陽) 과 건곤(乾坤)을 남녀의 결합에 적용한다. 역경(易經)에서 추려 보겠다.

---

112) 婦, 主服事人者也.

113) 婦人 伏於人也 是故 無專制之義 有三從之道.

114) 婦 對姑曰婦 婦 服也 服勤事也.

115) 妻者 齊也 治內職也.

234

「건은 강건하고 곤은 유순하다.」

건곤(乾坤)은 성품이나 기능을 말한다. 즉 하늘이나 남자의 기능 성품은 강하고 억세고 세차다. 한편 땅이나 여자의 기능이나 성품은 유순하고 순종하면서 만물을 품고 키워낸다. 이것이 천지만물의 도리이다. 「건은 하늘의 성품이다. 고로 아버지라 일컫는다. 곤은 땅의 성품이다. 고로 어머니라 일컫는다.」 116)

위에 있는 하늘이 빛과 물과 씨를 내려준다. 그러면 아래에 있는 땅은 그것을 받고 또 하늘의 운행과 계절에 맞추어 키우고 번식한다. 인간의 경우도 미찬가지다. 아버지가 생명의 씨를 주면 어머니는 잉태하고 자식을 낳고 또 키운다. 그러므로 강건한 하늘을 아버지라 칭하고, 유순한 땅을 어머니라 칭한다.

「건의 도리를 따름이 남자이고 곤의 도리를 따름이 여자이다. 건의 덕성은 하늘을 따라 원인적 시발을 다스리고 곤은 땅을 따라 만물을 품고 키워낸다.」 117)

하늘의 원인적 성품과 기능을 건도(乾道)라 하고, 땅의 결과적 성품과 기능을 곤도(坤道)라고 한다. 남자가 원인이 되는 생명의 씨를 제공하면, 여자는 결과적으로 좋은 열매를 맺게 하고 거둔다. 원인과 결과, 남자 여자는 원칙적으로는 높낮이가 없다.

⑷ 음양(陰陽)과 부부(夫婦)

---

116) 乾 天也 故稱乎父, 坤 地也 故稱乎母.
117) 乾道成男 坤道成女, 乾知大始 坤作成物.

역경에서 「음과 양이 서로 어울려 만물을 생성하는 것이 곧 하늘의 도리이다.」118)라고 했다.

낮과 밤이 교차하면서 시간도 흐르고 또 춘하추동의 사계절이 교체한다. 이것도 음양의 기(氣)의 소장(消長) 교체에 의해서 이루어지는 것이다. 그러나 음양의 기만 있다고 생화(生化)가 이루어지는 것이 아니다. 서로 상대 기준이 맞는 음과 양이 하늘의 도리를 기준으로 함께 어울려야 한다.

자연과학의 경우에도 질량이 서로 맞는 물체가 어울리고 하늘의 도리인 자연법칙에 합당할 때 비로소 결합하고 작용을 한다. 그러므로 동중서(董仲舒)는 다음과 같이 말했다.

「음만으로는 생성되지 않는다. 양만으로도 생성되지 않는다. 음양과 천지가 함께 어울려야 만물이 생성한다.」119)

인간의 경우도 마찬가지다. 남녀가 짝짓기를 하여 자녀를 생산하는 것이 곧 하늘의 도리에 연유한다.

그는 말했다. 「부부가 지키고 따라야 할 바른 도리는 곧 음양의 도리를 따르는 것이다.」120)

마침내 동중서는 노골적으로 남존여비(男尊女卑)를 합리화하고 다음과 같이 말했다.

---

118) 一陰一陽之謂道.

119) 獨陰不生 獨陽不生 陰陽與天地參 然後生. <春秋繁露>

120) 夫婦之義 皆取諸陰陽之道. <春秋繁露>

「귀한 것은 양이고 천한 것은 음이다.」[121]

「장부는 비록 신분이 천해도 양적 존재이고, 부인은 비록 신분이 고귀해도 음적 존재이다.」[122]

한발 더 나아가 「임금, 아버지 및 남편은 양」이고 「신하, 자식 및 아내는 음」이라고 확대 해석했다. 그러므로 「신하, 자식, 아내」 는 「임금, 아버지, 남편」을 따르고 받들어야 한다.

---

121) 貴陽而賤陰也.

122) 丈夫雖賤　皆爲陽　婦人雖貴　皆爲陰.

제3장 결혼의 깊은 뜻과 부녀의 도리

(1) 가정의 존엄한 뜻

자연 만물은 현실로 있을 뿐만 아니라 시간의 흐름에 따라 더욱 번식 발전하고 있다. 인간도 「선조-부모-자기-자식- 손자」로 대를 이어가면서 더욱 번성하고 아울러 문화적으로도 발전하고 있다. 이렇게 만물이나 인간이 시간의 흐름에 따라 번성하고 발전하는 도리가 곧 하늘의 도리이다.

사회나 국가도 시간의 흐름에 따라 문화적으로 더욱 발전한다. 그 바탕이 가정이다. 가정을 꾸미는 시발점이 결혼이다. 남녀가 결혼을 해야 가정도 구성되고 아들딸을 낳고 인구도 늘고 번성한다. 인구가 많아야 사회나 국가도 커지고 문화도 다양하게 발전한다.

결혼은 성장한 남녀의 성적 결합 이상의 숭고한 뜻과 가치를 지니고 있다. 가정, 사회, 국가가 대를 물려가면서 더욱 발전하기 위해서는 선남선녀가 엄숙하게 결혼하여 더욱 총명하고 더욱 많은 일꾼들을 낳고 양육해야 한다.

가정은 사회나 국가의 기본 단위이다. 동시에 가정은 사람을 실체로 한 소우주(小宇宙)이다.

「형님-나-동생」은 「횡적 공간적 사회적 관계」로 우(宇 : 공간)를 형성하고, 「아버지-나-자식」은 「종적 시간적 역사적 관계」로 주(宙: 시간)를 나타낸다. 가정을 확대하면 국가 세계가 된다. 따라서 가정을 사회의 기본단위, 소우주라고 한다.

인간의 삶에는 현재적 동물적 물질적인 면과 역사적 문화적 정신적인 양면이 있다.

가정도 오늘을 살고 있는 가족들의 보금자리의 구실만으로 끝나서는 안 된다. 세세 대대로 가문 및 전통을 이어가면서 역사적 문화적 정신적으로 더욱 발전하는 바탕이 되어야 한다.

인간은 개별적 존재이자 동시에 가족의 한 사람이고, 또 동시에 국가와 세계의 한 구성원이다. 따라서 개개인이 선량하면 가정과 국가도 선량하게 된다. 반대로 개개인이 포악하면 가정과 국가도 포악하게 된다.

그와 같이 중대한 뜻을 지닌 개개인을 낳고 키우고 훈육하는 일차적 현장이 바로 가정이다. 가정이 좋아야 자녀들이 훌륭하게 된다. 그러므로 선량한 가정은 곧 인류 문화 발전의 바탕이 된다.

현재적으로 가정살림이 위축되거나, 역사적으로 가정의 전통과 문화가 후퇴하면 국가 인류도 쇠퇴한다. 이렇듯 중대하고 존엄한 뜻을 지닌 가정을 구성하는 시발점이 바로 남자 여자의 결혼이다.

개인이나, 가정, 국가는 잠시 있다가 없어지는 허무한 존재가 아니다. 영원히 전체적으로 이어지면서 인류의 역사 문화를 계승 발전시키는 가치적 존재이다. 그것이 하늘의 도리이다.

⑵ 결혼의 존엄한 뜻

잘못된 개인주의적 결혼관은 성장한 남녀의 동서(同棲)를 사회적으로 알리는 정도의 의식이나 절차로만 본다.

동양의 전통사상의 결혼관은 크게 다르다. 남녀가 개인적 차원에서 짝짓기하는 의미 이상으로 중대한 뜻을 부여하고 있다. 즉 집안과 집안이 서로 합치는 절차로 본다. 그러므로 아내는 남편 한 사람을 위해 시집가는 것이 아니라, 그 집안으로 시집간다고 본다.

그러므로 아내는 그 집안의 선조에도 제사를 받들어야 하고, 또 시부모에게 효도해야 하고, 또 그 집안을 계승할 아들을 생산하고 양육해야 한다.

음양이 결합해서 새 생명을 낳고 번식하는 것이 하늘의 도리이다. 식물도 암수가 결합해서 번식하고, 동물도 암컷과 수컷이 합해서 번식한다. 인간도 같다. 성인된 남녀가 짝짓기를 하여 자식을 출산한다. 그러나 인간만은 결혼의 뜻을 차원이 다르게 높이고 있다. 따라서 깊이 인식하고 존엄하게 결혼생활을 해야 한다.

결혼에는 두 가지의 기본 목적이 있다. 하나는 훌륭한 자녀의 생산이고, 다른 하나는 훌륭한 일꾼을 배양할 좋은 가정을 꾸미기 위함이다. 훌륭하다는 뜻은 윤리 도덕 효도를 실천하고 아울러 인류의 역사 문화 발전에 선 가치적으로 기여하는 사람이라는 뜻이다. 나누어 설명을 하겠다.

새로운 생명, 즉 자식을 생산하기 위해서는 반드시 남녀가 짝짓기를 해야 한다. 절대로 혼자서는 자식을 낳지 못한다. 그러므로 성인이 되면 반드시 결혼을 해야 한다. 그것이 하늘의 도리이다.

동시에 훌륭한 아들딸을 낳기 위해서는 남성 여성이 서로 선량하고 서로 짝이 어울려야 한다. 그러므로 결혼에 있어, 양쪽 집안의 가문과 혈통 및 본인들의 학식과 덕행을 중시해야 한다.

다른 하나는 좋은 가정을 꾸미기 위해서 신중하고 엄숙하게 결혼을 해야 한다. 바꾸어 말하면 단순히 남녀가 오가다 만나 야합해서는 좋은 가정을 꾸밀 수 없는 것이다.

가정은 여러 사람이 어울려 사는 공동체이다. 모든 사람이 서로 사랑하고 협동해야 한다. 따라서 소아(小我)를 죽이고 대아(大我)에 살아야 한다. 「나」만 내세우고 「전체」를 해쳐서는 안 된다.

다음으로 결혼해서 부부가 되고 자녀를 낳았으면, 가정을 터로 하고 아들딸을 훌륭하게 양육하고 사회에 배출시켜야 한다.

결국 결혼은 일가 친척이 화목하고, 가정이라고 하는 공동체를 더욱 흥성케 하고, 동시에 훌륭한 아들딸을 낳고 양육해서 가문을 계승 발전케 하고, 더 나아가서는 국가나 인류의 역사 문화를 계승 발전케 할 착한 일꾼을 배출하기 위해서 하는 것이다.

사람은 각자가 인류의 역사와 문화를 계승 발전케 할 사명을 다해야 한다. 동시에 훌륭한 자녀를 낳고 양육해서 세세 대대로 인류 문화를 이어가고 발전케 해야 한다.

그러기 위해서 결혼을 하고 가정을 꾸미는 것이다. 다시 말하면 결혼을 통해서 생명과 삶의 구실을 다하게 되는 것이다. 이와 같은 도리가 곧 천도천리(天道天理)이다. 예기(禮記)에서 결혼을 다음과 같이 높여 말했다.

「혼례는 모든 문화와 예절의 근본이다.」 123)

예(禮)의 뜻은 매우 깊고 다양하다. 설문(說文)에서는 「예는 리(理)와 리(履)이다」라고 풀었다. 「리(理)」는 곧 「하늘의 도리 즉 천리(天理)」의 뜻이다. 「리(履)」는 「하늘의 도리를 따르고 실천한다」의 뜻이다. 그러므로 예의 뜻을 다음과 같이 추릴 수 있다.

예는 내면적으로는 눈에 보이지 않는 하늘의 도리이다. 그 보이지 않는 하늘의 도리를 인간이 눈에 보이게 꾸민 생활문화 및 아름다운 행동양식이나 규범이다.

천도 천리는 절대선의 진리이며 시간의 흐름에 따라 만물을 생성화육(生成化育)하는 발전의 도리이다.

천도 천리를 따르면 알찬 열매를 거둘 수 있다. 따라서 예는 절대로 허례허식이 아니다. 예는 어디까지나 절대선의 천도천리를 따라서 좋은 이득을 얻기 위한 생활 문화의 양식이다.

비근한 예를 하나 들어보자. 두 사람이 서로 절을 하는 것은

---

123) 昏禮者 禮之本也.

외형적 예절이다. 절을 하면 서로 친근해지고 서로 협조하여 서로 이득을 볼 수 있다. 반대로 서로 미워하고 적대하면 피차가 피곤하고 손해를 본다.

국가 정치도 마찬가지다. 서로 탐욕을 채우기 위해 무력투쟁을 하면 서로 멸망한다. 천도천리를 따른 문화적 제도와 예절을 바탕으로 서로 사랑하고 서로 협동하면 서로 흥성할 것이다. 그러한 정치를 예치(禮治)라고 한다.

전통 예절에서 결혼을 중시하는 이유도 깊은 실리적 의미가 있다. 즉 결혼은 문화를 발전케 할 일꾼을 생산하는 시작이다. 결혼의 존엄한 뜻을 명심해야 한다. 예기에는 다음과 같이 혼례의 존엄한 의미를 말했다.

「결혼은 성이 다른 두 집안의 선남 선녀를 짝지어 주는 의식이다. 그 목적은 위로는 종묘에 제사 올리고 아래로는 후손을 계승케 함이다. 그런 고로 군자는 결혼을 중시한다.」 124)

결혼은 「성이 다른 두 집안의 선남 선녀」를 짝지어 주어야 한다. 동성 동본은 안 된다. 태고 때의 모계사회에서는 한 어머니 소생들이 서로 어울리기도 했을 것이다.

그러나 수천 년에 걸친 인류생활사의 경험을 통해 친족 결혼은 열등(劣等)과 멸종에 이어진다는 사실을 터득하게 되었다. 그러므로 친족 및 동성 동본의 결혼을 금한 것이다.

---

124) 昏禮者 將合二姓之好 上以事宗廟 下以繼後世也 故君子重之

결혼의 일차적인 목적은 가문의 계승 발전이다. 「위로는 종묘에 제사를 모시고 선조와 영적으로 이어지기 위함이다.」 125)

「아래로는 자손을 낳아 양육하고 자자손손 무궁하게 이어지고 번성하기 위해서다.」 126)

거듭 강조하지만, 여자는 남성에게 시집가는 것이 아니고 그 집안에 시집간다. 그러므로 그 집안 웃어른에게 효순하며 그 집안 일을 잘 다스려야 한다. 예기에 다음과 같은 말이 있다.

「며느리가 효순을 다해야 집안이 화목하고 바르게 다스려진다. 그런 다음에 집안이 오래 번성할 수 있다. 고로 성왕은 결혼을 중시했다.」 127)

결혼은 가정 및 인류의 역사와 문화를 계승 발전시킬 자손을 생산하기 위한 존엄한 예절이다. 결혼의 존엄한 뜻과 가치를 깊이 이해해야 한다. 결혼은 결코 남녀의 성적 결합을 합리화하는 사회적 보장을 얻는 요식행위로 끝나서는 안 된다.

결혼은 소우주적 가정을 형성하는 시발이다. 결혼의 숭고한 뜻과 도리는 하늘의 도리와 일치한다.

---

125) 上以事宗廟.

126) 下以繼後世.

127) 婦順備 而後內和理, 內和理 而後家可長久也 故聖王重之. <禮記 昏記>

제4장 부녀의 예속적 위상(位相)

(1) 주부의 막중한 책임

오륜(五倫)에서 부부유별(夫婦有別)이라고 한 말을 다음과 같이 풀이할 수 있다.

남편은 밖에서 생산적인 노동을 하고 아울러 국가를 보위하는 병역 의무를 완수하고 또 공을 세워 선조의 이름을 높이고 후손에게 음덕을 베풀어야 한다.

한편 아내는 집안에서 가족의 의식주(衣食住)를 안락하게 보장하는 내직(內職)을 충실히 수행해야 한다. 내직에서 중요한 일은 조상의 제사를 모시고, 어른에게 공양하고, 일가 친척을 화목하게 하고, 집안살림을 알뜰하게 꾸리고, 동시에 자녀를 잘 양육하는 일이다. 그러므로 주부의 책무는 막중하고 할 일이 많다.

주부는 곤순(坤順)의 도리를 지켜야 한다. 윤리 면에서 웃어른에게 복종해야 한다. 또 음양의 도리로서 남편을 가정의 주체로 받들고 내조해야 한다.

반소(班昭)는 여계(女誡)에서 말했다. 「남편은 하늘이다. 하늘에 거역할 수 없듯이 남편을 따라야 한다.」 128)

---

128) 夫者天也 天固不可違 夫固不可離也.

백호통(白虎通)에는 다음과 같은 말이 있다.「땅이 하늘을 받들 듯이 아내는 남편을 받들고, 신하는 임금을 받들어야 한다.」129)

일단 시집에 들어간 여자는 설사 남편이 죽어도 재가할 수 없다. 여계(女誡)에 다음 같은 밀이 있다.「예법 상 남자는 재취할 수 있으나 여자는 두 번 시집갈 수 없다.」130)

그 글의 주석에 다음과 같이 부연 설명했다.「남자에게 아내가 없으면 제사 지낼 사람이 없고, 또 후손을 이을 수가 없다. 그러므로 부득불 재취를 한다. 그러나 부인의 도리는 한 남편을 따라야 한다. 남편이 죽어도 재가하는 법도는 없다.」131)

현대적인 안목으로 보면 너무나 불공평한 규범이다. 그러나 태고 때에 남편이 죽으면 순사(殉死) 혹은 순장(殉葬) 한 것에 비하면 많이 발전한 것이다. 역사 문화는 발전한다. 오늘의 척도를 기준으로 과거를 비판할 때에는 신중해야 한다.

다음의 계율들도 오늘의 눈으로 보면 크게 불합리한 것들이며, 현대사회에 적용할 수 없는 것들이 많다. 그러나 그 나름대로의 역사적 의미가 있다. 따라서 비방하기에 앞서 그 정신과 의미를 생각해 보아야 한다.

---

129) 地之承天 猶妻之事夫 臣之事君也.

130) 禮夫有再娶之義 婦無二適之文.

131) 夫無妻則蒸嘗無主 繼嗣不立 故不得不再娶 婦人之道 從一而終 故夫亡 無再嫁之禮也

(2) 불공평한 부녀의 계율

<1> 삼종지도(三從之道)

「여자는 평생 남자를 주체로 삼고 따라야 한다. 즉 어려서는 친아버지를 따르고, 출가하면 남편을 따르고, 남편이 죽으면 아들을 따라야 한다.」[132]

삼종지도는 남자를 양으로 보고 여자를 음으로 보는 사상을 바탕으로 한 것이다. 그러나 남편이 죽고 자식이 어릴 때에는 어머니가 아버지를 겸할 수 있다. 국가 정치에서도 국왕이 어리면 태후가 뒤에서 보살피는 섭정의 제도가 있다.

<2> 칠거지악(七去之惡)

시집 온 아내를 내보내는 일곱 가지의 잘못을 「칠거지악」이라고 한다. 먼저 한글 풀이를 하겠다.

「부모에게 순종하지 않으면 보낸다. 아들을 낳지 못하면 보낸다. 음탕하면 보낸다. 투기가 심하면 보낸다. 불치의 병이 있으면 보낸다. 말이 많으면 보낸다. 재물을 훔치면 보낸다.」[133]

이상의 7개 항목을 나누어 설명하겠다.

① 부모에게 순종하지 않으면 보낸다(不順父母去) : 부모는 가

---

132) 女子無專制之義 有三從之道 在家從父 適人從夫 夫死從子). <大戴禮 本命>

133) 不順父母去 無子去 淫去 妬去 有惡疾去 多言去 竊盜去.

정의 중심적 주재자이다. 그 부모의 아들에게 시집간 며느리는 응당 시부모에게 순종해야 한다. 가정에서 부모에게 순종하지 않는 것은 국가에서 반역하는 것과 같다.

② 아들을 낳지 못하면 보낸다(無子去) : 최고의 불효(不孝)가 곧 자식이 없어 대를 끊어지게 하는 일이다.

③ 음탕하면 보낸다(淫去) : 동서 고금을 막론하고 음탕한 여자는 가정의 주부가 될 수 없다.

④ 투기가 심하면 보낸다(妬去) : 대가족제도 하에서 공동체의 화목을 파괴하고 또 남의 존재를 부정하는 표독한 여자는 함께 가족생활을 할 수 없다.

⑤ 불치의 병이 있으면 보낸다(有惡疾去) : 불치의 병이 있으면, 가정에서나 사회에서나 건전하게 활동하고 일할 수 없다. 본인을 위해서나 남을 위해서나 격리해서 치유를 해야 한다. 보낸다는 뜻을 버리고 모른 척한다는 뜻으로 좁게 해석해서는 안 된다.

⑥ 말이 많아도 보낸다(多言去) : 남자나 여자나 말이 많으면 공동체의 평화와 안정을 해친다. 특히 중상 모략은 분란의 근원이 된다.

⑦ 재물을 훔치면 보낸다(竊盜去) : 집안의 재물을 훔치거나 밖으로 내가면 벌을 받아야 한다. 오늘의 여성들이 허영에 들떠서 사치하는 것이 곧 재물을 훔치는 행위라 하겠다.

이상의 「칠거지악」을 범하는 사람은 오늘의 가정생활 및 사회생활에서도 배척당할 것이다.

<3> 삼불거(三不去)

설사 「칠거지악」이 있다 하더라도 다음과 같은 경우에는 보내지 않는다.

① 시집온 뒤 돌아갈 곳이 없게 된 때에는 보내지 않는다. [134]

② 함께 부모님의 3년상을 마친 때에는 보내지 않는다. [135]

③ 전에는 가난했으나 함께 살면서 부자가 된 경우에는 그 조강지처를 보내지 않는다. [136]

이상을 「유삼불거(有三不去)」고 한다. 그러나 함께 고생하면서 집안을 일으킨 「조강지처」라도 허물이나 잘못이 개과천선할 수 없을 만큼 크거나 심각한 경우에는 별 수 없이 보낸다.

<4> 오불취(五不取)

다음과 같은 경우에는 아내로 취하지 않는다.

① 역적의 딸은 취하지 않는다. [137]

② 망한 집안의 딸은 취하지 않는다. [138]

③ 형벌을 받은 사람이 있는 집의 딸은 취하지 않는다. [139]

④ 집안에 악질(惡疾)을 앓는 사람이 있는 경우에는 그 집안의

---

134) 有所取 無所歸 不去.

135) 與更三年喪 不去.

136) 前貧賤 後富貴 不去.

137) 逆家子 不取.

138) 亂家子 不取.

139) 世有刑人 不取.

딸을 취하지 않는다. 140)

⑤ 친아버지의 초상을 당한 맏딸은 취하지 않는다. 141)

이상을 「여유오불취(女有五不取)」라고 한다. 오늘의 기준으로 보면 불공평한 규제도 있다. 그러나 신중하게 고찰하면 타당한 이유도 있다.

(3) 동·서양의 시각차(視覺差)

<1> 전통적 부녀도에 대한 비판

우선 시각의 차이를 조절해야 한다. 서양의 개인주의 입장에서 동양의 전통적 부녀관(婦女觀)이나 부녀도(婦女道)를 무조건 나쁘다고 부정해서는 안 된다.

특히 동양의 부녀관이나 부녀도를 부녀에 대한 일방적인 학대라고 곡해를 해서는 안 된다.

개인보다도 전체를 높이는 동양의 가족제도를 바탕으로 하고 보아야 하며, 그렇게 되면 역시 긍정할 점이 많게 된다.

서양의 개인주의가 옳은지, 반대로 동양의 가족주의가 옳은지를 판단하기 위해서는 우주의 도리, 즉 천도를 기준으로 해야 한다.

동양의 사상은 「나」를 우주의 중심적 존재로 보고 높인다. 동시에 「개별적인 존재인 나」와 「전체로서의 우주」를 하나로 본다.

---

140) 世有惡疾 不取.
141) 喪父長子 不取.

그러므로 동양의 전통윤리는 「소아(小我)」와 「대아(大我)」를 조화한 것이다. 「전체」를 위해 「나」를 죽이는 것이 아니고, 「나」의 존재와 특성을 살리면서 「우주」에 「귀일(歸一)」케 하는 윤리이다.

「나」는 미미하고 순간적인 존재다. 전체로서의 우주는 무한대하고 영원하다. 그러나 개개의 「내」가 없으면 전체로서의 「우주」도 없게 된다. 그러므로 「나와 우주」를 하나의 통합체로 본다. 즉 「나」의 종국적 가치를 「우주」에서 찾는다.

가정은 소우주다. 개개인이 있어야 소우주인 가정이 성립된다. 서양에서는 가정보다 개인을 높인다. 그러나 동양에서는 「개인」의 「존재나 가치」를 「나」보다도 「전체와 영원」에서 찾는다. 이러한 관점에서 동양의 가족제도 및 부녀의 도리를 이해해야 한다. 가정이 없으면 「나」도 존재하지 않는다. 개인주의의 입장은 천도에 맞지 않는다.

가족주의에서야 비로소 「나」의 삶의 의미와 가치도 바르게 파악할 수가 있고 또 정통적(正統的) 부녀관과 부녀의 도리도 긍정적으로 이해할 수가 있게 된다. 아울러 전통사상의 결혼관, 즉 「성을 달리하는 두 집안간의 결합이다」라는 뜻도 이해가 될 것이다.

오늘 우리나라에서 「동성 동본의 결혼」을 놓고 법률적 차원에서 논쟁을 벌이고 있다. 한편 「동성 동본의 결혼을 금하는 유교사상」은 낡아빠진 것으로 일고의 가치도 없다고 매도하는 지식인들이 많다. 그것은 서양의 개인주의 입장에서 보기 때문이다.

<2> 부녀의 도리를 알고 높이자

서양의 물질주의, 무력주의 및 개인주의만을 바탕으로 하지 말고 우주적 차원에서 하늘의 도리를 바르게 이해하고 모든 것을 보아야 한다. 더욱이 동양의 정신문화의 깊은 뜻을 모르면서 함부로 부정하거나 매도해서는 안 된다.

서양에도 옛날에는 엄격한 가족주의와 부녀의 도리가 있었다. 그러나 타락으로 인해 윤리 도덕을 상실하고 마침내 위기를 초래하고 있는 것이다. 결국 동양의 정신문화, 윤리 도덕의 실천 등을 부정하고 매도하는 것 그 자체가 위기적 병폐라 하겠다. 인류와 사회가 다시 건전해지기 위해서는 동양의 윤리 도덕 및 전통적 부녀도를 높이고 실천해야 한다.

<참고 보충>

중용(中庸)에 있다. 「군자가 지키고 행할 하늘의 도리는 엄청 크면서도 또 한편으로는 은은하고 세밀하다.(君子之道 費而隱)」

「하늘의 도리는 어리석은 남자 부부라도 알 수가 있다. 그러나 지극한 경지는 성인도 알지 못하는 바가 있을 것이다. 못난 부부라도 행할 수 있다. 그러나 지극한 것은 성인도 능히 행하지 못하는 바가 있다.(夫婦之愚 可以與知焉 及其至也 雖聖人亦有所不知焉 夫婦之不肖 可以能行焉 及其至也 雖聖人亦有所不能焉)」

「군자가 지키고 행할 도리는 그 근본은 부부 <즉 남녀의> 결합에서 시작한다. 그러나 지극한 경지는 하늘, 땅, 만물에 나타나 보인다(君子之道 造端乎夫婦 及其至也 察乎天地).」

제7편 대학(大學)의 도덕정치 원리

동양의 전통사상의 이상은 「천인합일(天人合一)」과 수기치인(修己治人)이다. 「천인합일」은 인간의 생각이나 행동을 천도와 하나되게 함이다. 즉 이기적 탐욕을 극복하고 하늘이 준 「인심(仁心)」을 바탕으로 「인덕(仁德)」을 세움이다.

정치도 이기적 탐욕을 채우기 위해 무력으로 남을 살상하고 남의 재물을 탈취하는 악덕정치를 지양하고, 반대로 만민 만물을 사랑하고 발전케 하는 덕치를 펴야 한다. 그러한 덕의 정치가 곧 천도를 기준으로 공평무사하고 광명정대하게 다스리는 바른 정치이다. 그러한 정치를 왕도덕치(王道德治)라고 한다.

「수기치인」은 먼저 「나 자신」의 인격을 완성하고 다음에는 「남들을 사랑으로 품고 교육하고 그들도 인격자 되게 지도함이다. 그러면 모든 사람이 절대선인 천도를 따르고 사회적으로 윤리 도덕 및 효도를 실천하여 인애(仁愛)의 꽃을 피어나게 할 것이다.

공동체를 구성하고 있는 모든 사람이 함께 잘 살기 위해서는 서로 사랑하고 협동해야 한다. 서로 사랑하고 협동하기 위해서는 동물적 이기적 탐욕을 극복하고 심성을 하늘과 하나되게 해야 한다. 하늘이 준 「선 본성(善本性)」을 계발하고 착한 마음으로 착한 행동을 하는 것을 인격도야라고 한다.

왕도덕치는 곧 심성함양과 인격도야를 바탕으로 성취되는 것이다. 이와 같은 정치의 이상을 구현(具現)하는 원리와 단계를 밝힌 것이 바로 대학(大學)의 삼강령(三綱領)과 팔조목(八條目)이다.

대학의 정신과 원리를 잘 이해하고 활용하면 오늘의 위기를 극복하는 데 크게 도움이 될 것이다.

제1장 왕도(王道)와 패도(覇道)

⑴ 왕도덕치(王道德治)의 깊은 뜻

<1> 왕도(王道)와 덕치(德治)의 뜻

「임금 왕(王)」은 「석 삼(三)」과 「통할 곤(丨)」을 합한 글자이다. 삼(三)은 「하늘(天) 땅(地) 사람(人)」을 상징하고, 곤(丨)은 「위아래로 통한다」는 뜻이다.

「천지인(天地人)」은 「천도(天道) 지덕(地德) 인행(人行)」의 뜻을 상징하기도 한다. 결국 임금은 「천도를 따르고 실천해서 지덕을 세워야 한다.」

그와 같은 도리가 곧 왕도(王道)이다. 과학자가 자연법칙을 따르고 활용해서 성과를 거두는 것처럼, 임금은 절대선(絶對善)인 하늘의 도리를 따르고 실천해서 덕(德)을 세워야 한다.

「덕 덕(德)」은 「얻을 득(得)」과 뜻이 같다. 하늘의 도리를 따르고 실천해서 얻은 좋은 성과를 덕이라 한다. 천도를 따르지 않고, 남을 살상하고, 남의 재물을 탈취하는 것은 죄악이다. 정치도 천도를 따라야 한다. 반대로 무력으로 남을 위협하고 나만의 욕심을 채우는 정치를 악덕정치라 한다.

덕치(德治)는 곧 지덕(地德)을 세우는 정치다. 하늘이 만물을 생육하듯이 천도를 따르고 실천하는 덕치는 천지 자연 만물과 조화를 이루고 특히 만민을 고르게 잘 살게 해주게 마련이다.

「왕도 덕치」의 뜻을 다음과 같이 추릴 수 있다. 「절대선인 천도를 따르고 실천해서 만민에게 고르게 덕을 베푸는 정치다.」

<2> 천도를 따르는 바른 정치

공자는 논어에서 「정치는 바르게 함이다(政者正也)」라고 말했다. 「바를 정(正)」은 「한 일(一)」과 「멈출 지(止)」의 두 글자를 합친 문자로 「하나에 가서 멈춘다」의 뜻이다.

「하나」는 곧 「절대인 하늘 혹은 절대선인 하늘의 도리」를 뜻한다. 설문해자(說文解字)는 「한 일(一)」을 다음과 같이 풀었다.

「아득한 태초에 도가 하나에서 섰고, 다음에 하늘과 땅이 나뉘었고 다시 변화해서 만물이 생성(生成)했다.」 142)

결국 「하나」는 「유일무이한 절대인 하늘」 즉 「우주 천지 만물을 창조하고 생성 발전케 하는 절대선인 하늘 및 하늘의 도리」다.

공자는 논어에서 말했다. 「하늘이 무슨 말을 하더냐? 하늘은 말이 없다. 그러나 잘 보아라. 춘하추동 사계절 곧 시간의 흐름에 따라 만물이 살아 번식하고 발전하고 있다. 하늘은 말이 없다.」143)

결국 천도는 시간의 흐름에 따라 천지 만물을 생성 변화 발전시키는 절대선(絶對善)의 도리이다.

---

142) 惟始太初 道立於一 造分天地 化生萬物.

143) 天何言哉 四時行焉 百物生焉 天何言哉.

「하늘 천(天)」은 시간과 공간을 통합한 유일무이(唯一無二)한 절대(絶對)이다. 하늘은 우주 천지 만물을 창조하고 주재한다. 따라서 천도(天道)」는 천지 만물을 창조하고 시간의 흐름에 따라 만물을 더욱 번식 발전케 하는 절대선의 도리이다. 천도는 광명정대(光明正大)하고 공평무사(公平無私)하고 영구불변(永久不變)하는 절대진리이다.

천도는 곧 우주(宇宙)의 법칙이다. 공간을 우(宇)라 하고, 시간을 주(宙)라고 한다. 만물은 우주적으로 존재하고 또 생성 변화 발전하고 있다. 결국 만물은 우주의 법칙, 즉 천도를 따라 생성 변화 발전하고 있는 것이다. 이상을 종합하여 공자가 「정치는 바르게 함이다」를 다음과 같이 확대 해석할 수 있다.

「정치는 바르게 해야 한다. 바른 정치는 절대선인 하늘의 도리를 따르고 실천해서 만민을 고르게 잘 살게 하고, 자연만물과 인간이 조화된 지상세계를 구현하는 왕도덕치이다.」

⑵ 악덕한 패도(覇道)의 정치

여기서 깊이 생각해 보자. 과학기술은 천도의 일부인 자연법칙을 엄격히 따른다. 그래서 놀라운 성과를 거두고 총체적으로 발전하고 있다.

그러나 정치는 하늘의 도리를 따르지 않고 반대로 저마다의 이기주의적 탐욕을 채우기 위해 음흉한 권모술수나 잔인한 무력을 바탕으로 하고 서로 싸우면서 치열한 쟁탈전을 되풀이하고 있다.

그 결과 오늘의 세계가 혹심한 위기에 처하게 된 것이다.

현재 세계를 지배하고 있는 강대국들의 정치형태를 살펴보자. 그들은 조직화된 재물과 무력을 바탕으로 남의 나라를 지배하고 자기들의 이기적 물질적 탐욕을 충족시키고 있다.

그들에게는 덕치의 개념은 전연 없다. 그들의 정치관은 오직 인간적인 차원에서 수작을 부리는 것이다. 한 마디로 다음과 같이 요약할 수 있다. 「남을 지배하고 나의 부강(富强)을 달성하기 위한 조직적 농간이다.」

필요에 따라 전략 전술을 변경할 수 있다. 그러므로 기만이나 타협으로 상대방을 유화할 수도 있고, 반대로 한편으로는 위협이나 무력으로 상대방을 굴복시킬 수도 있다. 어떻든 종국적으로는 나의 이기적 욕구를 충족해야 한다.」

이와 같은 국가의 이기적 욕구를 달성하기 위해서는 「국가 절대주의(國家絶對主義)」를 높인다. 개인이나 대중보다 국가를 절대시한다. 따라서 국가의 기능을 담당하는 정부가 절대권력을 장악하기 마련이며, 모든 국민을 교묘한 술책으로 예속게 한다.

이에 오늘의 세계에는 형식적으로는 민주주의를 표방하고 있으나, 실제적으로는 협잡과 독재를 하고 있는 것이다. 그 결과 국제정치나 국내정치가 다 악덕한 패도(覇道)의 길을 달리고 있다.

그러므로 하늘의 도리를 따르려는 종교와 동물적 욕구를 채우려는 아귀도(餓鬼道)의 악덕정치는 병행할 수 없다. 따라서 종교와 정치의 분리를 강조한다. 그래서는 안 된다. 정치도 패도(霸道)를 버리고 왕도(王道)로 돌아와야 한다.

동양의 전통사상은 수천 년 전부터 정치도 자연과학과 마찬가지로 우주의 도리, 즉 천도를 따라야 한다고 역설했던 것이다.

어느 쪽이 옳고 착한 생각인가? 정치란 이기적 동물적 탐욕을 채우기 위해 무력적으로 싸워 이기는 조직화된 악덕이어야 하나?

반대로 절대선인 천도를 따라 만민이 고르게 잘 살고 화목하고 서로 협동하여 인류 전체의 문화를 가치적으로 발전케 하는 바르고 착한 덕치(德治)이어야 하는가?

말할 것도 없이 입으로는 누구나 덕치이어야 한다고 말할 것이다. 그러나 오늘의 정치는 폭력과 기만을 바탕으로 나의 탐욕을 채우려는 악덕정치를 펴고 있다.

왜 총명한 지식인 정치인들이 음흉하고 간악한 아귀도의 정치만을 좇는가? 그들은 말한다. 그것이 현실이다. 현실적으로 인간이란 악덕한 동물이다. 그러니 정치도 악덕할 수밖에 없다고 한다.

그러나 과연 인간이 그렇게 무가치하고 구제 받을 수 없이 천박한 존재일까? 아니다. 우리는 의식의 대전환을 해야 한다.

절대선인 하늘에 의해서 만물의 영장으로 태어난 인간은 본성적으로 총명하고 착하다. 절대로 악덕한 존재가 아니다. 물질보다도 정신을 높이고, 현재적 삶을 영원한 삶에 연결시킬 줄 알고, 더욱 개체의 육체적 동물적 삶의 가치를 전체 인류의 역사 문화의 발전에 일치시키는 숭고한 성품을 지니고 있다.

사람은 본성적으로 서로 사랑하고, 윤리 도덕을 지키고, 함께 협동하여 인류 문화 발전에 이바지하며, 그 속에서 진정한 삶의 기쁨과 가치를 느끼게 마련이다.

바른 교육으로 개개인의 선 본성을 계발하면 누구나 윤리 도덕 효도를 실천하는 착한 사람이 된다. 따라서 국가적으로도 왕도(王道)의 「바른 정치(正治)」 즉 덕치(德治)를 펼 수가 있다.

그러나 현실적으로 세계는 정반대로 나아가고 있다. 정치(正治)와 덕치를 외면하고, 수심(獸心)을 바탕으로 패권 패도의 악덕정치만을 펴고 있다.

정치의 타락은 교육의 타락으로 직결된다. 따라서 교육도 선 본성을 계발하는 심성함양과는 정반대의 악덕한 지능 교육에만 주력하고 있다.

그 결과 사람들은 숭고한 정신을 상실하고, 악덕한 권모술수나 무력행사로 남을 속이거나 살상하고 남의 재물을 탈취하는 아귀도의 길만을 가고 있다. 따라서 국가도 개인도 더욱 타락하게 마련이다.

이대로는 안 된다. 동양의 정신문화를 높이고, 세계적인 차원에서 인류를 구제해야 한다. 그 길과 근본 원리를 밝혀 준 것이 바로 「대학(大學)의 삼강령(三綱領) 팔조목(八條目)」이다.

제2장 대학(大學)의 정치원리

⑴ 주자(朱子)의 대학장구(大學章句)

<1> 사서집주(四書集註)와 대학장구(大學章句)

「대학」이라는 책은 유교에서 높이는 사서(四書), 즉 「대학(大學)・논어(論語)・맹자(孟子)・중용(中庸)」의 하나로 왕도덕치의 심오한 원리를 밝힌 책이다.

송(宋) 대의 주희(朱熹, 1130-1200)가 사서에 주를 단 것을 사서집주(四書集註)라고 하며, 그 중의 하나가 대학장구(大學章句)다.

대학은 원래 예기(禮記) 가운데 있는 한 편의 글이었다. 그 고본대학(古本大學)을 주자가 경(經) 1장, 전(傳) 10장으로 나누어 재정리하고 또 장구에 대한 설명문과 주를 달았다.

주자의 주는 그의 독특한 사상과 학문을 엿볼 수 있는 귀중한 자료이기도 하다.

대학을 해독할 때 일반이 근거할 전적을 크게 두 가지로 추릴 수가 있다. 그 하나는 한(漢)의 정현(鄭玄)이 주를 하고, 당(唐)의 공영달(孔穎達)이 다시 뜻풀이를 한 대학정의(大學正義)이고, 다른 하나는 주자의 대학장구(大學章句)이다. 양자간에는 사상이나 풀이에 큰 차이가 있다. 이 책에서는 후자를 바탕으로 뜻풀이를 했으며, 또 대학장구대전(大學章句大全)의 학자들의 설을 참고로 했다.

<2> 주자가 풀이한 대학의 일관된 도리

주자는 「경문(經文)은 증자(曾子)가 스승인 공자(孔子)의 뜻을 받아 쓴 것이고, 전문(傳文)은 증자가 제자에게 경문의 뜻을 설명하기 위해 다른 전적의 글을 추려서 전수한 것을 증자의 제자가 다시 추려서 기술한 것이다」라고 주장했다.

그러나 한(漢)의 가규(賈逵)나 청(淸)의 여러 학자들은 「공자의 손자 자사(子思)가 대학을 저술했을 것이다」라고 다른 설을 내놓기도 했다.

「대학」이라는 말에는 다음의 세 가지 뜻이 포함되어 있다.

① 옛날의 태학(太學) : 왕족이나 귀족의 자제들을 교육하던 국가의 최고 학부로 태학이라고 일컬었다.

② 그 곳에서 「큰 사람을 양성하기 위해 가르치고 배우던 큰 학문 및 학문의 내용」을 대학이라고 일컬었다.

③ 그 큰 학문의 내용을 적은 경서를 대학이라고 한다. 지금 우리가 보고 읽는 책이 바로 「대학」이라는 경서다.

주자는 대학장구 서문에서 「8세에 소학(小學)에 들어가고, 15세에 대학(大學)에 들어간다」고 말했다. 즉 대학은 어린이가 아닌 성인 혹은 학덕(學德)이 높은 「큰 사람(大人)」이 들어가 배우는 학교 및 그 학문을 적은 책이라는 뜻을 부각시켰다.

한편 한(漢)의 정현(鄭玄)은 「대학은 넓게 배우고 백성을 다스릴 수 있게 하는 내용을 적은 글이다.」144)라고 주를 달았다.

주자는 장구설명(章句說明)에서 다음과 같이 대학의 중요성을 말했다.

「정자 선생이 말했다. 대학은 공자가 남겨 준 글이다. 처음 글을 배우는 사람들이 덕에 들어가는 입문서이다. 오늘 옛사람들의 공부하던 순서와 단계를 알게 하는 책으로는 다만 이 책이 있을 뿐이다. <먼저 대학을 공부하고> 다음에 논어 맹자를 배워야 한다. 그러므로 배우는 사람들이 그와 같은 순서를 따라 배우고 익힌다면 대체로 어긋남이 없을 것이다.」145)

주자가 인용한 「덕에 들어가는 입문(入德之門)」의 뜻은 깊다. 여기서 말하는 「덕(德)」은 대학에서 가장 중시하는 「명덕(明德)」의 「덕」이다. 즉 「하늘이 사람에게 내려준 덕성(德性)」의 뜻이다.

따라서 「입덕(入德)」이라고 한 것은 「하늘이 내려준 덕성을 밝히는 학문과 수양에 입문한다」는 뜻이다. 대학은 명덕(明德)을 밝히는 가르침을 적은 책이다.

「명덕을 밝힘(明明德)」에는 크게 두 단계가 있다. 하나는 「자신의 명덕을 밝히는 수기(修己)의 단계」이고, 다른 하나는 「남이나

---

144) 大學者 以其記博學 可以爲政也.

145) 子程子曰 大學孔子之遺書 而初學立德之門也 於今可見古人爲學之次第
　　者 獨賴此篇之存 而論孟次之 學者必由是而學焉 則庶乎其不差矣.

264

백성들의 명덕을 밝히게 하는 치인(治人)의 단계이다」 그러므로 대학의 가르침을 다음과 같이 추릴 수 있다.

「대학은 수기치인(修己治人)의 가르침이다. 오늘의 말로 표현하면, 위정자나 정치 참여자가 먼저 자기의 덕성을 실천적으로 밝혀내고, 더 나아가 국민 대중의 <선 본성인> 명덕을 계발하고 모든 사람들이 윤리 도덕 및 효도를 실천케 함으로써 종국적으로는 평화로운 선세계(善世界)를 창건하는 가르침이다.」

주자는 대학을 「나에서부터 시작하여 평화세계 창건까지」의 일관된 도덕정치의 원리로 풀이했다. 그러므로 대학은 반드시 주자 및 성리학자들의 설을 바탕으로 깊이 음미해야 한다.

⑵ 대인(大人)과 대인의 학문(大人之學)

대인은 곧 「큰 사람」이다. 옛날에는 임금을 대인이라 했다. 그후 세속적으로 권력이나 재력을 가지고 행세하는 사람을 대인이라고 했다.

그러나 전통사상에서는 학문과 덕행이 높고 심성(心性)이 하늘과 하나된 경지에 있는 인격자를 대인이라고 칭한다.

맹자(孟子)는 「대인은 갓난아기의 순진한 마음을 잃지 않은 사람이다.」146)혹은 「자신을 바르게 하고 더 나아가 남들도 바르게 하는 사람이다.」147)라고 말했다.

---

146) 大人者 不失其赤子之心者也.
147) 大人者 正己而物正者也.

왕양명(王陽明)은 말했다. 「대인은 천지 만물과 일체를 이룬 사람이다.」148)

역경(易經)은 다음과 같이 풀었다. 「대인은 하늘과 땅과 덕을 합치고, 해와 달과 밝음을 합치고, 사계절과 시간의 순서를 합치고, 귀신과 길흉을 합친다.」149)

옛날에는 8세에 소학에서 기본 교양을 익히고, 15세에 태학(太學)에 들어가 「큰 사람」 즉 국가적 지도자가 될 학문을 익혔다.

그 태학의 교육이념과 목표는 수기치인(修己治人)이다. 자신을 수양하여 인격을 완성하고 더 나아가 왕도덕치(王道德治)를 펴서 만백성들을 잘 살게 해주어야 한다. 이는 바로 도덕정치의 구현이다.

자기수양(自己修養)은 다른 것이 아니다. 하늘이 인간에게 내려준 「선 본성(善本性)」 즉 대학에서 말하는 「명덕(明德)」을 밝히고 행동적으로 실천할 수 있게 인격을 도야함이다.

왜 수양을 해야 하는가? 깊이 생각해 보자. 인간은 정신과 육체를 아울러 지니고 있다. 육체는 음식을 섭취하면 건장하게 자란다. 육체 속에는 동물적 본능과 관능적 쾌락을 추구하는 욕구가 있다. 육체가 성장하면 그 욕구도 커진다. 그 때에 그 동물적 본능적 욕구를 숭고한 정신적 도덕성으로 조절하거나 억제하지 않으면

---

148) 大人者 與天地萬物 爲一體者也.

149) 大人者 與天地合其德 與日月合其明 與四時合其序 與鬼神合其吉凶.

그 인간은 동물적 존재로 전락하고 따라서 서로 싸우게 된다.

그런데 정신과 도덕성은 음식으로 계발되거나 배양되는 것이 아니다. 바르게 배우고 실천을 해야 한다. 자기수양은 다른 것이 아니다. 동물적 욕구를 착한 본성으로 억제하는 수양이다.

이를 공자는 논어에서 「극기복례(克己復禮)」라 했고, 이를 주자는 「자신의 사사로운 욕심을 억제하고 천리를 바탕으로 한 예절로 돌아감이다」 150)라고 풀이를 했다.

동물적 본능적 욕구를 억제하고 절대선인 천도로 복귀하는 것이 자기수양이다.

자기수양의 바탕은 궁리(窮理)와 정심(正心)이다. 우주 천지 만물의 도리를 궁구(窮究)하여 터득하고 모든 도리의 근원인 천도천리(天道天理)를 중심으로 해서 자신의 마음을 바르게 세우고 하늘과 하나되게 함이다.

하늘의 도리를 깨닫고 마음이 하늘과 하나가 되어야 백성을 친애하고 잘 살게 다스릴 수가 있다.

이는 곧 「내성외왕(內聖外王)」의 경지이기도 하다. 내면적으로 마음과 정신을 하늘이나 하늘의 도리와 하나되게 하고, 외면적으로는 천도를 따라 지덕을 세우는 것이다.

「내성외왕」은 반드시 성군(聖君)이나 군왕(君王)에게만 해당되는 말은 아니다. 학문과 덕행을 겸한 선비도 저마다 성인의

---

150) 克勝也　己謂身之私欲也　復返也　禮者天理之節文也.

경지에서 천도를 따라 지덕을 세울 수 있다.

옛날의 지식인 혹은 지도자의 이상적 인격상이 바로 「내성외왕」이다. 천자의 경우 「내성외왕」은 「속으로 하늘과 같은 심성을 지니고, 밖으로는 천도를 따르고 실천하여 왕도덕치를 이룩한다」는 뜻이 된다.

그러나 학덕을 겸비한 군자들의 경우는 「자신을 수양하고 더 나아가 도덕정치에 참여하여 임금이나 나라에 충성을 바치고 아울러 백성들을 사랑으로 교화(敎化)하여 잘 살게 해주는 것이 곧 군자의 「내성외왕」이 된다.

왕도덕치는 천지인(天地人) 삼재(三才)를 하나로 꿰뚫어 지상에 좋은 성과를 나타내는 정치이다. 즉 천도를 사람이 깨닫고 실천해서 땅 위에 현실적으로 만민이 잘 사는 이상세계를 창건하는 정치이다.

왕도덕치는 곧 공자가 말한 「바른 정치(正治)」이다. 이와 같은 덕치의 도리와 단계를 대학에서는 삼강령(三綱領)과 팔조목(八條目)으로 나누어 가르치고 설명했다.

다음에서 주자의 사상과 학설을 중심으로 대학의 정치사상의 핵심인 삼강령과 팔조목에 대한 깊은 뜻과 일관된 도리를 체계적으로 고찰해 보겠다.

주자는 선진(先秦) 한당(漢唐)의 형이하(形而下)의 유가사상을 형이상(形而上)의 성리학(性理學)으로 대성시켰다.

주자는 인간의 착한 본성을 바탕으로 천도천리를 행동적으로 발현할 수 있다고 주장했다. 따라서 덕치의 이상도 사람의 심성을 바탕으로 성취된다고 주장한 것이다. 즉 위정자나 백성이 다 함께 「명덕을 밝혀야」 「평천하」한다고 강조했다.

【참고 보충】 정신적 성장과 대학의 삼강령 팔조목

성장	영아 소년	청년 남녀	성인 장년	고령 노인
욕구	먹고 놀다	학식 연애	금전 권력	정신적 안락

삼강령과 팔조목 및 수기치인(修己治人)과 내성외왕(內聖外王)의 관계를 다음과 같이 도시할 수 있다.

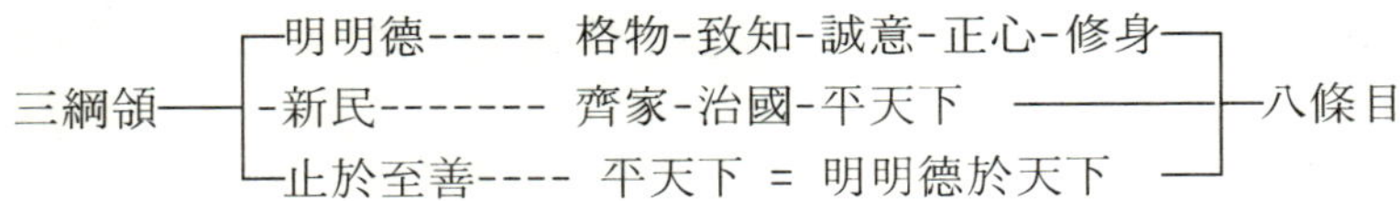

* 「格物-致知-誠意-正心-修身」은 「內聖 및 修己」

* 「齊家-治國-平天下」는 「外王 및 治人」

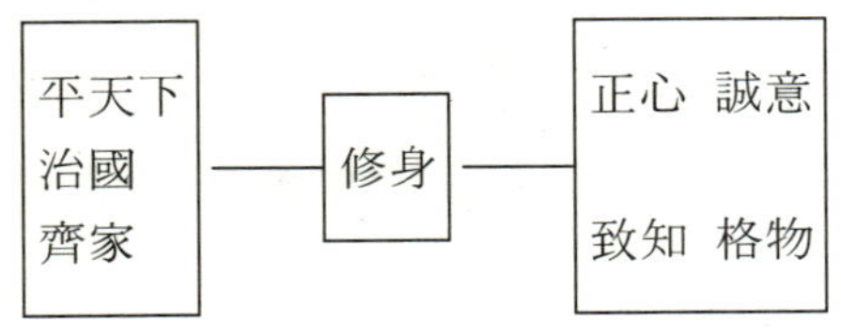

「致知 格物」 : 모든 사물을 개관적으로 관찰하고 파악하고 더 나아가서는 모든 사물의 도리를 바르게 터득한다는 뜻이다.

제3장 대학의 삼강령(三綱領)

⑴ 대학지도(大學之道)와 삼강령(三綱領)

「대학지도」는 곧 대학에서 말하는 덕치의 원리 혹은 덕치의 지도자를 양성하는 최고의 교육기관인 태학의 교육이념의 뜻이기도 하다. 먼저 대학의 세 강령, 즉 삼강령에 대해서 설명하겠다.

大學之道는 **在明明德**하고 **在親民**하고 **在止於至善**이니라
대 학 지 도　　재 명 명 덕　　재 친 민　　재 지 어 지 선

「대학에서 깨우치려는 덕치의 근본 원리는 다음의 삼강령에 명시되어 있다. 먼저 하늘이 나에게 부여해 준 본연의 밝은 덕성을 밝혀내야 한다. 다음에 백성들을 사랑으로 교화하여 그들을 새롭게 혁신시키고 그들로 하여금 스스로 저마다의 본연의 밝은 덕성을 밝혀내게 해야 한다. 마지막으로 나와 백성이 함께 지극한 선의 경지에 도달하고 그 곳에 머물러 있어야 한다.」

이상의 원문과 풀이를 바탕으로 「덕치의 근본이 되는 삼강령」을 다음과 같이 정리할 수 있다.

삼강령은 덕치의 기본 강령이다. 즉 다음의 셋이다.

① 「명덕을 밝힘 (明明德)」

② 「백성을 친애하고 새롭게 함 (親民 = 新民)」

③「지극한 선의 경지에 가서 머무름 (止於至善)」

그러나 이들 셋은 단계적으로 높아지면서 또 넓게 확대 발전한다. 삼강령은 곧 인류로 하여금 진정한 평화세계를 창건할 도덕정치의 기본원리이다.

주자는 말했다.「대학의 원리는 곧 덕치의 원리이다. 모든 사람들로 하여금 저마다의 선 본성을 나타나게 해야 비로소 덕치가 이루어진다.」다음에서 나누어 설명하겠다.

⑵「명명덕(明明德)」에 대한 주자의 풀이

앞의 명(明)은 동사로「밝힌다는 뜻」이고, 다음의 명덕(明德)은 명사로「밝은 덕성, 즉 밝게 나타나는 도덕성」의 뜻이다.

따라서「명명덕(明明德)」은 곧「덕으로 나타나게 마련인 도덕성을 눈에 보이게 실제로 밝게 나타내다」의 뜻이다. 주자는「명덕(明德)」을 다음과 같이 풀이했다. 한문 원문을 단락 별로 적고, 다음에 한글의 뜻풀이를 적겠다.

① 明德者 人之所得於天 (명덕자는 인지소득어천으로)

② 而虛靈不昧 (이허령불매이나)

③ 以具衆理 而應萬事者也 (이구중리 이응만사자야라)

【한글 풀이】① 명덕은 사람이 하늘로부터 받아 지니고 있는 것이다. <선천적으로 주어진「선본성」혹은「도덕성」의 뜻이다.>

② 형상은 보이지 않고 공허하다. 그러나 작용이나 기능은 영특

하고 밝게 나타난다. <설사 일상생활에, 그 명덕의 밝음이 제대로 발휘되지 않는다 해도, 근원적으로 그 빛이 꺼져> 어둡게 되는 법이 없다. <즉 명덕의 빛이 완전히 소멸되는 법이 없다.>

③ 명덕의 보이지 않는 체(體)에 모든 도리가 갖추어져 있으며, 명덕의 영특한 용(用)은 만사에 적응되고 또 만사를 처리할 수 있다.

거듭 강조하지만, 명덕(明德)은 「밝게 나타나게 마련인 선 본성」 즉 「도덕성」이다. 일반 사람들의 경우 설사 일상생활에서 실재적인 행동으로 나타나지 않는다 해도, 사람인 이상을 그의 「선 본성」 혹은 「도덕성」의 빛은 꺼지지 않고 속 깊이 남아 있을 것이다.

「명덕」이 항상 발현하지 않는 이유를 주자는 「선천적인 기질」과 「인간의 욕구」 때문이라고 분석했다. 한문 원문을 보자.

④ 但爲氣稟所拘 (단위기품소구 하고)

　　人欲之所蔽　 (인욕지소폐 하야)

　　則有時而昏　 (칙유시이혼 이라)

【한글 풀이】 ④ 그러나 선천적으로 타고난 기질에 매이고, 또 인간의 욕심에 가려져, 이따금 어둡고 흐리게 되기도 한다.

「선 본성」인 「도덕성」이 제대로 발현하지 않는 이유는 두 가지 큰 이유 때문이다. 하나는 선천적으로 타고 난 「탁한 기질 즉 핏줄」 때문이다. 다른 하나는 「후천적인 욕심, 즉 사리사욕」 때문이다. 따라서 수양으로 탁한 기질을 맑게 하고, 사리사욕을 억제하거나 제거하면 「명덕」을 발현할 수 있다. 주자는 말했다.

　⑤ 然其本體之明　則有未嘗息者(연기본체지명　칙유미상식자)

　⑥ 故學者　當因其所發而遂明之(고학자　당인기소발이수명지)

　　以復其初也(이복기초야)

【한글 풀이】　⑤ 명덕의 본체의 밝음은 절대로 꺼지고 없어지는 법이 없다. ⑥ 그러므로 배우는 자는 마땅히 <삼강령의 발현을 따라> 자신의 명덕을 충분히 밝혀냄으로써 하늘이 준 처음의 본연으로 되돌아가야 한다.

　배움이란 다른 것이 아니다. 탁한 기질을 청산하고, 인간적인 욕심을 제거하고, 하늘이 준 「명덕」을 계발하고 발현하는 것이다. 즉 본연의 「선 본성」으로 되돌아가는 것이다. 동양의 학문정신은 곧 「선 본성」을 계발하고, 윤리 도덕 효도를 실천하고, 모든 사람에게 인애(仁愛)를 베풀고 인덕(仁德)을 세움이다.

【참고 보충】 명덕의 형상과 작용

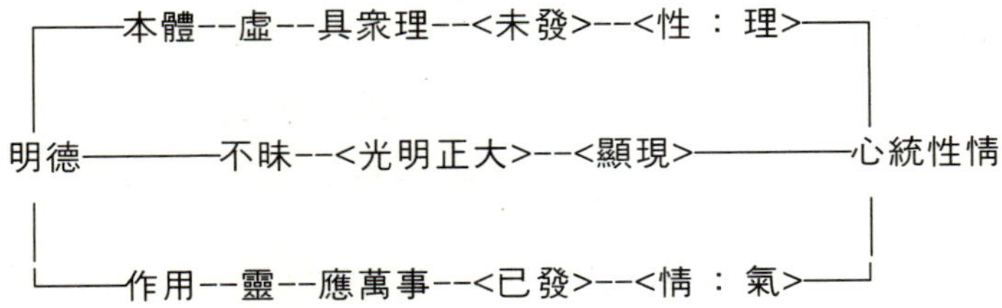

　주자는 다시 명덕과 이(理)와 기(氣)의 관계를 대학혹문(大學或問)에서 다음과 같이 말했다.

　「천도가 유행하여 만물이 발육한다. 그 조화의 바탕은 음양 오행이다. 그리고 음양 오행도 그에 해당하는 이가 있고 뒤따라 그에 해당하는 기가 있기 마련이다」151)

「오직 사람만이 하늘로부터 태어날 때에 바르고 또 잘 통하는 기를 받았다. 그러므로 인간의 본성이 가장 귀하며, 한 치 크기의 작은 마음속에 <체(體)로서는 허(虛)하나, 용(用)으로서는 영특한> 명덕(明德)이 있어 만물을 통찰하고 만사에 대응할 모든 이치를 구비하고 있다. 이것이 바로 사람이 금수와 다른 점이다. 아울러 요임금 순임금과 같이 능히 하늘땅과 어울려 만물의 생육화성(生育化成)을 도울 수 있는 까닭이기도 하다. 그것이 바로 명덕이다.」152)

또 주자는 말했다. 「하늘로부터 얻은 광명정대한 것을 명덕이라 한다.」153)

주자는 또 명덕은 곧 「인의예지(仁義禮智)」의 도덕성이라고 말했다. 사람은 누구나 하늘이 준 명덕을 지니고 있다. 자신에게 명덕이 있음을 깨닫고 명덕을 밝게 나타내는 도덕생활을 해야 비로소 사람이라고 말할 수 있다.

---

151) 天道流行 發育萬物 其所以爲造化者 陰陽五行而已 而所謂陰陽五行者 又
　　必有是理 以後有是氣.
152) 惟人之生 乃得其氣之正而且通者 而其性爲最貴 故方寸之間 虛靈洞徹 萬
　　理咸備 蓋其所以異於禽獸者 正在於此 而其所以可爲堯舜 而能參天地以贊
　　化育者 亦不外焉 是則所謂明德者也. <大學或問>
153) 有得於天 而光明正大者 謂之明德.

그런데 오늘의 정치는 동물적 욕심을 채우기 위하여 간교한 술책이나 폭력을 휘두르는 것을 전부라고 착각하고 있다. 그러면서도 창피한 줄 모르니 한심스러울 따름이다.

관자(管子)는 예의염치(禮義廉恥)를 국가의 네 기둥이라고 했다. 예(禮)는 천리(天理)를 따르고 실천한다[履]는 뜻이다. 의(義)는 천도를 따라 올바르게 행함이다. 염(廉)은 청렴결백하다는 뜻이다. 치(恥)는 자신의 잘못을 수치스럽게 여긴다는 뜻이다. 국가를 지탱하는 도덕적 네 기둥 중에서 치(恥)가 마지막 기둥이다.

그런데도 오늘의 많은 지식인들이 금수보다 못한 존재이면서도 수치를 모르니 참으로 통탄하지 않을 수 없다.

⑶ 친민(親民)은 곧 신민(新民)이다

예기(禮記) 대학편의 원문은 친민(親民)으로 적혀 있다. 이것을 주자는 대학장구(大學章句)에서 정자(程子)의 설을 따라 신민(新民)으로 고쳤다.

친민(親民)은 백성을 사랑한다는 뜻이고, 신민(新民)은 백성을 새롭게 혁신한다는 뜻이다.

성리학자들이 왜 「친애(親愛)」와 「혁신(革新)」을 연결했는지 그 깊은 뜻을 살펴야 한다.

자연만물을 사랑하는 하늘은 만물을 새롭게 태어나게 한다. 그것이 만물을 사랑하는 하늘의 도리이다.

대학에 있다. 「날로 날로 새롭게 된다.(日日新)」 시간이 가고, 날과 달과 해가 바뀜에 따라 우주 천지 만물이 새롭게 생성 변화 발전한다. 그것이 하늘의 조화이고 도리이다. 사람도 천도를 따라 남을 사랑하면 반드시 남으로 하여금 과거의 낡은 허물을 벗고 새롭게 태어나도록 가르치고 인도해서 훌륭한 사람되게 해야 한다. 이렇게 해서 인류의 역사와 문화가 세세 대대로 새롭게 발전하는 것이다. 인간의 사랑 중에 가장 순수하고 고결한 사랑이 부모의 사랑이다. 부모는 진정으로 자식을 사랑하기 때문에, 자식을 보다 새롭고 더 좋은 사람되게 하기 위하여 엄하게 훈육한다.

훌륭한 사람이란 동물적 욕구를 억제하고 본연의 「선 본성 = 명덕」을 밝히는 사람이다. 그러기 위해서는 잘 배우고 힘겨운 훈련을 해야 한다. 동물적 본능대로 살면 훌륭한 사람이 되지 못한다. 주자의 대학에 대한 풀이 속에는 천도(天道)의 「생명 철학적 발전관」이 내포되어 있다.

주자는 주에서 말했다. 「새롭게 한다는 뜻은 과거의 결함이나 때를 제거하고 새롭게 혁신케 한다는 뜻이다. 즉 내 자신이 먼저 자신의 명덕을 밝히면 마땅히 남에게도 덕을 미치게 해야 하며, 그들도 자기들의 낡은 오염된 때나 허물을 제거하게 한다는 뜻이다.」 [154]

---

[154] 新者 革其舊之謂也 言旣自明其明德 又當推以及人 使之亦有以去其舊染 之汚也.

기타 성리학자들의 설을 몇 개 더 들겠다. 「<하늘이 준 본연의 명덕을 밝힌다 함은> 모든 사람에게 공통되며, 나에게만 적용되는 것이 아니다. 먼저 나 자신이 명덕을 밝혔으면 마땅히 남에게도 미치게 해야 한다. 남들이 기질이나 욕심 때문에 <본연의 명덕을> 어둡게 흐리고 있는 것을 본다면 어찌 측은하지 않으랴. 그러므로 그들도 새롭게 혁신시켜 주려고 하는 것이다.」 155)

노옥계(盧玉溪)는 이렇게 말했다. 「백성을 새롭게 혁신함은 모든 사람들로 하여금 저마다의 명덕을 밝히게 함이다. 모든 백성들이 혁신되고, 저마다의 명덕을 다 밝혀야 비로소 <임금이나 성군도> 자신의 명덕을 천하에 밝힐 수가 있다.」 156)

진정한 사랑은 상대를 새 사람 되게 가르치고 인도하여 종국적으로는 훌륭한 사람되게 함이다.

⑷ 지어지선(止於至善)에 대한 주자의 풀이

먼저 주자의 주를 보겠다. 「멈춤이라고 한 것은, 먼저 반드시 그 경지에 도달해야 한다. 그리고 그 경지에서 벗어나지 않는다는 뜻이다.」 157)

---

155) 朱子曰 此理人所均有非我所得私 旣自明其德 須當推以及人 見人爲氣與
  欲所昏 豈不惻然 欲有以新之.
156) 玉溪盧氏曰 新民是要人人皆明明德 民無不新 則民之明德無不明 而我之
  明德 明於天下矣.
157) .止者 必至於是 而不遷之意.

「지극한 선은 곧 사물의 도리에 있어 가장 합당한 최고의 경지를 말한다.」158)

「즉 명덕을 밝히거나 백성을 새롭게 하거나 다 마땅히 지선의 경지에 도달하고 다른 곳으로 옮기지 않음을 말한 것이다.」159)

대전주(大全注)의 풀이를 몇 개 더 추가하겠다. 주자는 말했다. 「앞에서는 지(止)라 했고, 뒤에서는 지(至)라 했다. 그 뜻은 먼저 최고선의 경지에 곧바로 가고, 다음에 그 곳에 머물러 있으라는 뜻이다. 그러므로 군자는 <어떠한 경우, 혹은 무슨 일을 처리할 때에도> 최고선의 경지에 도달하거나 혹은 최고선의 법도를 따르고 지켜야 한다.」160)

「<최고선의> 경지에 도달하지 못하면 반드시 먼저 도달하기를 구해야 한다. 그 경지에 도달했으면 부당하게 이곳저곳으로 옮아가지 말아야 한다. 그와 같은 경지에 도달하고 또 안주하지 못하면 지(止)라 할 수가 없다. 그와 같은 경지에 도달하고도 끝까지 지키지 못하면 역시 지(止)라 할 수가 없다.」161)

「지선, 즉 최고선이란 모든 사물의 가장 좋은 도리를 십분 다

---

158) 至善 則事理當然之極也.

159) 言明明德 新民 皆當止於至善之地 而不遷.

160) 朱子曰 說一箇止字 又說一箇至字 直是要到那極至處 而後止 故曰君子無
　　所不用其極也.

161) 未至其地 則必求其至 旣至其地 則不當遷動 而之他也 未至此便住 不可
　　謂止 至此不能守 亦不可謂止.

278

한다는 뜻이다. <모든 사물을 처리하고 행함에 있어> 가장 좋은 경지에 가서 머물러야 한다. 그래야 비로소 선과 내가 하나가 되는 것이다. 만약에 그 경지에 가서 머무르지 못하면 즉 선은 선대로 있고, 나는 나대로 있게 된다.」162)

「지어지선(止於至善)」은 앞의 「명명덕(明明德)」 및 「친민(親民) = 신민(新民)」에 두루 걸치며, 중용(中庸)의 택선고집(擇善固執)과 같은 뜻이다. 이를 논어(論語)에서는 수사선도(守死善道)라고 했다.

주자는 다음과 같이 말했다. 「명덕을 밝히는 것이나 백성을 사랑하고 새롭게 교화하는 일이나 다 지선의 경지에 가서 머물러야 한다. 즉 반드시 하늘 도리의 극치를 다하고 털끝만큼의 사사로운 욕심도 없게 해야 한다.」163)

주자가 말하는 최고선, 즉 지선의 뜻은 넓다. 그는 「모든 사리에 있어 당연의 극치(事理當然之極)」라고 풀이했다. 이 때의 극(極)은 「바로 그 자체, 혹은 가장 합당한 도리나 법칙」의 뜻이기도 하다. 식물을 재배할 때에는 식물의 도리로써 재배하고, 가축을 기를 때에는 동물의 도리로써 키우고, 어버이를 섬길 때에는 효의 도리를 다하는 것이 지선에 머무름이다.

---

162) 至善 如言極好道理十分盡頭 善在那裏 須去止他 止則善與我一 未能止 善自善 我自我.

163) 蓋必其有以盡夫天理之極 而無一毫人欲之私也.

주자가 말하는 지선(至善), 즉 지극한 선 혹은 최고선의 경지는 곧 모든 사람이 일상생활에서 행하거나 또는 사물을 처리할 때에 지킬 가장 좋은 도리를 따르라는 뜻이다. 자식이 부모에게 효도하는 것이 지선이다. 학생이 공부하는 것이 지선이다. 사람이 서로 사랑하고 협동하는 것이 지선이다. 농부가 때맞추어 부지런히 농사짓고 많은 곡식을 거두는 것이 지선이다. 과학자가 자연법칙을 활용해서 과학적 성과를 올리고 또 그 성과를 선용(善用)하는 것이 지선이다. 정치가가 천도를 따라 만민을 잘 살게 해주는 것이 지선이다.

선 본성(善本性)과 도덕성(道德性)을 타고 난 사람은 지선의 도리를 지키고 실천하면서 사는 것이 본성에도 맞고 또 자연스럽기도 할 것이다.

반대로 남을 살상하고 남의 재물을 탈취하는 악덕은 인간의 선 본성과 천도에 어긋나고 무도한 짓이다. 따라서 그와 같은 악덕한 삶을 살기가 더 힘이 드는 것이다.

【참고 보충】 삼강령과 수기치인

修己(자기 수양)	治人(남을 잘 살게 다스림)
明明德(먼저 나의 명덕을 밝힘)	親民=新民(만민을 친애하고 혁신해서 명덕을 밝힘. 저마다의 명덕을 밝히게 함).
止於至善 (나와 만민이 함께 지선의 경지에 가서 머무름)	

제4장 대학의 팔조목(八條目)

(1) 팔조목과 덕치의 단계

<1> 팔조목의 원문과 한글풀이

① **古之欲明明德於天下者 先治其國** (고지욕명명덕어천하자 는 선치기국 하고)

② **欲治其國者 先齊其家** (욕치기국자 는 선제기가 하고)

③ **欲齊其家者 先修其身** (욕제기가자 는 선수기신 하고)

④ **欲修其身者 先正其心** (욕수기신자 는 선정기심 하고)

⑤ **欲正其心者 先誠其意** (욕정기심자 는 선성기의 하고)

⑥ **欲誠其意者 先致其知** (욕성기의자 는 선치기지 하니)

⑦ **致知在格物**. (치지 는 재격물 하니라).

옛날의 명덕을 천하에 밝히고자 한 성왕(聖王)은 먼저 자신의 나라를 잘 다스렸으며,

그 나라를 잘 다스리고자 한 사람은 먼저 자신의 집안을 가지런하게 했으며,

그 집안을 가지런하게 하고자 한 사람은 먼저 자신의 몸을 닦았으며,

그 몸을 닦고자 한 사람은 먼저 자신의 마음을 바르게 했으며,

그 마음을 바르게 하고자 한 사람은 먼저 자신의 뜻을 성실하게 했으며,

그 뜻을 성실하게 하고자 한 사람은 먼저 자신의 앎을 바르게 했다.

바른 앎은 사물에 대한 도리를 잘 파악해야 한다.

<2> 덕치의 여덟 단계

주자는 삼강령을 달성하는 여덟 단계를 「대학의 팔조목(八條目)」이라고 일컬었다. 그 여덟 단계는 다음과 같다.

① 덕치의 최고 목표는 평천하(平天下)다.

② 평천하를 하기 위해서는 먼저 치국(治國)해야 하고,

③ 치국하기 위해서는 먼저 제가(齊家)해야 하고,

④ 제가하기 위해서는 먼저 수신(修身)해야 하고,

⑤ 수신하기 위해서는 먼저 정심(正心)해야 하고,

⑥ 정심하기 위해서는 먼저 성의(誠意)해야 하고,

⑦ 성의하기 위해서는 먼저 치지(致知)해야 하고,

⑧ 치지의 바탕은 격물(格物)이다.

이 같은 전제조건을 바탕으로 하고 단계적으로 올라가면 다음과 같이 된다.

「격물(格物)→치지(致知)→성의(誠意)→정심(正心)→

수신(修身)→제가(齊家)→치국(治國)→평천하(平天下)」

<3> 삼강령과 팔조목과의 관계

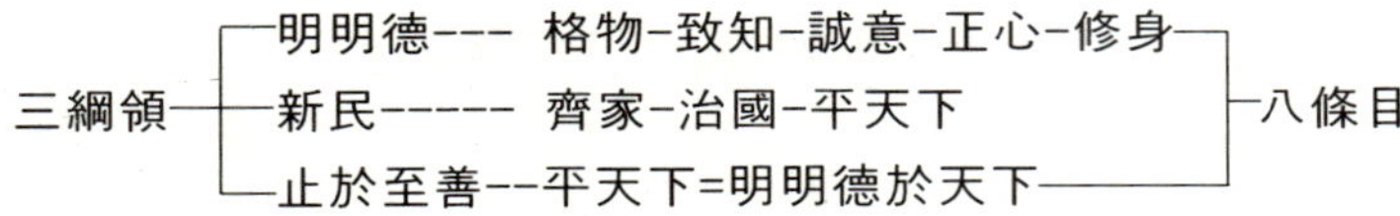

이상을 수기치인(修己治人) 및 내성외왕(內聖外王)과 연계하면 다음과 같이 된다.

「격물-치지-성의-정심-수신」은 「수기(修己), 내성(內聖)」의 경지이다.

「제가-치국-평천하」는 「치인(治人), 외왕(外王)」의 경지이다.

「수기치인」은 먼저 자신을 수양하고 다음에 남들을 잘 살게 다스린다는 뜻이다. 「내성외왕」은 속에 성심(聖心)을 지니고 밖으로 왕도덕치를 편다는 뜻이다.

⑵ 팔조목에 대한 주자의 풀이와 사상

<1>「명덕을 천하에 밝히다(明明德於天下者)」의 깊은 뜻

주자는 「명덕을 천하에 밝힌다고 함은 곧 천하 만민들로 하여금 저마다 하늘로부터 받은 명덕을 밝히게 함이다.」라고 주했다.164)

천하 만민이 명덕을 밝힌 상태가 곧 평천하(平天下)이다. 참사

---

164) 明明德於天下者 使天下之人 皆有以明其明德也.

랑으로 만민을 교화해서 새롭게 혁신하는 것이 덕치이다. 덕치는 곧 정치 지도자가 먼저 명덕을 밝히고 더 나아가 백성들을 교화해서 그들도 명덕을 밝히게 하는 다스림이다.

백성 사랑은 곧 백성을 혁신함이다(親民 = 新民). 백성을 혁신해서 저마다 훌륭한 사람이 되게 함이다.

위정자만 성인이나 군자가 되고 백성들은 무지몽매한 상태로 남아 있는 것은 좋은 다스림이 아니다.

여기서 말하는 「명명덕(明明德)」은 「정치 지도자 자신의 명명덕과 만민들의 명명덕」을 합친 뜻이다.

삼강령에서 말한 명명덕은 체(體)이고 신민은 용(用)이다. 그러므로 여기서 말하는 명명덕은 체용(體用)을 겸한 것이다. 덕 있는 정치 지도자가 지니고 있는 본체로서의 명덕은 반드시 밝게 나타나야 하며, 그것은 곧 「친민(親民) = 신민(新民)」이 된다. 즉 체용(體用)이 실질적으로 열매를 맺음이다.

<2> 심(心)과 의(意)의 뜻

주자는 마음(心)을 다음과 같이 풀이했다.

「마음은 몸의 주체다.」[165]

사람은 몸으로 활동하고 사물을 처리한다. 그 몸은 보이지 않는 마음을 바탕으로 하고 움직이고 또 행동한다. 마음이 착하면 착하

---

165) 心者 身之所主也.

게 행동하고 반대로 마음이 악하면 악하게 행동한다. 즉 마음이 몸의 주인이다. 또 성리학에서는 「마음은 이성과 감정을 통솔한다.(心統性情)」라고 말한다.

성(性)은 「선 본성」이다. 그 속에 영특한 지성과 도덕성이 다 내재해 있다. 그러므로 「성(性)」은 곧 「형이상의 하늘의 도리나 사물의 이치나 혹은 윤리 도덕적 규범 등의 이(理)」를 터득하고 따르는 「이성 혹은 도덕성」이다. 대학의 「명덕」도 성이다.

한편 정(情)은 기(氣)에 속한다. 「기」는 사람을 포함한 만물을 형성하고 있는 미세한 물체이다. 오늘의 과학에서는 「기」를 「세포, 미립자, 원자, 분자」라고 한다.

이들 「기」가 모여서 인간의 육신 및 만물의 형체를 구성한다. 아울러 만물은 「기」를 바탕으로 「생성 변화」한다. 「기」가 살면 생물이 살고, 「기」가 시들면 생물이 시든다.

인간의 경우, 「기」가 모여서 육신을 형성하고, 「기」가 살아 있어야 사람이 살고 활동도 한다. 바꾸어 말하면 생명이 「기」 속에 깃들어 있는 것이다.

이와 같은 「기」를 바탕으로 인간의 동물적 욕구나 감정이 발동한다. 따라서 「심통성정(心統性情)」은 「마음이 이성과 감정을 통솔한다.」는 뜻이다.

인간은 만물의 영장이다. 그러므로 동물적 본능만으로 행동하지 않고 고귀한 이성, 도덕성을 바탕으로 행동한다.

이들 양자가 바로 인간의 마음속에 함께 있는 것이다. 따라서 마음이 양자를 통솔한다고 말한 것이다. 그러므로 사람은 이성과 도덕성을 가지고 동물적 욕구나 원색적 감정을 조절 혹은 억제해야 한다.

대학의 명덕(明德)은 하늘이 준 「천도천리를 따르려는 이성적 선 본성이자 도덕성」이다. 이와 반대되는 마음이 곧 「사리사욕을 채우기 위해 남을 죽이거나 남의 나라를 침략하려는 악덕한 동물적 욕구나 과격한 감정」이다.

오늘의 정치는 아귀의 마음을 가지고 아귀의 도리를 따르고 있다. 그러므로 세계가 위기에 빠져 있는 것이다. 정치 지도자들부터 아귀의 마음이나 악덕한 욕정을 버리고, 하늘의 마음을 바탕으로 덕치를 펴야 한다. 그것이 곧 「명덕을 밝힘이다(明明德).」

의(意)에 대해서 주자는 다음과 같이 풀이했다. 「의는 마음이 발동하여 나아가는 바이다.」 166)

「마음의 발동을 진실되게 함이란 곧 자신의 뜻에 맞고 또 속히는 바 없음이다.」 167)

「의(意)」는 의욕(意慾), 즉 「목적의식(目的意識)」이다. 성의(誠意)는 목적의식을 성실하게 한다는 뜻이다. 「성실(誠實)」은 「하늘의 도리를 따라 알찬 열매를 맺고 거두다」의 뜻이다.

---

166) 意者 心之所發也.

167) 實其心之所發 欲其必自慊 而無自欺也.

286

이와 같은 진실무망(眞實無妄)한 천도를 바탕으로 성실하게 목적의식을 세워야 한다. 사리사욕이나 동물적 욕구를 바탕으로 남을 살상하고 남의 재물을 탈취하려는 악덕한 목적의식을 지녀서는 안된다. <正心과 誠意에 대해서는 뒤에서 서술함>

<3> 「격물(格物)과 치지(致知)」의 뜻

「격물 치지」는 곧 「사물을 객관적으로 관찰하고, 그 사물에 대한 도리를 바르게 알고 적용한다」는 뜻이다.

사물의 도리를 객관적으로 파악해야 그 사물을 바르게 알고 처리할 수 있다. 단 옛날의 성리학자들이 주장한 「사물의 도리를 객관적으로 파악함」은 물론 오늘의 자연과학적 파악과는 다른 것이다.

그들이 말하는 사물의 도리도 어디까지나 우주의 법칙, 즉 시간과 공간의 법칙을 통합한 하늘의 도리를 기준으로 한 것이다.

「이를 치(致)」는 끝까지 간다는 뜻이다. 알 지(知)는 「알 식(識)」과 같은 뜻이다. 나의 지식을 끝까지 밀고 나가서 자신의 앎에 미진함이 없게 함이다.」 168)

「이를 격(格)」은 이름이다. 물(物)은 사(事)와 같은 뜻이다. 사물의 도리를 끝까지 구명하여 도달하고 <앎에 있어>이르지 못함이 없게 함이다.」 169)

---

168) 致推極也 知猶識也 推極吾之知識 欲其所知無不盡也.
169) 格至也 物猶事也 窮至事物之理 欲其極處無不到也.

⑶ 팔조목에 대한 현대적 이해

<1> 손문(**孫文**)의 말, 대학의 탁월한 정치철학

청조를 타도하고 현대 중국의 터전을 닦은 위대한 혁명가 손문 (孫文)은 그의 저서 삼민주의(三民主義)에서 다음과 같이 말했다.

「중국에는 잘 짜여진 일관된 정치철학이 있다. 다른 외국의 정치 가들이 아직도 알지 못하고 또 명석하게 말하지도 못했던 탁월한 정치철학이다.

「그것은 대학의 '격물-치지-성의-정심-수신-제가-치국-평천 하'의 팔조목이다.

그것은 사람에게 내재하고 있는 명덕을 밖으로 발현하고 동시 에 내재하는 선을 밖으로 발현하여 세계평화를 실현하자는 이론 이다.

이와 같이 정밀하게 짜여지고 확장·전개되는 정치이론은 그 어떤 외국의 철학가들도 천명하지 못한 바로, 오직 중국만이 지니 고 있는 보배스러운 정치철학이며 따라서 마땅히 잘 보존되어야 할 것이다.」 <三民主義>

사람은 절대로 혼자서는 태어날 수도 없고 또 살지도 못한다. 반드시 남과의 어울림 속에서 생활하고 발전하게 마련이다.

즉 가정, 사회, 국가 세계라는 공동체를 꾸미고 그 속에서 서로 어울려 살아야 한다. 그러므로 잘 어울리고 또 함께 잘 살기 위한 사회적 행동규범으로 윤리 도덕이 있는 것이다.

인간사회에는 여러 종류의 집단과 공동체가 있으며 저마다 규범이나 법규가 있다. 회사에는 사규(社規)가 있고 국가에는 국법이 있다.

그러나 그 모든 규칙이나 법률이 절대선인 하늘의 도리를 따라야 한다. 그것을 도덕적이라고 한다. 천도를 기준으로 하지 않고 악덕한 인간을 기준으로 하면 비도덕적 규범이 된다.

한편 오랜 역사적 발전을 이어오고 있는 인류사회는 현 단계로서는 국가를 가장 구속력이 강한 공동체로 간주하고 있다. 따라서 국가 정치는 각 개개인의 운명을 절대적으로 지배하고 있다.

그런데 오늘의 모든 국가의 권력과 정치가 비윤리적이고 비도덕적이다. 즉 혹심한 국가적 이기주의에 빠져 이기주의적 부국강병(富國强兵)만을 추구하고 있으며, 이에 온갖 악덕과 병폐가 발생하고 마침내는 인류를 심각한 위기에 빠뜨리게 하고 있는 것이다. 이래서는 안 된다. 인류를 구제하고 진정한 세계평화를 달성하기 위해서는 모든 나라의 정치가 도덕화되어야 한다. 그와 같은 도덕정치의 핵심이 바로 대학의 삼강령과 팔조목이다. 다음에서 팔조목을 나누어 설명하겠다.

대학의 정신과 정치철학을 깊이 알고 그것을 현대적으로 활용하자. 그래야 우리는 오늘의 위기도 극복하고 사해일가(四海一家)의 진정한 평화세계도 창건할 수 있을 것이다.

<2> 평천하(平天下), 진정한 평화세계의 구현

「평천하」는 곧 평화세계의 구현(具現)이다. 인류가 하나의 지구촌을 형성하고 모든 민족이 고르게 행복을 누리는 세계를 현실적으로 건설해야 한다.

그러기 위해서는 강대국을 위시하여 모든 나라가 약육강식(弱肉強食)의 피비린내나는 무력적 이기주의적 쟁탈의 악덕정치를 지양해야 한다.

그리고 진정한 인류애를 바탕으로 과학기술, 재물 및 지능과 조직을 선용함으로써 인류대동(人類大同)의 이상을 구현할 수 있는 것이다.

도덕정치의 기준은 절대선인 하늘과 하늘의 도리이다. 하늘은 공간과 시간을 통합한 절대이며, 하늘의 도리, 즉 천도는 시간의 흐름에 따라 공간적으로 만물이 창조되고 더욱 발전하는 절대선의 도리이다.

그 속에는 자연과학의 법칙은 물론 문화의 창조와 역사의 발전법칙도 포함된다.

천도는 광명정대하고 공평무사하고 영구불변한 진리다. 그것은 자연 만물과의 조화 속에서 모든 사람이 고르게 잘 살 수 있는 도리이다.

절대선의 진리를 따르는 도덕정치를 펴야 인류가 고르게 행복을 누리는 하나의 평화세계를 창건할 수 있다.

도덕정치는 재래의 인간의 탐욕을 기준으로 한 타락한 사악한 악덕정치와는 정반대가 된다.

그것이 곧 공자가 말한 「바른 다스림(正治)」이다. 그러므로 도덕정치를 펴기 위해서는 우선 지도자가 최고의 유덕자(有德者)가 되어야 한다.

지도자 자신이 솔선해서 명덕을 밝히고 이어 모든 사람들의 명덕을 밝히게 해야 한다. 그러므로 도덕정치는 사랑과 교화를 바탕으로 한다.

그러나 많은 지식인들이 「대학지도(大學之道)」를 모르고 덮어놓고 부정하려고 한다. 즉 그것은 이상에 불과하며, 실현 불가능하다고 부정한다. 그리고 악덕정치만을 고집한다.

그러한 태도를 맹자는 자포자기(自暴自棄)라고 말했다. 사람은 「선 본성」을 지니고 있다. 바르게 교육하면 누구나 착한 사람이 된다. 착한 사람이 많으면 덕치를 펼 수 있다.

<3> 치국(治國), 바른 정치

평화세계를 창건하기 위해서는 먼저 모든 나라가 천도를 바탕으로 도덕정치를 펴야 한다. 맹자는 다음과 같이 말했다.

「천하의 바탕은 나라에 있고, 나라의 바탕은 집안에 있고 집안의 바탕은 개인에 있다.」 170)

---

170) 天下之本在國 國之本在家 家之本在身. <離妻 上>

공자가 「다스림은 바르게 함이다(政者正也)」라고 말한 것과 같이, 도덕정치는 곧 천도와 하나가 된 정치를 말한다. 오늘의 국제정치는 무력이나 권모술수를 바탕으로 한 악덕정치이다.

지구상에는 약 6천 년 전부터 수많은 나라들이 흥망성쇠를 거듭해 왔으며 오늘에도 약 180개의 크고 작은 국가들이 음으로 양으로 약육강식의 싸움을 벌이고 있다.

만약에 밀리고 패하면 나라가 망하고 국민들은 비참하게 된다. 그러므로 세계의 모든 나라들은 부국강병(富國强兵)에 전력을 기울이고 있다.

이에 모든 국가들도 「국가절대주의」에 빠져 개개인의 권익보다 국가적 차원의 부강을 절대시하게 마련이며, 따라서 국가권력이 절대화되고 국민을 일방적으로 억압 유린하는 폭군적 괴물로 전락하게 되었다.

한편 치열한 경쟁을 벌이고 있는 국제사회는 겉으로는 평화와 협동을 내세우고 있으나 속으로는 음흉한 사리사욕을 채우려는 술책에 골몰하고 있다.

이에 전 세계의 모든 국가들은 혹심한 이기적 국가 절대주의(利己的 國家絶對主義)에 빠져 서로 쟁탈하며 심각한 위기를 조성하고 있는 것이다.

국내적으로는 금전과 폭력 만능주의가 판을 치고 있다. 이에 모든 국민 대중과 청소년들이 도덕적으로 타락하고, 관능적 쾌락만을 추구하는 동물적 삶만을 살고 있다. 그러므로 날로 청소년의 범죄가 증가하고 패륜아들이 속출하고 있다.

국가의 정치가 윤리 도덕적으로 바로잡혀야 한다. 옛날의 성인이 예기(禮記)에서 말했다. 「인간이 동물이나 물질적 존재로 전락하는 까닭은 하늘의 도리를 무시하고 오직 인간적 욕심만을 끝없이 추구하기 때문이다.」 171)

대학에도 다음과 같은 말이 있다. 「근본이 되는 덕을 밖으로 내몰고 말단이 되는 재물을 안 주인으로 높이면 사람들이 서로 싸우고 쟁탈하게 된다.」 172)

이상의 말은 이미 2천 년 전에 성현들이 흡사 오늘의 위기를 예견하고 딱 떨어지게 경고한 것이나 같다고 하겠다.

도덕정치를 펴기 위해서는 유덕자(有德者)를 지도자로 받들어야 한다. 그래야 그가 먼저 명덕을 밝히고 다음에 백성들을 사랑으로 교화해서 저마다의 명덕을 밝혀내게 할 것이다. 그리고 종국에는 모두가 함께 지극한 선의 경지에 머무를 수 있을 것이다.

도덕정치는 다음과 같은 정치다.

① 절대선인 천도를 기준으로 한다.

② 동류의식을 바탕으로 하고 서로 사랑하고 협동한다.

③ 과학 기술 재물 등을 선용하고 그 혜택이 모든 사람에게 고르

---

171) 人化物者 滅天理 而窮人欲者也.

172) 外本內末 爭民施奪.

게 미치게 한다.

④ 역사와 문화를 더욱 창조적으로 발전케 한다.

이상과 같은 도덕정치를 공자는 「하나에 가서 머무는 바른 정치(正治)」라 했다. 이를 대학에서는 「대학지도(大學之道)」라고 했다. 이를 일반적으로는 왕도덕치(王道德治)라고도 말한다.

진실무망(眞實無妄)한 하늘과 하나되고 아울러 광명정대하고 공평무사하고 영구불변하는 진리를 따르는 덕치를 세계적으로 확대하면 곧 「평천하(平天下)」를 이룰 수 있다.

진정한 세계평화를 구현시키기 위해서는 권모술수를 농하는 소인배가 아닌 대인(大人)이 지도자가 되어야 한다.

<4> 제가(齊家), 가정의 화목과 흥성

가정은 사회 혹은 공동체의 기본 단위이다. 동시에 가정은 인간을 실체로 한 소우주이기도 하다.

우주는 공간과 시간의 통합체이다. 우(宇)는 상하 사방(上下四方) 즉 공간을 말하고, 주(宙)는 왕고래금(往古來今) 즉 시간을 뜻한다.

가정에서의 「부모-자기-자식」으로 이어지는 인간관계는 종적 시간적 계승이고, 「형님-자기-아우」로 펼쳐지는 관계는 횡적 공간적 확대이다. 그러므로 가정을 소우주라고 한다.

공동체의 기본인 가정이 건전해야 국가나 세계도 건전하게 발달한다. 건전한 가정이란 어떠한 가정인가? 가장을 중심으로 해서

294

모든 가족이 하나로 뭉쳐 서로 사랑하고 힘을 합쳐 생산적으로 집안을 흥성케 하는 가정이다.

우주를 비롯하여 천지 만물은 하나의 핵심을 중심으로 생성 변화 발전하고 있다. 그것이 하늘의 도리이다. 그러므로 가정에서도 가장을 중심으로 온 가족이 종적(縱的) 횡적(橫的)으로 뭉쳐야 한다. 동시에 개인보다도 집안 전체를 위해야 한다. 즉 소아(小我)를 초월하여 대아(大我)를 살리는 경지에서 일가를 발전시켜야 한다.

가정은 공동생활의 기본훈련장이다. 따라서 가정은 윤리 도덕 실천 교육의 현장이 되어야 한다. 그래야 모든 가족이 저마다의 위상(位相)에서 윤리 도덕을 실천하고 각자의 기능을 발휘하여 생산적으로 집안을 흥성케 하는 데 일치 단결할 것이다. 그렇게 하는 것이 곧 저마다의 명덕(明德)을 밝히는 것이기도 하다.

가정교육의 기본 핵심이 효도이다. 효도가 몸에 익어야 사회나 국가에도 충성을 바치고 대의를 위해 성실하게 일할 수 있다. 가정에서 불효한 인간은 사회나 국가에서도 반역자 혹은 난동자가 되기 마련이다. 논어에서 유자는 「효제가 인을 이룩하는 근본이다.」173)라고 말했다. 또 십팔사략에(十八史略)는 「충신은 반드시 효자의 가문에서 구한다.」174)라는 말도 있다.

---

173) 孝悌也者 爲仁之本.
174) 求忠臣 必於孝子之門.

대학에서 말하는 「집 가(家)」에는 작은 뜻과 큰 뜻이 다 포함된다. 직계가족이 모여 사는 가정의 뜻과, 일가 친척을 포함한 문중 전체, 더 크게는 종족(宗族), 씨족(氏族)사회 혹은 제후(諸侯)가 다스리던 제후국의 뜻까지 다 포함시킬 수 있다.

「가지런할 제(齊)」는 고르게 하다, 평등하게 한다는 뜻이다. 그러나 각자가 저마다의 위상에 따라 권리와 의무와 책임을 나누어 갖고 또 혜택을 고르게 누린다는 뜻도 있다. 윤리 실천에 있어 「아버지는 자애를 베풀고 자식은 효성하고(父慈子孝), 형은 사랑하고 아우는 공경하고(兄愛弟恭), 남편은 부드럽고 아내는 순종하는(夫和婦順)」 것이 곧 「가지런하게 함」이다.

직책이나 직분상으로도 어른과 아이, 남자와 여자가 저마다의 위상에서 적합하게 책임을 지고 자기의 몫을 수행해야 한다. 재물이나 복락을 향유함에 있어서도 어린아이와 어른의 밥그릇의 크기가 다르듯이 각자의 위상에 따라 적합하게 분배해야 한다.

「제(齊)」는 무조건 일률적으로 등분한다는 뜻이 아니다. 남을 사랑함에 있어서도 부모 형제에 대한 육친애와 이웃에 대한 인인애(隣人愛) 간에는 차등이 있다. 「제가」는 결국 가족 모두가 저마다의 명덕을 밝히고 화목한다는 뜻이다.

<5> 수신(修身), 자기수양과 인격완성

수신을 수양이라고도 한다. 그러나 엄격히 따지면 약간 다르다. 수신(修身)은 몸을 닦고 행실을 바르게 한다는 뜻이고, 수양(修養)

296

은 주로 심성을 함양하고 덕을 높인다는 뜻이다.

마음이 몸의 주체다. 그러므로 수양이 수신의 전제가 된다. 여기서 말하는 수신은 양자를 다 포함한 뜻이다.

수신은 곧 인격도야(人格陶冶)이다. 인격(人格)의 격(格)은 「도달(到達)」의 뜻이다. 즉 성품이나 덕행이 하늘의 경지에 도달한 사람을 인격자라고 한다. 도야(陶冶)는 마음을 닦고 덕을 기른다는 뜻이다.

결국 「인격도야」는 마음과 몸, 지(知)와 행(行)이 절대선인 천도와 하나되게 노력하는 것이다. 그 결과 자기의 심성, 생각 및 행실이 어느 정도 천도와 일치하게 되면 「인격완성」이라고 한다.

인격은 한 사람을 단위로 한다. 그러므로 각자가 저마다의 인격을 도야하고 완성해야 한다. 아버지는 인격자이지만 그의 아들은 인격자가 아닐 수도 있다. 형은 인격자이지만 동생은 비인격자 일 수도 있다. 그러므로 인격은 각자가 도야하고 완성해야 한다.

마음을 닦고 덕을 높이는 기준은 절대선인 하늘과 하늘의 도리이다. 먼저 하늘로부터 받은 「착한 본성(善本性)=밝은 덕성(明德)」을 계발(啓發)해야 한다. 다음에는 「계발된 착한 마음과 명덕」을 실천해서 덕행으로 나타나게 해야 한다.

이들은 모두 바른 학습과 엄한 훈련으로 이루어진다. 그러므로 어려서부터 가정에서는 효도와 우애를 행하고, 사회에서는 예의범절을 지키고, 윤리 도덕을 실천해야 한다.

자기수양, 심성함양, 인격도야 및 인격완성은 바른 학습과 엄한 훈련을 통해서만 이루어진다.

천도를 인식하고 실천하는 주체는 바로 「나」 자신이다. 내가 알고 내가 행해야 한다. 천도를 알고 행해서 좋은 성과를 거두는 것이 인격완성이며, 그것은 곧 「나의 명덕」을 밝힘이다.

천지인(天地人)을 삼재(三才)라 한다. 하늘과 땅만으로는 문화적 발전이 이루어지지 않는다. 사람이 하늘의 도리를 깨닫고 또 실제적 행동적으로 활용함으로써 땅위에 문화적 성과를 거두기 마련이다. 이것을 천도(天道)·인행(人行)·지덕(地德)이라고 한다. 심성함양 인격도야의 목적은 지덕을 세우는 것이다.

한편 하늘과 땅은 영원하고 광대하지만, 한 인간은 그 크기에 있어서도 미소하고 또 시간적으로도 길어야 백 년밖에 못 사는 아주 미미한 존재이다.

그러나 오직 인간만이 만물의 영장으로 높은 의식과 능력을 가지고 있다. 만약에 사람이 없으면 천지 만물이 태고 때의 원시상태를 그대로 유지하고 있을 것이다. 사람이 있음으로 해서 문화와 역사가 창조적으로 발전하고 있는 것이다. 인간의 가치는 더없이 존엄하고 존귀하다. 이러한 존엄성이 하늘이 부여해 준 인간의 본성이기도 하다. 그것을 발휘하는 것을 대학에서는 「명덕을 밝

한다」고 했다. 그것이 곧 인격의 완성이다. 명덕을 밝히기 위해서
는 이기주의적 탐욕과 금전만능주의 혹은 순간적 육체적 향락을
극복하고 남을 돕고 함께 행복을 나누는 참사랑을 실천해야 한다.

<6> 정심(正心), 하늘과 하나된 마음

마음을 바르게 한다. 바르게 하는 기준은 절대인 하늘과 절대선
인 하늘의 도리이다. 바를 정(正)은 일(一)과 지(止)를 합한 글자로
유일무이한 하늘의 경지에 가서 머문다는 뜻이다. 이를 대학에서
는 「지어지선(止於至善)」이라고 했다.

사람의 마음은 하늘이 준 것으로 본연의 성품은 선(善)하다. 이
와 같은 선 본성(善本性)을 밝게 나타내는 것을 대학에서는 「명명
덕(明明德)」이라고 했다. 그러나 동물적 본능성과 이기적 욕심에
가리고 덮여서 흡사 선한 본성이 없는 것처럼 발현되지 않으며,
따라서 동물적 욕심만을 바탕으로 악한 행동을 하게 된다.

그러나 사람인 이상 「선 본성」은 절대로 소멸되는 법이 없다.
반드시 어느 한 구석에 살아 있다. 그러므로 항상 마음을 하늘과
하나되게 단속하고 바로잡아야 한다.

마음은 보이지도 않고 어디에 있는지도 모른다. 그러나 마음은
있다. 있을 뿐만이 아니라, 마음이 바로 몸의 주인이다.

주자는 「마음이 몸의 주인이다.」175)라고 말했다. 즉 마음이 몸
을 주재한다는 뜻이다. 그러므로 마음이 착하면 행동도 착하고,

---

175) 心者 身之主也.

마음이 악하면 행동도 악하게 된다.

「착할 선(善)」의 깊은 뜻은 하늘의 도리를 따르고 행하여 더욱 향상하고 발전함이다. 마음을 하늘이나 천도와 하나되게 해야 행동이 착하게 되고 또 역사적 문화적으로 발전하게 된다.

주자는 또 「마음은 이성과 감정을 조절한다.」176)라고 말했다. 이성은 궁극적으로는 절대선인 천도를 기준으로 해야 한다. 감정도 자연의 절주(節奏 : 리듬)를 따라 부드럽게 표현해야 한다.

천도를 따른 이성으로 이기주의적 탐욕과 금전만능주의를 극복하고 또 동물적 본능적 욕구나 폭력 및 육체적 순간적 쾌락을 억제하고 아울러 원색적 감정 표출을 제어해야 한다.

그래야 하늘이 준 명덕(明德)을 바탕으로 남을 사랑하고 협동하게 되며, 더 나아가서는 인류의 역사 문화 발전에 창조적으로 이바지하게 된다. 그것이 하늘과 하나된 참다운 바른 마음가짐이다. 마음이 바르게 잡혀야 행동도 바르고 착하게 되고 천지 만물의 창조적 발전에 가치적으로 동참하게 된다.

마음은 개인에게만 있는 것이 아니고, 사회나 국가 및 세계 같은 집단에도 있다. 즉 민족혼, 민족정신, 애국심, 국가이념 또는 인류애 등이다.

그와 같은 집단적 마음이 하늘이나 천도와 하나가 되어야 참다운 세계평화를 기대할 수 있다. 반대로 저마다의 이기주의적 탐욕

---

176) 心統性情.

을 바탕으로 하면 크고 작은 모든 공동체가 서로 분열 대립 투쟁을 하게 된다. 오늘의 세계가 바로 악덕한 집단의식을 바탕으로 서로 싸우고 있는 것이다. 그래서 난세라고 한다.

<7> 성의(誠意), 성실한 목적의식

의(意)는 목적의식이다. 그 속에는 욕구, 의지, 방향성 등이 포함되어 있다. 성(誠)은 참되고 성실하다는 뜻으로, 그 속에는 진실과 정성 등의 뜻이 포함되어 있다.

그러므로 「성기의(誠其意)」는 「자신의 목적의식을 참되고 성실하게 하다, 혹은 달성하다」로 풀이할 수 있다.

참되고 성실함의 기준은 물론 절대선인 천도이다. 따라서 「참되고 성실한 의욕」은 타락한 욕구와는 정반대가 된다.

금전만능주의에 빠져 기만이나 폭력으로 남의 재물을 탈취하려는 욕구나, 관능적 쾌락을 누리려는 욕구 등은 성실한 목적의식이 아니다. 그것은 사악한 동물적 욕구이다.

「참되고 성실한 의욕」은 순수한 창조본연의 「선 본성」에서 우러나오는 「진실무망(眞實無妄)」한 의욕, 목적의식이다. 그것은 곧 「우주를 창조하고 만물을 끝없이 번식 발전케 하는 하늘의 뜻」과 하나가 된 선의지(善意志)이기도 하다.

그것은 본래 하늘이 준 명덕(明德) 속에 있는 천지 만물을 양육하고 인류문화를 창조적으로 발전시키려는 숭고한 의지, 의욕 및 의식이기도 하다.

중용(中庸)에는 「정성으로 만물을 양육하는 것이 하늘의 도리이다.」177)라는 말이 있다.

하늘은 만물의 영장인 사람에게 하늘을 닮은 「만물을 사랑으로 양육하는 욕구」를 선천적으로 주었다. 그것이 곧 자연 만물을 사랑하고 키우려는 하늘의 뜻과 하나된 진실무망한 뜻, 즉 의욕이며, 그것이 곧 사람만이 선천적으로 지니고 있는 착하고 참된 뜻, 즉 성의(誠意)이다.

<8> 치지(致知), 참다운 인식과 학식

치지(致知)는 「참된 인식에 도달하다」의 뜻이다. 그러나 주자는 「이를 치(致)」는 「끝가지 밀고 나가다」 「알 지(知)」는 「알 식(識)과 같다」고 주를 달고 다시 「치지」를 「나의 지식을 끝까지 밀고 뻗어서 나의 앎에 미진함이 없게 함이다」178)라고 풀었다.

그러므로 「치지(致知)」를 「사물에 대한 지식과 인식을 넓히고 깊게 함이다」로 풀이할 수 있다.

인간의 지각에는 크게 두 가지가 있다. 하나는 동물적 본능을 바탕으로 한 지각이고, 다른 하나는 인간의 탁월한 본성인 명덕(明德)을 바탕으로 한 도덕적 지각이다.

양자는 같은 사물에 대한 가치관에 있어 하늘과 땅과 같은 차이가 있게 된다. 즉 전자는 대상을 나의 동물적 탐욕을 충족시키기

---

177) 誠者 天之道也.

178) 致推極也. 知猶識也. 推極吾之知識 欲其所知無不盡也.

302

위한 먹이로 간주할 것이고, 반대로 후자는 나의 명덕을 밝히는 대상, 즉 내가 사랑하고 혁신하여 함께 지선(至善)의 경지에 머물게 할 대상으로 인식하게 마련이다.

비근한 예를 들어보자. 과학기술, 재물, 인력 등에 대한 인식을 동물적 탐욕이나 사리사욕을 바탕으로 하면 개인적으로나 국가적으로나 남을 살상하는 데 악용하게 될 것이다.

그러나 숭고한 명덕을 바탕으로 인식하면 남들과 협동하여 인류 전체를 위해 더욱 생산을 높이고 또 역사와 문화를 발전케 할 것이며, 특히 그 혜택을 전 인류가 공유하게 될 것이다.

아직도 많은 사람들이 깨어나지 못하고 동물적 이기적 탐욕을 채우는 것만이 삶이라고 착각하기 때문에 오늘의 인류사회에서 개인적으로나 국가적으로나 서로 죽이면서 치열한 쟁탈전을 벌이고 있는 것이다.

그와 같은 그릇된 인식은 악덕에 직결된다. 참되고 선하고 크게 깨달아야 한다. 곧 하늘과 하늘의 도리와 하나가 된 경지에서 서로 사랑하고 협동하고 역사와 문화를 창조적으로 발전시키고 모든 인류가 행복을 누리는 평화세계를 창건해야 한다.

「서로 사랑하고 협동하면 서로 평화와 행복을 누리고, 반대로 서로 싸우고 쟁탈하면 서로 피곤하고 파멸한다.」

이러한 도리나 이치는 어린아이도 알 수 있다. 그런데 왜 인간이나 인류는 오랜 역사를 통해 서로 싸우고 죽이고 파괴하는 악덕을 거듭해 왔으며, 현재도 그 악덕에서 해탈하지 못하고 있는가?

한마디로 인간이나 인류가 아직도 참되게 알지 못하기 때문이다. 즉 인간의 본성이나 사물을 동물적 이기적 탐욕을 바탕으로 하고 인식하고 있을 뿐, 숭고한 「선 본성인 명덕」을 바탕으로 사물을 가치적으로 파악하거나 활용하고 있지 못하기 때문이다.

양지(良知)가 없기 때문이다. 그러므로 개인이나 국가나 바르게 알고 착하게 행동해야 한다. 절대인 하늘과 절대선인 하늘의 도리와 하나가 된 경지에서 사물을 인식하고 처리해야 한다. 그것이 곧 치지(致知)이다.

<9> 격물(格物), 사물의 도리를 파악

주자는 「격(格)은 이를 지(至)이고, 물(物)은 일 사(事)와 같은 뜻이다」라고 주를 달았다.

또 「격물(格物)」을 「사물의 도리를 궁구하고 끝까지 도달하지 못함이 없음이다」 [179]라고 풀이했다.

주자에 앞서 정이천(程伊川)도 「격(格)은 지(至)이다. 사물의 도리를 깊이 연구하고 도달함이다」 <遺書>라고 풀었다.

그러므로 「격물(格物)」을 「사물 자체를 객관적으로 파악하고 그 속에 있는 도리와 본질을 궁구함이다」라고 풀이할 수 있다.

이를 「즉물궁리(卽物窮理)」라고도 한다. 사람의 앎, 즉 지식이

---

179) 格至也 物猶事也 窮知事物之理 欲其極處 無不到也

나 인식은 사물을 대상으로 한다. 대상이 없으면 앎도 발생하지 않는다. 고로 앎은 사물을 전제로 한다.

사물은 물(物)과 사(事)로 나눌 수 있다. 물(物)은 공간적으로 존재하면서 시간적으로 변화하는 물질, 물체, 물건 등을 말한다. 천지간에는 무생물 유생물 등 무수한 만물이 있다.

한편 사(事)는 자연이나 인간 주변에서 일어나는 모든 현상 및 시간의 흐름에 따라 여러 가지로 변화 발생하는 역사적 사상(事象) 등을 모두 포함한다.

인간의 삶이나 인간사회의 활동은 바로 모든 사물과의 관계 속에서 이루어진다. 동시에 인류는 총체적으로 역사와 문화를 새롭게 창조적으로 발전시키기는 방향으로 나아가고 있다.

그러므로 사람은 사물을 객관적으로 바르게 파악해야 한다. 사물의 외형적 형상이나 내면적 본질 및 내재하고 있는 도리를 잘 파악해야 한다. 그래야 사물을 바르게 알고 또 활용하거나 처리할 수가 있다.

「치지 재격물(致知 在格物)」이란 곧 「사물의 외형적 위상과 아울러 내재적 본질과 도리를 사실적 과학적으로 파악해야 사물에 대한 바른 지식과 인식 및 처리를 위한 방도를 알 수 있다.」는 뜻이다.

이상이 팔조목에 대한 주자의 풀이다. 대학 경문에는 다음과 같은 말도 있다.

「사물에는 근본이 되는 것과 말단이 되는 것, 혹은 처음과 나중이 있게 마련이다. 그러므로 사물을 처리함에 있어 먼저 할 것과 나중에 할 것을 알아야 하며, 그래야 하늘의 도리에 접근하게 된다.」180)

그러므로 팔조목을 바탕이 되는 시발점에서 점차로 최종 목표를 향해 단계적으로 올라가면 다음과 같이 된다.

「사물의 도리를 깊이 파악해야 바르게 안다.

바르게 알아야 목적의식이 성실하게 된다.

목적의식이 성실해야 마음이 바르게 된다.

마음이 바르게 잡혀야 인격이 완성된다.

인격이 완성되어야 집안이 고르게 된다.

집안이 고르게 되어야 나라가 다스려진다.

나라가 다스려져야 천하가 평화롭게 된다.」181)

---

180) 物有本末 事有終始 知所先後 則近道矣.

181) 物格而后知至 知至而后意誠 意誠而后正心 正心而后身修 身修而后家齊 家齊而后國治 國治而后天下平.

제5장 덕치의 기본 수신

주자는 대학장구에서 다음과 같이 말했다.

「自天子以至於庶人이 **壹是皆以修身爲本**이니라」

　자천자이지어서인　　일시개이수신위본

「천자로부터 서민에 이르기까지 한결같이 수신을 바탕으로 삼아야 한다.」

대학에서 말하는 왕도덕치는 임금이나 백성 모든 사람의 수신을 바탕으로 해야 된다고 다짐했다. 대학의 도리는 삼강령에 있고, 삼강령은 팔조목을 따라 이루어진다. 대학의 도리의 최종목표 혹은 이상은 평천하(平天下), 즉 세계평화와 인류평등을 구현함이다.

평천하의 뜻은 크게 두 가지가 있다. 소극적으로는 천하의 모든 나라들이 서로 침략전쟁을 하지 않고 공존한다는 뜻이다. 적극적으로는 진정한 하나의 세계를 창건한다는 뜻이다. 즉 세계의 만민들이 상하를 막론하고 고르게 문화의 혜택과 경제적 부를 평등하게 누리는 대동(大同)의 이상세계(理想世界)를 창건함이다.

이와 같은 「평천하」는 최고의 통치자인 천자 한 사람만이 명덕(明德)을 밝힌다고 되는 것이 아니다. 천자와 더불어 천하 만민이 저마다의 명덕을 밝혀야 한다. 명덕을 밝히기 위해서는 수신해야 한다. 그러므로 위로는 천자로부터 아래로는 모든 서민이 다 수신을 바탕으로 해야 한다고 끝매듭을 말한 것이다.

중국의 영토는 넓고 역사적 변천에 따라 전국이 하나로 통일된 때도 있었고, 혹은 여러 나라로 나뉘어진 때도 있었다. 그러나 전통사상의 핵심인 유교에서 내세운 정치적 이상은 천하위공(天下爲公) 및 사해일가(四海一家)의 대동세계(大同世界)이다.

물론 역사적 사실로 패도(覇道)의 무력통치가 판을 친 때가 더 많았다. 그러나 사상적으로는 무력패도(武力覇道)는 항상 부정적으로 평가되어 뒷전에 숨고, 반대로 왕도덕치(王道德治)가 이상으로 추대되어 표면에 내세워졌다.

중국의 25사(史)를 돌아보면 주(周) 한(漢) 당(唐) 송(宋) 원(元) 명(明) 청(淸)등의 왕조가 대체로 천하를 통일하고 저마다 수백년간의 명맥을 유지했었다. 물론 이들 왕조들도 건국 초에는 무력으로 전 왕조를 타도하고 약소국가들을 통합하고 천하의 패권을 잡았다.

그러나 일단 건국하면 저마다 대동이상(大同理想)을 내걸고 왕도덕치(王道德治)를 구현한다고 말이나마 내세웠던 것이다.

천자는 덕을 갖춘 이상적 군주에 대한 공통적 존칭이다. 그러므로 무력으로 왕권을 탈취한 찬탈자(簒奪者)나 패왕(覇王)과는 다르다. 천자는 문자 그대로 하늘의 아들이다. 따라서 그는 절대선의

도리인 천도를 따라 만민을 인애(仁愛)하고 다스려야 했다. 실제
는 그렇지 못해도 명분상으로는 그렇게 해야 했던 것이다.

고대 중국의 사상은 하늘은 유덕자(有德者)에게 천명(天命)
을 내려 그를 하늘을 대신하는 중심으로 삼고 만민을 다스리게
한다고 믿었다. 그러나 만약에 기존의 천자가 실덕(失德)하고
백성들을 도탄에 빠뜨리면 하늘은 내렸던 천명을 거두어 다른
유덕자(有德者)에게 새로 명을 내린다고 믿었다. 이것이 곧 혁
명(革命 : 명을 바꾼다)이다. 고대 중국의 혁명사상은 하늘이
천명을 바꾸어 내린다는 뜻이다.

덕치의 근본은 결국 사람들이 저마다 스스로 수양하고 자신의
명덕을 밝힘에 있다. 그러므로 개개인이 수양하고 인격을 갖추면
그 나라가 평화롭게 잘 다스려질 것이다.

반대로 국민들이 저마다 포악무도하고 악덕하게 난동을 일삼으
면 그 나라나 사회는 악덕사회가 된다.

개개인을 교화하여 국가를 바르게 잡으려는 것이 유교의 기본
사상이다. 특히 국가나 사회의 중심적 존재가 될 군자들이 학문과
덕성을 겸비해야 한다.

중용(中庸)에는 「군자가 천도 천리를 돈독히 따르고 경건하게
받들면 천하가 태평해진다.」[182] 라고 했다.

맹자(孟子)는 「군자가 선한 도리를 지키고 몸을 닦으면 천하가

---

182) 君子篤恭 而天下平.

평화롭게 된다..」 183)라고 말했다.

유교는 인본주의 덕치주의이며 그 근본을 인간의 본성선(本性善)인 명덕(明德)을 밝게 나타내기 위한 「심성함양」과 「인격도야」에 두었다.

유교는 개인의 인격이나 존재를 무시하고 오직 군주만을 옹호하는 통치이념이라는 오해를 해서는 안 된다.

유교사상을 깊이 공부하고 바르게 알아야 한다. 유교사상이야말로 혹심한 위기에 처한 오늘의 인류를 구제할 사상이다.

【참고 보충】 수신이 중심이 된다

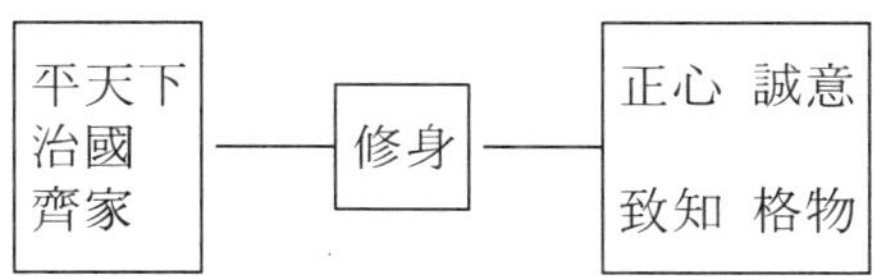

삼강령과 팔조목 및 수기치인(修己治人)과 내성외왕(內聖外王)과의 상호관계를 다시 도시하겠다.

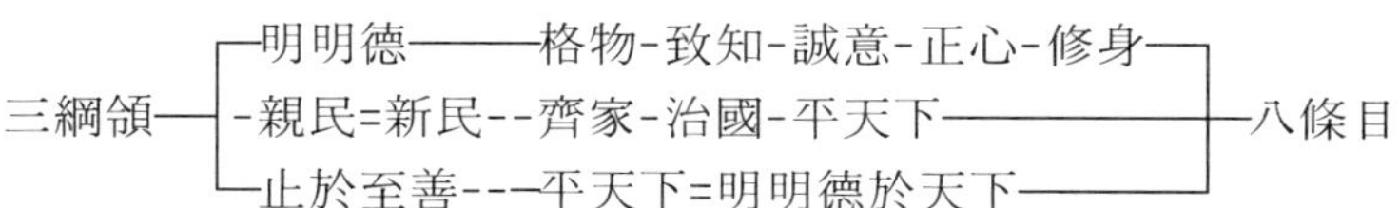

「明明德」은 세 단계가 있다.

---

183) 君子守修其身 而天下平. <盡心 下>

① 자기의 명덕을 밝히는 단계

② 남을 사랑하고 혁신하여 남의 명덕을 밝혀주는 단계

③ 나와 남이 함께 지극한 선의 경지에 도달해서 머무는 단계이다.

①은 「格物-致知-誠意-正心-修身」이고, ②의 경지는 「齊家-治國-平天下」이고, ③의 경지는 「平天下=明明德於天下」이다.

한편 수기치인(修己治人) 및 내성외왕(內聖外王)과의 관계를 다음과 같이 도시할 수 있다.

①의 경지 「格物-致知-誠意-正心-修身」은 「修己와 內聖」이고,

②의 경지 「齊家-治國-平天下」는 「治人과 外王」이다.

제8편 천인합일과 수기치인

앞에서 여러 번 강조했듯이 「나」 자신이 인식과 행동의 주체이다. 그러므로 공동체를 구성하는 모든 개개인이 바르게 알고 착하게 행동하면 그 공동체는 바르고 착하게 된다. 반대로 개개인이 악한 것을 추구하면 그 사회는 악덕사회가 될 것이다. 개개인의 심성을 함양하고 인격을 도야하는 바탕이 교육이다.

오늘의 세계는 선악시비(善惡是非)의 가치기준이 완전히 전도되고 있다. 절대선인 하늘의 도리를 따르지 않고 반대로 절대악인 수렵의 도리를 따르고 있다. 그 결과 오늘의 세계는 약육강식의 피비린내나는 아귀도의 지옥으로 전락했다.

그런데도 많은 사람들이 내면적 정신가치를 무시하고 반대로 외형적 물질가치나 무력지배만을 높이고 있다. 따라서 개인이나 국가가 저마다의 사리사욕을 채우기 위해 과학 기술 재물 등을 무기화(武器化)하고 간교한 권모술수를 농하거나 또는 무자비한 살상으로 남의 재물을 쟁취하는 데 골몰하고 있다.

이대로 가면 종국에는 파멸하고 만다. 위기를 극복하고 악덕정치를 청산하고 도의사회를 창건하기 위해서는 국민 개개인을 바르게 교육하고 각성시켜야 한다.

모든 사람의 심성을 함양하고 그들의 인격을 도야해야 한다. 결국 가정, 국가, 세계가 바르고 착한 공동체가 되기 위해서는 각자가 절대선인 하늘의 도리를 기준으로 하고 수양을 해야 한다. 제8편에서는 자기수양의 원리와 목표를 간략하게 서술하겠다.

제1장 심성함양(心性涵養)과 인격도야(人格陶冶)

(1) 정신교육과 도덕실천

인간도 동물이다. 그러므로 동물적 본능을 바탕으로 단독적인 존재로 독립된 삶을 살기도 한다. 그러나 동시에 인간은 만물의 영장으로 하늘이 내려준 「선 본성」을 바탕으로 여러 사람이 어울려 서로 사랑하고 협동하는 공동생활을 해야 한다. 따라서 윤리 도덕 효도를 실천해야 한다.

한편 육신으로 생존하는 인간은 의식주(衣食住)에 필요한 외형적 물질적 문화생활을 중하게 여겨야 한다. 그러나 만물의 영장인 인간은 다른 동물과는 차원이 다른 내면적 정신적 숭고한 삶을 살아야 한다.

동물적 생존만을 위주로 하면 사람들은 서로 물질을 쟁취하게 된다. 그러나 정신적 삶을 살게 되면 사람들은 서로 사랑하고 협동하게 된다.

오늘의 인류가 위기에 빠진 근본 원인은 국제정치가 존엄한 정신을 외면하고 오직 동물적 이기적 탐욕을 채우기 위해 「금전, 과학기술 및 사회 조직」을 무기화하고 서로 치열한 쟁탈전을 전개하고 있기 때문이다.

이에 모든 사람들이 「기계화된 무력」의 노예로 전락했으며, 따

314

라서 숭고한 정신이나 인격을 상실하고 도덕적으로 타락하고 동물적 개별적 순간적 삶만을 살고 있다.

특히 우리는 깊이 생각하고 또 착각하지 말아야 한다. 비행기를 타고 여행을 하고, 고급 호텔에 투숙하고 값비싼 음식을 먹기 때문에 동물적이 아니고 문화적이라고 착각하지 말아야 한다.

「오가고 잠자고 먹는 것」은 동물도 한다. 문제는 어떠한 일을 하느냐가 더 중요하다. 비행기를 타고 가서 남을 속이거나 남을 살상하고 남의 재물을 탈취하는 것은 동물보다 더 악덕하다.

그러한 행위는 문화적이 아니다. 주먹이나 칼로 사람을 죽이는 것이나 원자탄으로 남의 나라를 파괴하는 것이나 다 같이 야만적 비문화적 악덕이다.

동물적 본능생활은 교육하지 않아도 기능하고 발달한다. 그러나 「선 본성」은 교육과 훈련을 통해서 계발되고 익숙해져야 제대로 발현하게 마련이다. 따라서 「선 본성」을 발현하고 실천하기 위해서는 절대로 정신교육 및 도덕 실천이 강화되어야 한다.

교육은 크게 둘로 나눌 수 있다. 하나는 외형적 기능교육이고, 다른 하나는 내면적 덕성교육이다. 서양에서는 대체로 전자를 중시하고 동양에서는 후자를 중시한다.

⑵ 대학(大學)의 교육이념

사서(四書)의 하나, 대학(大學)의 차원 높은 교육이념을 보자.

「평화세계를 창건하기 위해서는 개개인의 인격도야를 중시하고, 그 바탕을 심성함양에 두었다. 개인이 바르고 착하면 왕도덕치가 이루어진다고 천명하고 있다.」

이와 같은 교육이념은 서양의 기능 일변도의 교육사상과 크게 다르다. 오늘의 많은 사람들은 교육의 목표를 「지능(知能) 습득」에만 두고 있다. 그러나 옛 성현들로부터 전해 내려온 학문정신이나 교육이념은 그런 저속한 것이 아니다.

대학(大學)은 옛날 국가의 최고 학부로 태학(太學)이라고도 했다. 상부 계층의 자제들이나 선발된 뛰어난 서민의 자제들에게 덕치(德治)의 도리를 교육한 곳이다. 또 그 곳에서 교육한 내용을 적은 글을 대학이라고도 했다. 그 글은 예기(禮記) 중의 한 편으로 전해왔으며, 송(宋) 이전에는 단행본으로 통용되지 않았다. 그것을 주자(朱子)가 다시 편찬하고 「대학(大學), 논어(論語), 맹자(孟子), 중용(中庸)」의 사서(四書)로 추렸으며 또 주를 달아서 「사서집주(四書集註)」라고 일컬었다.

사서집주는 중국은 물론 한국, 일본에서도 선비의 필독서로 꼽혔고, 과거(科擧)에서도 주자의 주를 바탕으로 뜻풀이를 해야 했었다. 184) 그 중의 하나인 대학장구(大學章句)는 특히 수기치인(修己治人), 즉 「자신을 수양하고 더 나아가 남을 다스리는」

---

184) 주희(朱熹, 1130~1200) : 주자(朱子)라고 알려진 송(宋) 대의 유학자. 자는 원회(元晦), 호는 고정(考亭), 회암(晦庵). 시호는 문공(文公). 성리학(性理學)을 대성시킨 대학자.

316

도덕정치의 심오한 원리를 밝힌 경전이다. 정자(程子)는 다음과 같이 설명했다.

「대학은 공자가 남겨준 글이며 학자가 덕의 세계에 들어갈 수 있는 입문서이다. 오늘 옛사람들의 공부하던 순서와 단계를 알게 하는 책으로는 오직 이 책이 있을 뿐이다. 먼저 대학을 공부하고 다음에 논어, 맹자를 배워야 한다. 그러므로 학자가 반드시 그와 같은 순서를 따라 배운다면 대체로 어긋남이 없을 것이다」 185).

수기(修己)의 바탕은 학습과 훈련에 있다. 즉 절대인 하늘[天]과 절대선인 하늘의 도리[天道]를 바르게 깨닫고 올곧게 실행하기 위해 어려서부터 항상 배우고 또 훈련을 해야 한다.

문자학(文字學)에서는 「배울 학(學), 가르칠 교(敎)」 두 글자를 「효도 효(孝), 본받을 효(效)」와 같은 계통으로 보고, 그들의 핵심을 「육효 효(爻)」라고 분석했다.

단옥재(段玉裁)의 설문해자주(說文解字注)에는 「육효 효(爻)」를 다음과 같이 풀었다. 「효는 하늘 아래 지상세계에서 만물이 생동(生動)하는 모양을 본딴 글자이다.」 186)

「만물의 생동」은 곧 자연 만물이 「생성(生成) 변화(變化) 번식

---

185) 子程子曰 大學 孔子之遺書 而初學立德之門也 於今 可見古人爲學之次第
　　者 獨賴此篇之存 而論孟次之 學者必由是而學焉 則庶乎其不差矣.」
186) 爻也者 效天下之動者也.

(繁殖) 발전(發展)」한다는 뜻이다. 그러므로 효(爻)는 「자연 만물이 생육화성(生育化成)한다는 뜻」을 나타낸 글자이다.

효(爻)라는 글자에는 두 개의 「오(×)」가 있다. 오(×)는 음(陰--)과 양(陽—)이 서로 교차하는 뜻을 나타낸 글자이다. 위의 오(×)는 형이상(形而上)의 천도(天道)를 상징하고, 아래의 오(×)는 형이하(形而下)의 지덕(地德)을 나타낸다.

그러므로 「배울 학(學), 가르칠 교(敎)」의 핵심적 의미는 「만물을 생육화성(生育化成)하는 천도와 지덕을 가르치고 배워 깨닫게 하고 또 스스로 행한다」는 뜻이기도 하다.

과학기술을 익혀 외형적 물질생활을 향상시키는 일은 필요하다. 그러나 절대선의 천도를 배워서 깨닫고 내면적 정신가치를 높이는 일이 더 중요하다. 그래야 「과학기술 재물」을 선용하고, 윤리 도덕을 실천하는 착한 사람이 될 수 있다.

그러나 오늘의 인류는 숭고한 정신이나 윤리 도덕을 무시하고 「과학기술 재물」을 악용함으로써 혹심한 위기를 초래하고 있다.

교육은 지행(知行)이 일치해야 한다. 알기만 하고 행하지 않아서는 안 된다. 그러므로 학습과 훈련을 어려서부터 단계적으로 익히고 실천할 수 있게 길들여야 한다. 주자는 대학장구서(大學章句序)에서 다음과 같이 말했다.

「8세에 소학(小學)에 들어가서 몸소 집안을 쓸고 닦는 훈련을 받고, 사람을 접대하고 응수하는 기본 예절을 익히고, 또 기거 진퇴 등의 몸놀림을 바르게 배워야 한다. 그리고 나서 의례(儀禮), 음악(音樂), 활쏘기(射), 수레 몰기(御), 글쓰기(書), 계산(數) 등의 기본교양 과목을 학습해야 한다.」 <원문 생략>

「15세에는 상류층의 자제나 선발된 서민의 자제들만이 대학(大學)에 들어가서, 궁리(窮理), 정심(正心), 수기(修己), 치인(治人)의 도리를 배운다.」 <원문 생략>

궁리(窮理)는 위로는 하늘의 도리로부터 아래로는 자연 만물이나 모든 사물의 이치를 구명함이다. 정심(正心)은 자신의 마음을 바르게 간직함이다. 수기(修己)는 자기 수양이다. 치인(治人)은 모든 사람들을 잘 살게 인도하고 다스린다는 뜻이다.

대학의 학문정신이나 목적은 「도리를 바르게 알고, 마음을 바르게 잡고, 자기,수양을 한 다음에 모든 사람을 잘,살게 해주는 지도자 되는 것이다.」

수기치인(修己治人)은 교육 학습의 출발점이자 동시에 도달점이다. 그리고 ,「수기나 치인」의 기준은 어디까지나 하늘과 하늘의 도리이다.

⑵ 대인(大人), 군자(君子), 소인(小人)

<1> 대인(大人)과 내성외왕(內聖外王)

주자는 「대학은 대인의 학문이다.」 187)라고 말했다. 즉 경전(經

典) 대학 속에 담겨진 학문정신이나 교육이념 및 목표가 학식과 덕행을 겸비한 대인(大人 : 품격이 큰 사람)을 배양하기 위한 것이라는 뜻이다. 옛날에는 8세에 소학에서 기본교양을 익히고, 15세에 태학에 들어가 「큰 사람」 즉 국가적 지도자로서의 「수기치인(修己治人)」의 도리를 익혔다.

도덕정치에 동참하기 위해서는 먼저 궁리(窮理), 정심(正心), 수기(修己)해야 한다. 즉 우주 천지 만물의 도리를 궁구(窮究)하여 터득하고, 천도를 중심으로 해서 자신의 마음을 바르게 세우고, 자신을 수양해서 「천인합일(天人合一 : 하늘과 하나됨)」의 경지에 도달해야 한다. 그래야 치인(治人)할 수 있다.

이는 곧 「내성외왕(內聖外王 : 성인의 마음으로 왕도의 덕치를 편다)」의 경지이기도 하다. 학식과 덕행을 겸비하고 수기치인하는 선비를 대인이라고 한다. 대인에 대한 깊은 뜻을 알아보겠다.

옛날에는 임금을 대인이라 했다. 그 후 세속적으로 권력이나 재력을 가지고 행세하는 사람을 대인이라고도 했다. 그러나 전통 사상에서는 학문과 덕행이 높고 심성(心性)이 하늘과 하나된 경지에 있는 사람을 대인이라고 칭송했다. 맹자(孟子)는 말했다.

「대인은 갓난아기의 순진한 마음을 잃지 않은 사람이다.」 188)

「자신을 바르게 하고 더 나아가 대상이 되는 모든 사람이나 사물

---

187) 大學者 大人之學也.

188) (大人者 不失其赤子之心者也)」

320

을 바르게 하는 사람이다.」[189]

왕양명(王陽明)은 말했다. 「대인은 천지 만물과 일체를 이룬 사람이다. 천하를 한 집안으로 삼고, 중국을 나의 몸같이 여기는 사람이다. 만약에 외형적으로 형체가 다르다는 이유로 너와 나를 구분하는 자는 소인이다」[190]

역경(易經)에서는 「대인은 하늘과 땅과 덕을 합치고, 해와 달과 밝음을 합치고, 사계절과 시간의 순서를 합치고, 귀신과 길흉을 합친다.」고 풀었다. [191]

하늘과 하나된 경지에서 자연 만물과 모든 사람들을 사랑으로 품고 잘 살게 해주는 사람이 곧 대인이다.

대인은 바로 「수기치인(修己治人)」하는 사람이다. 그러기 위해서는 궁리(窮理), 정심(正心), 수기(修己)해야 한다.

이것이 대학의 학문정신이요, 동시에 교육이념 및 목표이다. 학식이나 지능을 간교하게 악용해서 남을 속이고 재물이나 권력을 차지하는 인간은 소인이다.

배움의 목적은 동물적 욕구 및 사리사욕을 억제하고 본연의 「선본성」을 회복함이다. 주자는 주에서 다음과 같이 말했다.

---

189) 大人者 正己而物正者也.

190) 大人者 與天地萬物 爲一體者也 其視天下猶一家 中國猶一人 若夫間形骸 而分爾我者 小人矣.

191) 大人者 與天地合其德 與日月合其明 與四時合其序 與鬼神合其吉凶.<易 乾 文言傳>

「그런 고로 배우는 사람은 마땅히 <하늘이 준 명덕이 기질과 인욕에 의해 얽매이고 덮여 빛을 발하지 못함을 깨닫고> 자기 수양으로 나쁜 요인들을 제거하고 명덕이 발현할 수 있게 자신의 본연의 모습으로 복귀시켜야 한다.」192)

「배울 학(學)」은 「깨달을 각(覺)」과 「알 지(知)」 「본받을 효(效)」 및 「행할 행(行)」 등의 뜻을 포괄하고 있다. 즉 「천도를 깨닫고 본받고 따르고 실천한다」는 뜻이다. 지행일치(知行一致) 해야 한다.

<2> 군자(君子)와 소인(小人)

인간을 품격에 따라 여러 계층으로 분류할 수 있다. 성인(聖人), 현인(賢人), 대인(大人), 인자(仁者), 군자(君子), 소인(小人), 악인(惡人) 등 다양하다.

그러나 크게 둘로 양분할 수도 있다. 지능을 선용하는 선덕자(善德者), 즉 군자(君子)와, 지능을 악용하는 악덕자(惡德者), 즉 소인(小人)으로 나눌 수 있다. 다음에서는 논어(論語)를 중심으로 군자와 소인을 비교해 보겠다.

① 군자는 형이상(形而上)의 도리에 통달하고 대의명분을 밝힌다. 그러나 소인은 형이하(形而下)의 물질세계에만 집착하고 현세적 이득이나 관능적 욕구만을 추구한다.

「군자는 위에 통달하나, 소인은 아래로 뻗는다.」193)

---

192) 故學者, 當因其所發而遂明之 以復其初也..

「군자는 의(義)를 밝히지만, 소인은 이(利)만을 밝힌다.」 [194]

주자는 「의(義)는 천리(天理)를 올바르게 지킴이다. 이(利)는 인간적 차원의 욕구(欲求)를 채움이다.」 [195] 라고 풀었다.

천리소의(天理所宜)는 대아공리(大我公利)이고, 인정소욕(人情所欲)은 사리사욕(私利私慾)이다.

「군자는 덕(德)을 염원하지만, 소인은 땅 얻기만을 바란다. 군자는 남들을 바르게 다스리기를 염원하지만, 소인은 남으로부터 혜택을 받기를 바란다.」 [196]

「군자는 중용을 지키고 따르지만, 소인은 중용에 반대되는 행위만을 한다.」 [197]

군자가 중용(中庸)을 지킨다 함은 광명정대하고 공평무사하고 영구불변하는 천도에 맞게 행동하고, 사물을 저마다의 도리에 맞게 적절하게 처리한다는 뜻이다.

그러나 소인은 사리사욕을 채우기 위하여 편파적 악덕을 예사로 저지른다.

② 군자와 소인의 생활태도나 처세 방법도 서로 반대가 된다.

---

194) 君子喻於義 小人喻於利.

195) 義者 天理之所宜, 利者 人情之所欲.

196) 君子懷德 小人懷土 君子懷刑 小人懷惠.

197) 君子中庸 小人反中庸.<中庸>

군자는 안심입명(安心立命)하고 안빈낙도(安貧樂道)하지만, 소인은 항상 세속적인 명리를 추구하고 도에 어긋나는 행위를 한다.

「군자는 모든 것을 자기에게서 찾지만, 소인은 모든 것을 남에게서 찾는다.」198)

군자가 자기에게서 찾는다 함은 자기 노력으로 학문과 덕행을 쌓고 그 바탕 위에서 복록(福祿)이 내리기를 기대한다는 뜻이다. 또 설사 남이 알아주지 않고 남에게 등용되지 않아도 모든 허물을 자신에게 돌리고 남을 원망하는 법이 없다.

그러므로 군자는 「하늘도 원망하지 않고, 남을 탓하지 않는다(不怨天 不尤人)」 소인은 이와는 정 반대로 남으로부터 이득을 얻고자 안달을 떨며 온갖 수작을 부린다. 그러다가 일이 잘 되지 않으면 남을 원망한다.

「군자는 궁핍해도 참고 견딘다. 소인은 궁핍하면 난동을 부린다.」199)

「군자는 항상 평화롭고 태연자약한 태도를 취한다. 그러나 소인은 항상 불안하고 쫓기는 듯하다.」200)

「군자는 태연하면서도 남에게 교만하지 않는다. 소인은 남에게

---

198) 君子求諸己 小人求諸人.

199) 君子固窮 小人窮斯濫矣.

200) 君子坦蕩蕩 小人長戚戚.

교만을 떨면서도 태연하지 못하다.」 [201]

「군자는 남의 잘한 일을 추켜세우되 남의 허물을 들춰내지 않는다. 소인은 이와는 반대로 행동한다.」 [202]

「군자는 남들을 사랑하고 친밀하게 사귀되, 함께 어울려 패거리를 짓는 법이 없다. 소인은 서로 어울려 패거리를 짓지만, 남들을 사랑하고 친밀하게 사귀는 법이 없다.」 [203]

「군자는 화동(和同)하되, 부화뇌동(附和雷同)하는 법은 없다. 소인은 부화뇌동만 하고 화동하는 법이 없다.」 [204]

끝으로 중용(中庸)에서 한마디 더 인용하겠다.

「군자는 안심입명(安心立命)하고 안락하고 편안하게 천명을 기다린다. 소인은 험악한 짓을 저지르면서 온갖 요행을 바란다.」 [205]

전통 사상이나 대학에 나타난 교육의 이념이나 목표는 크고 높다. 우주 천지와 하나 되고, 천도를 따라 수기치인(修己治人)해야 한다. 간악한 짓을 하거나, 포악한 짓을 하기 위해서 배우는 것이 아니다.

---

201) 君子泰而不驕 小人驕而不泰.
202) 君子成人之美 不成人之惡 小人反是.
203) 君子周而不比 小人比而不周.
204) 君子和而不同 小人同而不和.
205) 君子居易以俟命 小人行險以徼幸.

⑷ 소인만이 날뛰는 오늘의 세계

　인간의 「선 본성」을 바탕으로 진정한 세계 평화와 인류 행복을 보장하려는 고도의 정치철학이 바로 대학에서 말하는 왕도덕치의 원리이다. 이는 바로 동양의 전통사상의 탁월한 점이며, 서양의 무력적 패권주의 정치사상과는 정 반대가 된다.

　무력이 난무하는 악덕세계에서는 악독한 자가 이긴다. 선악 시비를 가리지 않고 무조건 이기기만 하면 된다는 생각이 서양의 정치사상이다. 그러므로 오늘의 세계는 악이 보다 큰 악을 부르고, 무력이 보다 큰 무력을 초래하는 악순환에 빠져 있다. 이와 같은 악덕에서 벗어나기 위해서는 동양의 정신문화와 왕도덕치의 사상을 높이고 선양해야 한다. 동양의 전통사상을 깊이 알기 위해서는 한문을 잘 배워야 한다.

　한자는 한 글자 속에 우주철학이 압축되어 있으며 한문에는 우주의 오묘한 뜻이 살아 있다. 그러므로 한문을 잘 배워야 우주의 도리를 터득하고 또 높은 정신세계로 들어갈 수 있다. 동양의 정신문화, 특히 윤리 도덕의 가르침을 잘 배우고 실천해야 사람다운 사람이 될 수 있다.

　서양의 외형적 무력적 물질문명에 의해서 위기에 빠진 인류를 구제하기 위해서도 우리는 동양의 내면적 정신 문화를 잘 배우고 익혀야 한다. 힘들게 노력을 해야 보람과 영광을 얻을 수 있는 것이다.

제2장 인격도야와 「지인용(知仁勇)」

(1) 수신의 기준은 천도

<1> 삶의 필수요건과 상호관계

인간이 생존하기 위해서는 다음과 같은 요건을 갖추어야 하며, 동시에 그들과의 관계를 잘 유지해야 한다.

① 하늘로부터 생명을 받고 태어나야 한다.

② 자연환경이 적합하고 또 산물이 풍성해야 한다. 즉 공기나 물이 맑고 또 농작물이 풍성해야 한다. 이들은 하늘이 주관한다.

③ 의식주(衣食住)를 충당할 공산품 및 과학기술이 발달해야 한다. 그래야 편안한 삶을 누릴 수 있다.

④ 사람들이 서로 사랑하고 협동해야 한다. 서로 싸우고 죽이면 잘 살 수 없다. 그러므로 윤리 도덕을 실천해야 한다.

⑤ 역사와 문화를 계승하고 발전시키고 후손에게 물려주어야 한다. 그래야 세세 대대로 이어지고 발전한다.

사람은 하루살이가 아니다. 인간의 삶의 의미나 가치는 인류의 역사와 문화를 바르게 계승하고 더욱 발전케 함에 있다.

⑥ 절대인 하늘에 의해서 창조된 인간이나 만물은 공간적 존재이자 동시에 시간적 존재이다.

인간이나 자연 만물은 공간적으로만 존재하는 것이 아니다. 동시에 시간의 흐름에 따라 발전하는 삶을 살아야 한다.

공간과 시간을 통합한 법칙이 곧 우주의 법칙이다. 이를 천도(天道)라고도 한다. 우리는 천도에 의해 생존하고 또 발전하고 있다.

⑦ 형이하(形而下)의 유형 세계(有形世界)는 형이상(形而上)의 절대선(絶對善)의 도리인 천도를 따라야 한다. 인간, 자연, 만물 및 인류의 역사 문화의 발전 등 모두가 천도에 지배를 받기 마련이다. 이상을 종합하여 다음과 같이 도시할 수 있다.

동물세계에는 자연만 있다. 그러나 동물은 그것조차 인식하지 못한다.

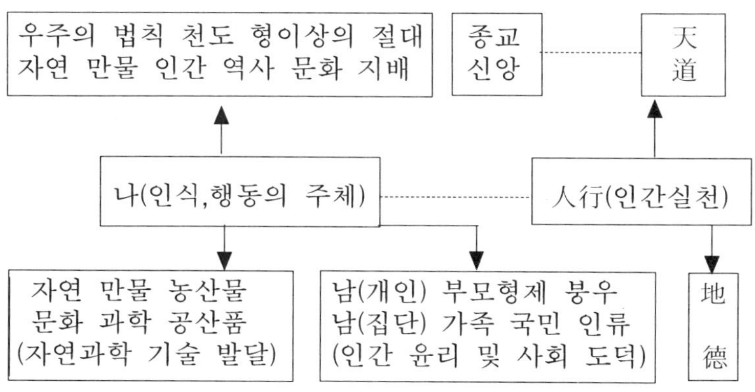

한편 인간에게는 형이하(形而下)의 유형세계(有形世界)만 있지 않고, 형이상(形而上)의 무형세계(無形世界), 즉 도(道)의 세계가

328

있으며 또 그것을 사람은 인식할 수 있다. 그러므로 천도(天道)를 알고 또한 높이고 따라 살아야 한다.

인간과 자연 만물과의 관계에서 자연과학이 발달한다. 또한 인간과 인간의 관계에서는 윤리 도덕이 발달한다. 그리고 물질과 인간집단의 관계에서는 정치 경제가 발달한다.

천지인(天地人)을 삼재(三才)라 한다. 하늘과 땅만으로는 문화적 발전이 이루어지지 않는다. 천도(天道)를 따라 인행(人行)으로 지덕(地德)을 세워야 선문화(善文化)가 꽃을 피운다.

이것을 「하늘의 일을 사람이 대신한다.(天工人其代之)」<書經>라고 말한다.

<2> 오달도(五達道)와 삼달덕(三達德)

자기 수양이나 인격도야는 곧 천도(天道)를 깨닫고 인행(人行)으로 지덕(地德)을 세우기 위한 「자기 노력」이다.

그 결과 얻어진 덕성과 능력을 합해서 인격이라고 한다. 즉 「선 본성인 명덕」을 현실적으로 실천하는 성품(性品)과 기능(技能)이 곧 인격이다.

그러므로 인식과 실천의 주체인 「나 자신」이 인격을 도야하고 천도를 따라서 지덕을 세워야 한다.

옛날의 「수신」이란 말이 곧 오늘의 인격도야에 해당한다. 중용(中庸)에는 「수신은 도로써 해야 한다(修身以道)」는 말과 함께 다음과 같은 말이 있다.

「천하에 공통되는 기본도리가 다섯이 있고, 그 도리를 실현하는 기본 덕목이 셋이 있다.

<다섯 가지 윤리의 기본 도리는 즉> 임금과 신하가 지킬 도리, 아버지와 자식이 지킬 도리, 남편과 아내가 지킬 도리, 형과 아우가 지킬 도리, 붕우가 서로 지킬 도리의 다섯이다. 이것은 천하의 모든 사람이 지킬 공통의 윤리적 도리이다.

그리고 『지·인·용』셋은 <기본 도리를 실현하기 위한> 천하 만민의 공통되는 덕행이다. 그 셋은 다시 하나로 압축된다.」

「그 하나는 곧 성(誠)이다.」 206)

중용에서 말한 오달도(五達道)는 인간 윤리의 기본인 오륜(五倫)이다. 결국 명덕을 밝히고 평화세계를 창건하고 역사 문화를 창조적으로 발전시킬 주체인 인간들이 지킬 기본도리가 곧 윤리 도덕이다.

한편 왕도덕치에 참여할 군자(君子)는 「지·인·용」의 삼달덕(三達德)을 갖추어야 한다.

논어에서 공자는 말했다. 「바르게 알면 미혹하지 않고, 인덕을 베풀면 근심하지 않고, 용감하게 정의를 실천하면 두려워할 것이 없다.」 207)

---

206) 天下之達道五 所以行之者三 曰 君臣也 父子也 夫婦也 昆弟也 朋友之交 也 五者天下之達道也. 知仁勇 天下之達德也 所以行之者一也.

207) 知者不惑 仁者不憂 勇者不懼.<子罕>

330

「지·인·용의 삼달덕」을 갖춘 군자, 즉 지식인은 절대인 하늘과 하나가 되고, 절대선인 천도를 따른다. 그러므로 「미혹하지 않고(不惑), 근심하지 않고(不憂), 두려워하지 않는(不懼)」 것이다.

자기를 수양하고 「지·인·용의 삼달덕」을 갖춘 인격자가 되기 위해서는 다음과 같이 행동해야 한다.

「넓게 배워야 한다 (博學之),

치밀하게 문제를 제기해야 한다 (審問之),

신중하게 사고해야 한다 (愼思之),

명석하게 선악시비를 분별해야 한다 (明辨之),

그리고 독실하게 실천해야 한다 (篤行之).」

「박학(博學), 심문(審問), 신사(愼思), 명변(明辨), 독행(篤行)」이 수양의 기본적 실천 사항이다. 대학은 다음과 같이 말했다.

「위로는 천자로부터 아래로는 서민까지 누구나 다 수신을 근본으로 삼아야 한다.」 208)

지(知)·인(仁)·용(勇)의 삼달덕(三達德)을 터득하고 실천하기 위한 전제가 「호학(好學), 역행(力行), 지치(知恥)」이다. 중용은 다음과 같이 말했다.

「배우기를 좋아하면 지에 가까워질 수 있다.

---

208) 自天子以至於庶人 壹是皆以修身爲本.

힘들여 실천하면 인덕에 가까워질 수 있다.

창피를 알면 <정의를 실천하는> 용기에 가까워질 수 있다.

이들 셋을 잘 알고 다스리면 자기 수양의 방도를 알게 된다.

자기 수양의 방도를 알면, 즉 남을 다스리는 방도를 알게 된다.

남을 다스리는 방도를 알면, 즉 천하나 국가를 다스리는 방도를 알게 된다.」 209)

다음에서 지(知)·인(仁)·용(勇)을 항목 별로 나누어 자세히 설명하겠다.

⑵ 지(知)와 호학(好學)

「호학(好學)」은 글 배우기를 좋아하고 열심히 노력한다는 뜻이다. 「알 지(知)」는 천도 및 사물의 도리를 바르게 알고 또 실천한다는 뜻이다.

군자는 수기치인(修己治人)의 도리, 특히 대학의 「삼강령 및 팔조목」에 대한 모든 가르침을 바르게 터득하고 실천해야 한다.

바르게 알아야 착하게 행할 수 있다. 그릇되게 알면 악하게 살게 마련이다. 그러므로 「지인용(知仁勇) 삼달덕」 중에서도 「바르게 앎」에 해당하는 「지(知)」를 앞세웠다.

다음에 중요한 것이 인(仁)이다. 즉 동류의식을 바탕으로 서로

---

209) 好學近乎知 力行近乎仁 知恥近乎勇. 知斯三者 則知所以修身 知所以修身 則知所以治人 知所以治人 則知所以治天下國家矣.<中庸 20장>

사랑하고 협동해야 한다. 그래야 대동(大同)의 평화세계를 창건할 수 있다.

다음에는 용(勇)이다. 용은 정의의 실천력이다. 「지인용(知仁勇)」은 인간의 본성인 「지정의(知情意)」와 밀접하게 연결된다.

「알 지(知)」는 「알고 행한다」는 뜻을 겸한다. 만물을 생육화성(生育化成)하는 천도를 알고, 천도를 기준으로 시비선악(是非善惡)을 바르게 가리고, 아울러 착하게 행동함을 지(知)라고 한다.

바르게 알기 위해서는 열심히 공부를 해야 한다. 공자는 논어의 첫머리에서 말했다. 「배우고 익히고 때맞추어 실습하면 즐겁지 않으냐.」 210)

「배울 학(學)」도 「배워 깨닫고 실천한다」는 뜻을 다 포함하고 있다. 「알 지(知)」나 「배울 학(學)」이나 「지행(知行)」을 겸하고 있다.

「교학상장(敎學相長)」이라는 말이 있다. 가르침과 배움은 표리일체(表裏一體)라는 뜻이고, 가르치면서 배우고, 배우면서 가르친다는 뜻이다. 아울러 스승이나 제자가 함께 학문과 덕행을 쌓고 항상 발전한다는 뜻이기도 하다. 인생에 있어 그보다 더 즐거운 것이 없다.

논어에 다음과 같은 말이 있다. 「옛 성현이 쓴 고전의 가르침을 충분히 익히고 새로운 뜻을 터득해야 비로소 남을 가르칠 스승이

---

210) 學而時習之 不亦說乎.

될 수 있다.」211)

고전의 가르침은 곧 천도와 지덕의 도통(道統)을 계승한 덕치(德治)의 가르침이다. 그러므로 열심히 가르치고 배우면 곧 성인의 경지에 도달한다. 맹자(孟子)는 다음과 같이 말했다.

「공자가 『나는 도저히 성인의 경지에 도달할 수 없다. 오직 물리지 않고 배우며, 게으름피우지 않고 가르칠 뿐이다』라고 말했다. 이에 자공이 말했다. 『물리지 않고 배움은 지덕(智德)이고, 게으름피우지 않고 가르침은 인덕(仁德)이다. 선생님은 지덕과 인덕을 겸하셨으니 이미 성인의 경지에 오르신 것이다.』」212)

학문은 매일 부지런히 또 평생을 두고 배우고 익혀야 한다. 공자는 논어에서 말했다.

「나는 태어나면서 모든 것을 안 사람이 아니다. 옛 성현의 가르침을 좋아하고 부지런히 배워서 도리를 찾고 터득한 사람이다.」213)

공자는 또 말했다. 「학문은 항상 모자라는 듯이 부지런히 배워야 한다. 그래도 미처 터득하지 못한 것이 혹 없는지 겁이 난다.」214)

---

211) 溫故而知新 可以爲師矣.
212) 孔子曰 聖則吾不能 我學不厭 而敎不倦也 子貢曰 學不厭智也 敎不倦仁也 仁且智也 夫子旣聖矣.
213) 我非生而知之者 好古敏以求之者也.<述而>
214) 子曰 學如不及 猶恐失之 <泰伯>

334

논어 자장편(子張篇)에는 다음과 같은 자하(子夏)의 말이 있다.

「하루하루 날마다 전에 미처 알지 못했던 것을 배워서 터득하고, 다달이 배워서 알고 있는 것을 잊지 않도록 노력해야 한다. 그래야 비로소 배우기를 좋아한다고 말할 수 있다.」 215)

논어에서 공자가 말했다. 「학문에 분발하여 먹는 것도 잊고, 또 학문의 즐거움에 넘쳐서 걱정도 잊고, 또 늙음이 닥쳐오는 줄도 모른다.」 216)

정신적으로 높은 경지의 천도를 배우고 터득하고 실천하는 사람은 세속적이고 외형적 물질생활에 미련을 두거나 집착을 해서는 안 된다. 한마디로 안빈낙도(安貧樂道)해야 한다. 공자는 말했다.

「군자는 식생활에서 포식하기를 바라지 않고, 주거에는 안락하기를 구하지 않는다. 일은 민첩하게 처리하고 말은 신중하게 한다. 도를 실천하는 사람을 친근하게 모시고, <그를 기준으로 해서> 자신을 바르게 한다. 이와 같은 태도를 견지해야 비로소 배우기 좋아하는 사람이라 할 수 있다.」 217)

군자는 물질생활에 집착하지 말고 유덕자(有德者)와 함께 어울

---

215) 子夏曰 日知其所亡 月無忘其所能 可謂好學也已矣.<子張>

216) 發憤忘食 樂以忘憂 不知老之將至.

217) 君子食無求飽 居無求安 敏於事而愼於言 就有道而正焉 可謂好學也已.<
學而>

려 언행을 신중히 하고, 천도를 따라 지덕을 세워야 한다.

⑶ 인(仁)과 역행(力行)

내가 인식과 실천의 주체이다. 그러므로 내가 바르게 배워 바르게 알고 바르게 실천을 해야 한다.

천도를 행동으로 실천해서 지덕을 세워야 한다. 지덕을 세우는 것 중에 가장 중요한 것이 만민을 사랑하고 만민을 잘 살게 해주는 일이다. 논어에 「군자는 도를 배우면 남들을 사랑한다.」[218]는 말이 있다.

하늘의 도리는 자연 만물 및 천하 만민을 고르게 사랑으로 키우고 발전케 하는 진리이다.

만민을 사랑하고 지덕을 세운다 함은 곧 「명덕」을 밝히고 평화로운 세계, 모든 사람이 서로 사랑하고 협동하고 함께 잘 살고 또 함께 행복을 누리는 공생(共生) 공영(共榮)의 대동세계(大同世界)를 건설함이다.

「남을 사랑하고 도와서 함께 잘 살려는 마음이나 실천적인 행동」을 합해서 인(仁)이라 한다. 인은 공자가 가장 높인 덕목(德目)이다. 인을 문자학 혹은 철학적으로 다음과 같이 풀이한다.

「인(仁)은 사람이 따르고 행할 덕행이다(仁 人也). 인은 인간만

---

218) 君子學道 則愛人.

이 행하는 덕행이다. 인덕을 행하지 않으면 사람이 아니다. 사람은 반드시 인을 실천해야 한다.」

「인은 두 사람이라는 뜻이다(仁 二人也). 인간은 사회적 존재로, 서로 주고받는 협동생활을 한다. 즉 너와 내가 함께 어울려 산다. 너와 내가 함께 어울려 잘 살고 발전하는 원리와 덕행을 합해서 인이라고 한다. 서로 잘 살기 위해서는 인을 지키고 행해야 한다.」

「인은 남을 사랑함이다(仁 愛人也). 자아(自我)의 주체인 내가 남을 사랑함을 인이라고 한다. 인은 적극적으로 남을 사랑하는 덕행이다. 행동으로 나타나지 않는 것은 참다운 인이 아니다.」

「인의 근본은 효제(孝悌)이다. 논어에서 유자(有子)는 말했다. 『사람됨이 부모에게 효도하고 형장에게 공손하면서 윗사람을 능욕하기 좋아하는 자는 없다. 윗사람 능욕하기를 좋아하지 않으면서 사회적으로 난동을 피우는 자는 절대로 없다. 군자는 근본에 힘을 써야 한다. 근본이 바르게 세워진 후에야 바른 도리와 바른 길이 있게 된다. 가정에서 부모에게 효도하고, 형장에게 순종하는 효제가 바로 인류애의 실천에 해당하는 인덕(仁德)을 이룩하는 바탕이다.』」 219)

이상을 종합하여 인의 뜻을 다음과 같이 추릴 수 있다.

「동류의식을 바탕으로 서로 사랑하고 협동하여 함께 잘 살고

---

219) 有子曰 其爲人也孝弟 而好犯上者鮮矣 不好犯上而好作亂者 未之有也 君
子務本 本立而道生 孝弟也者 其爲仁之本與,<學而>

또 발전하는 실천적인 덕행을 인(仁)이라 한다.」

깊이 생각해 보자. 사람들은 함께 어울려 살게 마련이다. 그러므로 서로 사랑하고 협동하면 좋고, 반대로 서로 싸우고 쟁탈하면 서로 피곤하고 고생하게 마련이다.

이러한 도리는 삼척동자도 알 수 있다. 그러나 현실은 어떠한가? 사람들은 기를 쓰고 남을 미워하고 남을 해치려 하고 나 혼자만 잘 살려고 한다.

착한 본성을 바탕으로 하지 않고 동물적 이기적 악덕한 마음을 바탕으로 하기 때문이다. 따라서 사람들이 서로 싸우고 서로 쟁탈하는 악한 삶을 살고 있는 것이다.

인간은 서로 사랑하고 협동해야 잘 살 수 있다. 그것이 하늘의 도리이고 또 「선 본성」을 지닌 인간이 따라야 할 인도이다.

인도(人道)는 바로 인도(仁道)이다. 하늘은 인간에게 인심(仁心)을 주었다. 장자(莊子)는 인을 확대해서 「사람을 사랑하고 만물을 이롭게 하는 것이 인이다.」[220]라고 했다.

대학의 삼강령(三綱領)은 하늘이 준 「선 본성」을 깨닫고 밝게 나타내는 수기(修己)와 남을 사랑하고 잘 살게 해주는 치인(治人)을 합친 것이다.

즉 내가 먼저 명덕을 밝힘은 수기(修己)의 경지이고, 그 다음에 남들을 사랑으로 인도하여 그들도 낡은 때를 벗고 새롭게 태어나

---

220) 愛人利物 謂之仁.

서, 저마다의 명덕을 밝히게 해 주는 것은 치인(治人)의 경지이다.

그리고 나와 남이 함께 지극한 선의 경지에 머물러야 한다. 그것은 곧 절대선의 천도를 따라 지덕을 세운다는 경지이다.

인(仁)의 실천에도 개인적 차원과 전체적 차원이 있다. 「추기급인(推己及人)」 즉 나의 마음과 나의 입장을 미루어 남을 잘 되게 해주는 것이 개인적 차원의 인의 실천이다. 논어에 다음과 같은 말이 있다.

「인덕은 다음과 같이 하는 것이다. 내가 나서서 하고 싶은 일을 남이 나서서 하게 해주고, 내가 얻고 싶은 것을 남이 얻게 해주는 덕행이다. <인덕은 멀리 있는 것이 아니다> 내 자신이 하고 싶은 바를 남도 하게 해주는 것이 바로 인덕을 달성하는 방법의 하나이다.」 221)

인의 높은 경지는 만백성을 잘 살게 해주는 것이다. 논어에서 자공(子貢)이 「백성들에게 넓게 베풀고 민중을 구제하면 인이라 말할 수 있겠습니까?」 하고 묻자 공자는 대답했다. 「<그것은 인덕을 넘어 성덕의 경지다. 요임금 순임금도 그런 경지에 도달하려고 애를 썼을 것이다.」 222)

우선 바르게 배워야 인덕을 실천할 수가 있다. 그러나 그 배움

---

221) 夫仁者己欲立而立人 己欲達而達人 能近取譬 可謂仁之方也矣.<雍也>
222) 子貢曰 如能博施於民 而能濟衆 何如 可謂仁乎. 子曰 何事於仁 必也聖乎
　　堯舜其猶病諸.<雍也>

은 윤리 도덕을 앞세운 실천적인 배움이어야 한다. 논어에서 자하(子夏)는 다음과 같이 말했다.

「미색보다도 현덕을 높이고, 부모에게 효도함에는 정성을 다하고, 임금 섬김에는 충성을 다하고, 친구와 사귈 때에는 신의를 지킨다. 이렇게 윤리 도덕을 잘 실천하면, 비록 글공부를 하지 않아도 나는 반드시 그 사람이야말로 제대로 배운 사람이라고 말하리라.」223)

책을 통해 배워도 실천하지 못하면 아무 소용이 없다. 배움의 목적은 실천에 있다. 그러므로 설사 글공부를 하지 않아도 바르게 실천을 하면 배운 것이나 다름없다.

한편 도를 배워 터득하고 남을 사랑하기 위해서는 「내 자신의 뜻을 독실하게 세우고, 문제에 대한 대책을 강구하고, 내 자신이 할 수 있는 가까운 덕행부터 실천을 해야 한다.」 이를 논어에서 자하(子夏)는 다음과 같이 말했다.

「넓게 배우고, 뜻을 독실하게 세우고, 절실하게 묻고, 나를 중심으로 가까운 것부터 실천하려고 생각을 해야 한다. 그렇게 하면 인덕을 세울 수 있다.」 224) 즉 인덕을 세우고 실천하기 위해서는 「박학(博學), 독지(篤志), 절문(切問), 근사(近思)」의 네 단계를 거

---

223) 子夏曰 賢賢易色 事父母 能竭其力 事君 能致其身 與朋友交 言而有信
　　雖曰未學 吾必謂之學矣.<學而>
224) 子夏曰 博學而篤志 切問而近思 仁在其中矣.<子張>

처야 한다. 맹자(孟子)는 인(仁)에 다시 의(義)를 덧붙여 인의(仁義)를 함께 강조했다. 「의」는 사회정의를 지키고 행한다는 뜻과 모든 사물을 올바르게 처리한다는 뜻이 다 포함되어 있다.

물론 공자도 의(義)를 내세운 바 있다. 즉 논어에서 다음과 같이 말했다. 「군자는 의를 본질적 바탕으로 삼아야 한다. 예로써 행동으로 나타내고, 겸손한 말로써 표현하고, 신의로써 이룩해야 한다. 그래야 군자이다.」[225] 공자는 살신성인(殺身成仁)을 내세웠으나 맹자는 사생취의(捨生取義)라고 했다. 인이나 의에는 적극적인 면과 소극적인 면이 있다.

	적극적으로 함	소극적으로 하지 않음
仁	남을 사랑한다	측은한 마음으로 잔인한 짓을 안함
義	정의를 실천함	창피한 불의를 행하지 않음

공자의 「남을 사랑한다(愛人)」는 인의 적극적 의미이고, 맹자의 「측은한 마음은 인의 시발이다(惻隱之心 仁之端也).」 혹은 「불인지심(不忍之心)」은 소극적 의미이다.

한유(韓愈)가 「옳고 바르게 행하는 것을 의라고 한다(行而宜之之謂義).」라고 한 것은 적극적 의미, 맹자가 「자기 소유가 아닌 것을 취하는 것은 의가 아니다(非其有而取之 非義也).」나 「창피를 아는 마음이 의의 시발점이다(羞惡之心 義之端也).」라고 한 것

---

225) 子曰 君子義以爲質 禮以行之 孫以出之 信以成之 君子哉.<衛靈公>

은 소극적 의미이다. 의(義)는 용(勇)에 직결된다.

(4) 용(勇)과 지치(知恥)

용(勇)에도 양면이 있다. 적극적인 용기는 천명으로 주어진 선본성과 도덕성을 용감하게 실천한다는 뜻이다. 논어에서 공자가 「의를 보고 행하지 않음을 용기 없음이라고 한다(見義不爲 無勇也).」라고 말한 것이 곧 적극적 용기이다.

소극적인 용기는 잘못이나 악덕을 창피하게 여기고 행하지 않는다는 뜻이다. 창피를 아는 것이 지치(知恥)다. 「창피」를 아는 것은 관자(管子)가 말한 「예(禮)·의(義)·염(廉)·치(恥)」 중의 마지막에 해당한다.

개인적으로나 국가적으로나 악한 짓을 하고 창피나 부끄러움을 모르면 양심이 마비된 것이다. 사람에게 있어 양심이 마비되면 이미 사람이 아니고 동물적 존재이다. 국가적으로 도덕이 문란하면 멸망하게 된다. 최소한 창피나 부끄러움을 아는 양심이 살아 있어야 한다. 공자는 논어에서 말했다.

「정치로 백성들을 영도하고 형벌로 틀을 잡으면. 백성들은 법망을 피해 악을 저질러도 창피한 줄을 모른다. 그러나 덕으로 백성들을 영도하고 예로 틀을 잡으면 백성들은 창피를 알고 <악한 짓을 하지 않고> 바르게 될 것이다.」 226)

---

226) 道之以政 齊之以刑 民免而無恥 道之以德 齊之以禮 有恥且格.<爲政>

342

용기(勇氣)는 기운이 솟아난다는 뜻이다. 문제는 어떠한 기운이 솟아나느냐이다. 동물적·육체적·이기적·관능적 탐욕을 채우기 위한 악한 기운이냐? 인간적·정신적·이타적·도덕적 가치를 달성하기 위한 선 본성(善本性)에서 우러나오는 착한 기운이냐?

세속적으로 말하는 용기는 무모하게 폭력을 휘두르는 만용이다. 그러나 옛 성현이 말하는 용기는 천도를 따라 선을 실천하려는 참 용기이다. 역경(易經) 계사전(繫辭傳)에 있다.

「음과 양이 어울려서 만물을 낳고 번성케 하는 것이 천도이다. 그 천도를 계승하는 것을 선이라 하고, 그 선을 성취하는 것을 인간의 본성이라 한다.」 227)

천도를 따라 만물을 생육화성(生育化成)하는 것이 선(善)이다. 자연을 파괴하고 인간을 살상하는 것은 악(惡)이다. 가정에서는 효제(孝悌)를 실천하고, 사회적으로는 인의(仁義)를 실천하는 것이 선이다. 사람은 그렇게 할 수 있는 「선 본성」을 지니고 있다. 따라서 그 「선 본성」을 정당하게 발휘하는 용기가 참 용기이다.

맹자는 말했다. 「스스로 반성해서 떳떳하면 천만인이 가로막아도 나는 앞으로 나아갈 것이다.」 228)

또 맹자는 「호연지기(浩然之氣)」에 대해서 다음과 같이 말했다.

---

227) 一陰一陽之謂道 繼之者善也 成之者性也.
228) 自反而縮 雖千萬人 吾往矣.<公孫丑 上>

「설명하기 어렵다. 그 호연지기는 지극히 크고 지극히 억세며 어디에나 뻗어 나간다. <천품으로 주어진 그 호연지기를> 해치지 않고 잘 키우면 우주 천지에 가득 찰 수 있다. 그 호연지기는 항상 천도와 인의와 짝한다. 그러므로 천도와 인의가 없으면 시들게 마련이다.」229)

창피를 알고 부끄러움을 타는 것도 사람만의 특성이다. 지치(知恥)를 모르면 이미 사람이 아니다. 맹자는 다음과 같이 말했다.

「창피를 안다는 것은 인간에게 있어 중대한 일이다. 간교하게 거짓말하고 변통을 부리는 자들은 수치심이 없다. 자신의 덕성이나 덕행이 남보다 못한 것을 창피하게 여길 줄 모르면 어찌 사람다운 사람이 될 수 있겠느냐.」230)

「사람은 창피를 모르면 안 된다. 창피를 모르는 것을 창피하게 여기면 이미 창피를 모면한 단계라 하겠다.」231)

무엇을 가장 창피하게 여기고 또 어떻게 하는 것을 치욕(恥辱)으로 여기는가? 논어에서 공자는 말했다.

「군자는 자신의 말이 실천을 웃도는 것을 창피하게 여긴다.」232)

---

229) 曰難言也 其爲氣也 至大至剛以直 養而無害 則塞乎天地之間 其爲氣也 配義與道 無是餒也.<公孫丑 上>
230) 孟子曰 恥之於人大矣 爲機變之巧者 無所用恥焉 不恥不若人 何若人有.<盡心 上>
231) 人不可以無恥 無恥之恥 無恥矣.<盡心 上>
232) 子曰 君子恥其言而過其行.<憲問>

344

「말을 간교하게 꾸미는 일, 아첨하는 표정을 짓는 일, 아부하는 태도를 취하는 일 등을 옛날의 좌구명 같은 군자는 수치로 여겼다. 나도 그런 것들을 창피하게 여긴다. 또 속에는 원한을 품고 있으면서 겉으로는 친한 척하고 사귀는 행위를 좌구명은 수치로 여겼다. 나도 그것을 수치로 여긴다.」233)

비인격적 이중 인격적 혹은 아첨하는 비굴한 언행을 수치로 여겨야 한다. 그러나 그보다 더 크게 창피하게 여기고 수치로 여겨야 할 일이 있다. 그것은 다름이 아니다. 무도한 나라나 임금에 붙어서 벼슬하고 녹을 먹는 일이 가장 수치스러운 악덕이다. 군자는 절대로 악(惡)에 가담해서는 안 된다.

공자의 제자 자사(子思)가 치욕(恥辱)에 대해서 묻자, 공자는 대답했다. 「나라에 도가 행해지면 나아가서 벼슬하고 녹을 받는다. 그러나 나라에 도가 없는데 벼슬하고 녹을 받는 것은 치욕이다.」234)

또 공자는 말했다. 「신념을 돈독히 하고, 학문을 좋아하고, 죽을 때까지 선한 도리를 지킨다. 위태롭게 기우는 나라에는 들어가지 않고, 문란한 나라에서는 살지 않는다. 천하에 도가 행해지면 나타나 현실참여를 하지만, 도가 없으면 몸을 숨기고

---

233) 子曰 巧言令色足恭 左丘明恥之 丘亦恥之 匿怨而友其人 左丘明恥之 丘
亦恥之<公冶長>
234) 憲問恥 子曰 邦有道穀 邦無道穀 恥也.<憲問>

은퇴한다. 나라에 도가 있고 덕치가 행해지는데 <내가 무능해서 참여하지 못하고 따라서> 가난하고 천하게 살면 창피한 노릇이다. 그러나 나라에 도가 없고 악덕정치가 행해지는데 <내가 가담하여> 부하고 귀하게 살면 그것도 창피한 노릇이다.」235)

「군자는 천도를 따라 덕치를 펼 생각만을 해야 한다. 내가 먹고 살 녹이나 재물에 대해서는 생각하지 않는다.」236)

「군자는 도를 걱정할 뿐 가난은 걱정하지 않는다.」237)

「선비로서 도에 뜻을 두고 있으면서 나쁜 옷이나 음식을 창피하게 여긴다면 그런 선비와는 함께 어울릴 수 없다.」238) 죽을 때까지 절대선인 천도를 지키려는 옛날의 선비나 군자의 정신과 처신을 본받아야 한다.

돈 때문에 범죄를 저지르고 절개를 팔거나 국가 민족을 배반하는 오늘의 타락한 정치인이나 지식인들은 창피를 알아야 한다.

맹자는 참 사나이를 다음과 같이 말했다.「부귀에도 빠지지 않고, 빈천에도 위축되지 않고, 무력에도 굴하지 않고 <선을 지키는 사람을> 대장부라고 한다.」239)

---

235) 子曰 篤信好學 守死善道 危邦不入 亂邦不居 天下有道則見 無道則隱 邦有道 貧且賤焉恥也 邦無道 富且貴焉 恥也.<泰伯>

236) 君子謀道 不謀食.

237) 君子憂道 不憂貧.

238) 子曰 士志於道 而恥惡衣惡食者 未足與議也.<里仁>

239) 富貴不能淫 貧賤不能移 威武不能屈 此之謂大丈夫.<滕文公 下>

제3장 도심(道心)을 함양하고 선양하자

(1) 정심(正心)과 사심(邪心)

주자는 「마음은 몸의 주체라」고 말했다. [240] 한편 대학에서는 팔조목의 중심을 수신(修身)에 두고, 다시 수신의 전제가 정심(正心)이고, 정심의 전제가 성의(誠意)라고 했다.

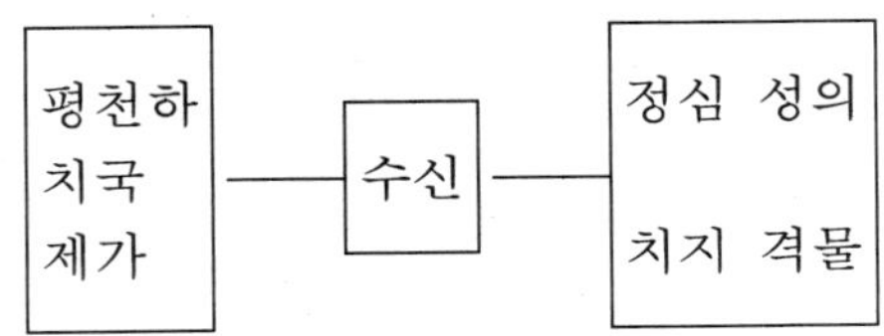

먼저 정심(正心)에 대해서 설명하겠다. 주자(朱子)는 또 「마음이 이성과 감정을 통솔한다.」 [241]라고 말했다. 즉 마음이 인간의 도덕성, 즉 순수이성과 기질적 감정을 통솔한다는 뜻이다.

인간도 동물이다. 그러므로 동물적 본능적 기질적 욕구와 감정이 있다. 배가 고프면 먹고 싶고, 음식을 먹고 배가 부르면 즐겁다. 남이 나에게 해를 끼치면 화를 내고, 남이 나에게 덕을 베풀면 기쁘다. 재물을 얻으면 흡족하고 잃으면 서운하다.

동시에 만물의 영장인 인간은 동물과는 차원이 다른 숭고하고

---

240) 心者 身之主也.

241) 心統性情.

존엄한 「선 본성과 도덕성」을 선천적으로 받아 지니고 있다. 대학에서는 명덕(明德)이라고 일컬었다. 그것은 일종의 순수이성(純粹理性)이다. 그러므로 인간은 동물과는 차원이 다른 도덕적 이성적 생활을 영위할 수가 있고 또 해야 한다.

그러나 심각한 문제가 있다. 동물적 본능은 새삼스럽게 힘들여 교육하거나 고되게 훈련을 받지 않고도 육신의 성장과 더불어 커지고 발달한다.

그러나 도덕적 순수이성이나 「명덕」은 바르게 배우고 엄하게 훈련을 해야 계발되고 또 제대로 기능을 발휘할 수 있다. 그러므로 사람은 교육과 훈련을 통해야 동물적 욕구나 감정을 억제하고 도덕성을 발휘할 수 있다.

인간의 도덕성을 바탕으로 동물적 감정이나 욕구를 억제하고 또 조절하는 실재(實在)를 마음이라고 한다. 그러므로 성리학자들은 「마음이 이성과 감정을 통솔한다(心統性情)」고 말했다.

그런데 그 마음은 보이지도 않고 어디에 있는 어떠한 것인지 알 수 없다. 그러나 분명히 마음은 있고 또 기능을 한다.

동시에 그 마음을 착하게도 만들고 악하게도 만드는 근본 요인이 바로 인간의 학문과 지식이다.

바르게 배우고 착하게 알면 마음도 바르고 착하게 된다. 반대로 잘못 배우고 악하게 알면 마음도 사악하게 된다.

그러므로 인간의 심성을 바르고 착하게 함양하기 위해서는 바르고 착한 교육, 즉 정신교육과 윤리 도덕교육을 해야 한다.

오늘의 청소년들이 동물 이하의 존재로 전락한 근본 요인은 바르고 착한 정신교육을 받지 않았기 때문이다.

바른 마음(正心)은 곧 절대선인 하늘의 도리를 따르고 지키는 마음이다. 하늘과 하나되지 않고 동물적 탐욕을 앞세운 마음이 「사악한 마음(邪心)」이다. 바른 마음으로 어떻게 동물적 감정과 욕구를 억제하고 조절하는가」에 대한 옛 성현들의 가르침을 여러 각도에서 살펴보겠다.

⑵ 도심(道心)을 함양하자

중용(中庸) 첫머리에 「하늘이 절대적 명령으로 부여해 준 것이 본성이다」[242]라고 했다. 이에 대해 주자는 다음과 같이 풀었다.

「성은 곧 리다.」「하늘은 음양 오행의 조화로써 만물을 낳았다.」「기로써 형체를 꾸몄으며, 그 속에 리도 주어져 있다.」「마치 명령을 내린 듯하다.」[243] 주자의 주를 다음과 같이 추릴 수 있다.

「하늘은 음양오행을 여러 모로 변화시켜서 자연 만물을 만들고 살게 하고 있다. 하늘은 기로써 만물의 외형적 형상을 만들었으며 동시에 저마다의 내면적 도리도 부여해 주었다. 절대명령을 내리듯 <형상과 도리를> 함께 주었다.」

---

242) 天命之謂性.

243) 性卽理也, 天以陰陽五行化生萬物. 氣以成形 理亦賦焉. 猶命令也.

같은 동물이라도 새에게는 날기 편한 형상과 나는 도리를 주었고, 물고기에게는 물에서 헤엄치기에 적합한 형상과 헤엄치며 사는 도리를 주었다. 그러므로 사람에게는 만물의 영장다운 형상과 사람의 도리를 준 것이다.

하늘의 절대명령에 의해서 사람으로 태어났으니 사람의 도리를 지켜야 한다. 사람이면서 동물의 도리를 따라서 살아서는 안 된다. 그러므로 중용에서는 다음과 같이 말했다.

「하늘에 의해서 주어진 도리는 순간도 이탈할 수 없다. 만약에 이탈해도 무방하다면 그것은 합당한 도리가 아닐 것이다. <사람인 이상 사람의 도리를 순간이라도 떠날 수 없다.> 그러므로 군자는 남들이 눈으로 보지 못하는 자기의 마음, 남들이 귀로 들을 수 없는 자기의 마음을 항상 하늘의 도리에서 벗어나지 않게 경계하고 두려워해야 한다.」244)

마음은 무형의 실재이다. 의학적으로 마음이 무엇인지, 또 어디에 있는지 알 수 없다. 그러나 마음이 인간의 행동이나 활동을 좌지우지한다. 그러므로 사람답게 살기 위해서는 항상 마음속에 사람의 도리를 간직하고 있어야 한다.

그러나 인간도 동물이므로 동물적 본능적 기질적 욕구와 감정이 앞서게 마련이다. 그 때에도 욕구나 감정이 동물적으로 폭발하

---

244) 道也者 不可須臾離也 可離非道也 是故君子戒愼乎其所不覩 恐懼乎其所不聞.<中庸>

350

기 전에 사람의 도리로서 억제하고 조절해야 한다. 중용에서는 다음과 같이 말했다.

「희노애락의 감정도 인간의 본성이며, 밖으로 나타나기 전에는 본연에 맞는 것이다. 그러므로 감정을 나타낼 때에도 하늘의 절도에 맞게 해야 하며, 그렇게 하는 것을 조화라고 말한다. 본연에 맞게 해야 비로소 천하 만물의 근본인 하늘의 도리에 맞고 또 조화를 해야 비로소 천하 만물이 저마다의 도리를 다할 수 있게 된다. 본연에 맞게 조화를 이루어야 하늘과 땅이 바르게 자리를 잡고 또 만물이 고르게 자라날 것이다.」 245)

인간의 감정이나 욕구를 무조건 부정하고 억제하라는 뜻이 아니다. 천도와 도덕성에 맞게 감정이나 욕구를 조절하고 다른 사람과 잘 조화를 해야 한다.

일방적으로 나의 동물적 감정을 폭발시키면 전체 사회의 조화가 깨어진다. 본연의 도리에 맞게 조화를 해야 천지가 바로잡히고 만물이 고르게 자란다. 246)

위기에 처한 오늘의 인류는 오직 나의 동물적 욕구나 감정을 일방적으로 충족시키기 위해 전체의 조화를 파괴한다. 대학에서는 다음과 같이 말했다.

---

245) 喜怒哀樂之未發 謂之中 發而皆中節 謂之和 中也者 天下之大本也 和也者 天下之達道也 致中和 天地位焉 萬物育焉<中庸>
246) 致中和 天地位焉 萬物育焉.

「수신은 마음을 바르게 잡는 데에서 성취된다. 그 말의 뜻은 다름이 아니다. 마음속에 과격하게 분노하는 바가 있거나, 지나치게 겁내는 바가 있거나, 너무 좋아하는 바가 있거나, 크게 우려하는 바가 있으면 마음이 바르게 잡히지 않는다. 마음이 바르게 잡히지 않으면 바르게 보거나, 듣거나, 음식 맛을 바르게 가리지 못하게 된다. 그러므로 수신은 마음을 바르게 잡는 데에 있다고 말하는 것이다」247)

인간이 과도하게 욕심을 부리거나 과격하게 감정을 표출하면 인간관계가 파괴되고 또 사회의 조화가 깨진다.

본래 과도한 욕심이나 격한 감정은 다 독선적 이기주의에서 나오는 것이다. 중용에서 내세우는 「가운데 중(中)」은 「한쪽으로 기울거나 치우치지 않고, 또 지나치거나 모자람이 없는 적합한 상태」248)이다. 이는 곧 공평무사(公平無私)한 도를 따르려는 마음이다. 이러한 마음을 도심(道心)이라고 하고, 반대로 인간적인 욕심을 인심(人心)이라고 대비시키기도 한다. 서경(書經)에 다음과 같은 말이 있다.

「인간의 욕심은 위태롭기만 하다. 한편 도를 따르려는 마음은 동물적 인간적 욕심에 가리고 덮여서 잘 나타나지 않는다. 그러므

---

247) 所謂修身在正其心者 心有所忿懥 則不得其正 有所恐懼 則不得其正 有所好樂 則不得其正 有所憂患 則不得其正. 心不在焉 視而不見 聽而不聞 食而不知其味. 此謂修身在正其心.<大學 傳 7章>

248) 不偏不倚 無過不及之名.

352

로 오직 하나인 하늘과 하늘의 도리를 정성껏 받들고 항상 만물을 공평무사하게 키워 주는 중용의 도리, 즉 천도를 지키고 따라야 한다.」[249]

인간은 육신을 지닌 동물적 존재이기도 하다. 그러므로 동물적 본능적 욕구나 육체적 관능적 욕정에 빠질 수도 있다. 그러므로 도심(道心)을 가지고 억제하고 조절해야 한다. 그것이 곧 학문 수양의 목적이기도 하다. 맹자는 말했다.

「학문의 기본 도리나 목적은 다른 것이 아니다. 자기의 일탈한 마음을 수습함이다.」[250]

일탈한 마음은 천도에서 벗어난 마음이다. 수습하고 바르게 잡는다는 뜻은 천도에 되돌린다는 뜻이다. 본연의 「선 본성」 및 도덕성으로 복귀시킨다는 뜻이다. 인심(人心)을 도심(道心)으로 바로잡는다는 뜻이다.

동물적 마음을 인간적 마음으로 돌리기 위해서는 「마음 수양, 즉 양심(養心)」을 해야 한다. 그리고 「양심」을 하기 위해서는 우선 욕심을 억제해야 한다. 따라서 맹자는 「양심에는 과욕(寡慾)보다 더 좋은 것이 없다.」[251]라고 말했다.

맹자는 또 말했다 「마음을 작게 키우면 소인이 되고, 반대로

---

249) 人心惟危　道心惟微　惟精惟一　允執厥中.＜大禹謨＞
250) 學問之道無他　求其放心而已矣.
251) 養心莫善於寡欲.

마음을 크게 키우면 큰 사람이 된다.」 252)

세속적인 명예나 재물을 탐내고 집착하는 자를 소인이라 하고, 세계평화와 인류 행복을 위해 헌신하는 사람을 대인이라고 한다.

마음을 바르게 하는 기준은 절대선인 하늘의 도리, 즉 천도이다. 사람의 마음은 하늘이 주었으므로, 누구나 수양하면 본연의 「선 본성」을 밝게 나타낼 수 있다. 이를 대학에서는 「명명덕(明明德)」이라고 했다. 그러나 동물적 본능성과 이기적 욕심에 가리고 흐려지기 마련이다. 그러므로 항상 마음을 하늘과 하나되게 단속하고 바로잡아야 한다.

천도를 중심으로 한 이성으로 이기주의적 탐욕과 금전 만능주의를 극복하고 또 동물적 본능적 폭력과 육체적 순간적 쾌락이나 욕정을 제어하고 하늘이 준 「선 본성」을 발현하여 인류문화의 창조적 발전에 이바지하려는 마음가짐을 지녀야 한다.

그것이 하늘과 하나된 참다운 바른 마음가짐이다. 마음이 바르게 잡혀야 행동도 바르고, 착하게 되고, 천지 만물의 창조적 발전에 가치적으로 동참하게 된다.

마음은 개인에게만 있는 것이 아니다. 사회나 국가 및 세계 같은 공동체에도 있다. 즉 민족혼, 민족정신 혹은 국가이념, 또는 인류의 이상 등이다. 이것들이 하늘이나 천도와 하나가 되어야 참다운 인류의 행복과 평화를 기대할 수 있다.

---

252) 養其小者爲小人 養其大者爲大人.

반대로 저마다의 이기주의적 탐욕을 바탕으로 하면 크고 작은 모든 나라가 서로 분열, 대립, 투쟁을 하게 된다. 위기에 처한 오늘의 인류가 바로 악한 마음으로 악한 세계를 만들고 있는 것이다. 세계적인 차원에서 양심(養心)을 해야 한다. 인류의 양심은 곧 세계의 지식인이 사악한 마음을 버리고 하늘의 도리를 따르고 실천하려는 도심(道心)을 갖는 것이다.

⑶ 천도(天道)는 진실무망(眞實無妄)하다

삶의 목적이나 가치를 높고 큰 곳에 두어야 한다. 그래야 「큰 사람」이 된다. 먹고 마시고 뛰고 놀기만 하는 데 삶의 목적을 두면 동물과 다를 바가 없다.

지식인은 인류의 역사 문화 발전에 「선 가치적」으로 기여하겠다는 목적의식을 가져야 한다. 그와 같은 목적의식은 바로 천도와 일치한다. 이를 대학에서는 성의(誠意)라고 말했다.

일반적으로 성의(誠意)를 성실한 뜻으로 해석한다. 참되고 성실함의 기준은 절대선인 천도이다. 따라서 「참되고 성실한 뜻이나 의욕」은 곧 명덕(明德)을 천하에 밝히고 세계를 평화롭게 하려는 고매한 목적의식과 일치한다.

이러한 성실한 뜻은 폭력으로 남의 재물을 탈취하고 또 관능적 쾌락을 누리려는 타락한 이기주의적 욕구나 욕심과는 정반대가 된다.

「참되고 성실한 의욕」은 순수한 창조본연의 「선 본성」에서 나오는 진실무망(眞實無妄)한 목적의식이다. 그것은 곧 「우주를 창조하고 만물을 끝없이 번식 발전케 하는 하늘의 뜻이나 도리와 하나가 된 것이다.

성의(誠意)의 참된 깊은 뜻을 중용(中庸)에서 살펴보겠다. 중용에 「성자 천지도(誠者 天之道), 성지자 인지도(誠之者 人之道)」라는 말이 있다. 주자는 「성은 진실무망의 뜻이며, 천리의 본연이다.」253)라고 주를 달았다.

진실무망(眞實無妄)은 참되고 거짓이 없다는 뜻이다. 「천리의 본연(天理之本然)」은 하늘 도리의 본질이란 뜻이다. 그러므로 「성자 천지도(誠者 天之道)」는 곧 「하늘의 도리는 본질적으로 참되고 거짓이 없으며, 만물을 성실하게 낳고 또 키우고 있다.」의 뜻이다.

문자학적으로 성(誠)은 「실천해서 이룬다」 또 「하나로 통일하다」의 뜻이 있다. 따라서 「성자 천지도(誠者 天之道)」를 다음과 같이 풀 수 있다. 「절대인 하늘이 천지 만물을 통섭하고 만물을 진실되게 생육화성(生育化成)하는 유일무이(唯一無二)한 절대선(絶對善)의 천도천리(天道天理)를 성(誠)이라 한다.」

「성지자 인지도(誠之者 人之道)」는 「만물을 진실되게 생육화성하는 절대선의 천도를 성실하게 믿고 따르고 실천하는 것이 사

---

253) 誠者 眞實無妄之謂 天理之本然也.

람의 도리이다」의 뜻이다.

인간의 따르고 행할 덕목을 대학에서는 삼강(三綱) 팔조(八條)라고 했다. 그러나 종국적으로는 절대선인 하늘의 도리에 가서 멈추어야 한다. 즉 지어지선(止於至善)해야 한다.

그래야 만물이 하늘이나 천도와 하나가 되는 경지, 즉 천일합일(天一合一)의 경지에서 만물을 「생육화성」할 수 있다. 그러므로 성(誠)은 곧 「지어지선(止於至善)＋성취(成就)」이다.

중용에서 「지·인·용(智仁勇) 셋이 천하 만인이 도를 달성할 수 있는 공통의 덕목이다. 그들 세 덕목을 실천하는 핵심은 하나이다.」254)라고 했으며, 주자는 「하나는 즉 성이다(一則誠而已矣)」라고 주를 달았다.

또 중용에 「천하 모든 나라에는 아홉 개의 법도, 즉 구경(九經)이 있으며, 그 구경을 행할 핵심은 하나이다.」255)라고 했다. 이에 대해서도 주자는 「그 하나는 성이다.(一者誠也)」라고 주를 달았다.

또 중용에는 다음과 같은 말이 있다. 「＜진실무망하게 만물을 생육화성하는＞ 천도를 성실하게 따르고 실천하는 사람은 곧 선을 택하고 굳게 지키는 사람이다.」256)

---

254) 知仁勇三者 天下之達德也 所以行之者一也..
255) 凡爲天下國家有九經 所以行之者一也.
256) 誠之者 擇善而固執之者也.

이는 논어의 수사선도(守死善道)와 같다. 천지 음양의 조화로 만물이 생육화성하는 것을 선(善)이라 한다. 그 선을 지키는 것이 곧 성(誠)이다.

하늘이 만물을 생육화성하는 것을 성자(誠者)라 하고, 그 하늘의 도리를 사람들이 성실하게 지키는 것은 성지자(誠之者)라고 한다.

사람은 천도를 따라 지덕을 세워야 한다. 그러기 위해서는 지극한 정성으로 하늘의 도리를 받들고 지키고 실천해야 한다. 중용에 다음과 같은 말이 있다.

「오직 천하에서 가장 지성스런 성인만이 능히 자신의 본성을 다 발휘할 수 있다. 자신의 본성을 다 발휘할 수 있어야 다른 사람의 본성도 발휘할 수 있게 한다.

다른 사람의 본성을 다 발휘할 수 있게 해야, 능히 만물의 도리도 충분히 나타나게 할 수 있다. 만물의 도리를 다 나타낼 수 있어야 비로소 천지 자연 만물의 화육을 도울 수 있다.

천지 자연 만물의 화육을 도울 수 있어야 비로소 천지의 화육에 동참할 수 있다.」257)

성실한 목적의식이란 하늘의 뜻과 하늘의 도리를 바탕으로 「생

---

257) 唯天下至誠 爲能盡其性 能盡其性 則能盡人之性 能盡人之性 則能盡物之性 能盡物之性 則可以贊天地之化育 可以贊天地之化育 則可以與天地參矣.<中庸 22章>

육화성」하려는 의식이다. 곧 우주 천지 자연 만물과 더불어 인류의 역사 문화를 더욱 창조적으로 발전케 하려는 의식이다.

세계의 모든 지식인은 이와 같은 고매한 목적의식을 가지고 우주적 발전에 동참해야 한다. 그것이 곧 심성함양이고 인격완성의 도달점이다. 천도를 따라 지덕을 세우기 위해 하늘은 우리에게 귀중한 생명을 주었다. 그러므로 지덕을 세우는 삶을 살아야 한다.

【참고 보충】 진립부(陳立夫) 선생의 설

진립부(陳立夫) 선생은 그의 명저 「사서도관(四書道貫)」에서 성(誠)에 대한 독특한 견해를 밝혔다. 요점을 추리면 다음과 같다.

성(誠)은 우주의 동능(動能)이다. 동능이란 천지 만물을 운행하고 활동케 하는 에너지(energy)와 기능 및 기능의 법칙 등을 합한 뜻이다. 진선생의 설을 가지고 「성자 천지도(誠者 天之道)」의 깊은 뜻을 다음과 같이 풀 수가 있다.

「우주 천지 만물의 실재이자 동시에 공간과 시간을 초월한 절대인 하늘은 무궁무진한 우주의 기(氣 : energy)와 기능을 가지고 천지를 운행하고 또 만물을 생육화성(生育化成)하고 있다. 그와 같이 <참되고 거짓없이(眞實無妄)> 나타나고 기능하는 것이 곧 성(誠)이며, 성으로써 만물을 창조하고 발전시키고 있는 것이 하늘의 원리 원칙이다.」

또 진 선생은 성(誠)을 기독교의 하나님(God)에 비유했다. (참조 : 四書道貫 p.243～262)

⑷ 극기복례(克己復禮)하고 바르게 살자

앞에서 「나 자신이 인식과 실천의 주체」임을 강조했다. 모든 것을 바르게 인식하기 위해서는 넓게 배우고 깊이 생각해야 한다.

그러나 위기의 희생양이 된 오늘의 청소년들은 대체로 끈기있게 배우고 깊이 생각하는 힘이 약한 것이 탈이다.

박학다식(博學多識)하고 심사숙고(深思熟考)하지 못하면 남에게 뒤진다. 학식과 사고가 병행해야 한다. 공자는 논어에서 배움과 사고의 관계를 다음과 같이 말했다.

「배우기만 하고 스스로 깊이 생각하지 않으면 <모든 도리를 밝게 깨닫지 못하고 따라서> 도리에 어둡게 된다. 한편 독단적으로 생각만 하고 배우지 않으면 언행이나 사물 처리가 위태롭게 된다.」258)

배우고 생각해야 할 가장 중요한 것을 다음과 같이 추릴 수 있다.

① 천지 만물을 창조하고 생성(生成) 변화를 주재하고 있는 절대선의 천도를 아는 것이다

② 그 다음에 나 자신을 바르게 알고 또 삶의 가치와 목표를 고매하게 가져야 한다. 만물의 영장답게 「선 본성과 도덕성」을 바탕으로 선가치적으로 살아야 하며, 실천적으로 인류의 역사 문화 발전에 기여해야 한다.

---

258) 子曰 學而不思則罔 思而不學則殆.<爲政>

③ 천도(天道)를 따라 인행(人行)으로 지덕(地德)을 세우기 위해 심성을 함양하고 자기를 수양하고 인격을 완성해야 한다.

④ 지덕을 세우기 위해서는 우선 모든 어려움을 스스로의 힘으로 극복해야 한다. 극기(克己)를 해야 한다. 다음으로 모든 사람에게 고르게 선덕(善德)을 베풀고 사회적으로 공을 쌓아야 한다. 즉 수덕(修德)해야 한다. 그리고 이 모든 것들을 행동으로 실천해야 한다.

논어에서 자하(子夏)는 다음과 말했다. 「살고 죽는 것은 천명에 달렸고, 부귀를 누리는 것도 하늘에 매여 있다.」 [259]

사람은 하늘과 하늘이 내리는 천명에 의해서 살기도 하고 죽기도 하고 또 부귀를 누리기도 한다.

그런데 사람들은 자기에게 가장 귀중한 생명이나 부귀를 내려 주는 하늘에 대해서 알려고 하지를 않거나 혹은 바르게 알지를 못하고 있다.

그러므로 많은 사람들이 바르게 살지 못하고 동물적으로 사악한 삶을 살고 있는 것이다.

우선 생명에 대해서 생각해 보자. 생명은 누가 주는가? 부모가 나에게 생명을 주는가? 아니다. 생명은 하늘이 준다. 하늘은 식물에게도 동물에게도 생명을 준다. 생명은 사람이 사람에게 주는 것이 아니다. 그러므로 자식이 병들어 죽게 되어도 부모가 살리지

---

259) 死生有命 富貴在天. <顔淵>

못하는 것이다. 생명은 하늘이 내려주는 것이다.

그런데 하늘은 왜 인간에게 그 소중한 생명을 내려줄까? 사람은 누구나 다 반드시 노쇠하고 죽는다. 그렇다면 꼭 죽을 사람에게 왜 하늘이 귀중한 생명을 주어서 살게 하고 있는 것일까?

깊이 생각해 보자. 도대체 생명이란 무엇인가? 생명은 보이지도 않고 또 어디에 있는지도 모른다. 생명은 재물처럼 보이는 물건이 아니다. 생명은 존재하는 물체가 아니다.

생명은 모든 생물을 생육화성(生育化成)케 하는 기능일 뿐이다. 즉 살아서 움직이고 활동하고 일하는 기능을 생명이라고 한다.

결국 하늘이 나에게 생명을 준 것은 곧 나에게 일하는 기능을 준 것이다.

그러므로 모든 사람은 하늘로부터 받은 생명, 곧 일하는 기능을 하늘의 뜻에 맞게 써야 한다. 다시 말하면, 하늘이 준 생명을 천도에 합당한 일을 하는 데 써야 한다.

하늘의 뜻에 맞고 또 천도에 합당한 일은 곧 우주적으로 만물을 「낳고 키우고 번식케 하는 일」이다. 특히 「평화와 행복이 넘치는 문화의 선세계」를 창건하는 일이다.

서경(書經)에 「하늘이 할 일을 사람으로 하여금 대신하게 한다.」260)는 말이 있다. 하늘은 무형의 실재(實在)이다. 성리학(性理學)에서는 절대인 하늘을 이(理)로 파악하고 있다. 그러므

---

260) 天工 人其代之.

362

로 하늘이 직접 행동하고 일을 할 수가 없다. 따라서 하늘은 만물의 영장인 인간을 당신의 아들딸로 삼고, 하늘을 대신하여 문화의 창조와 발전을 감당케 하고 있는 것이다.

그러므로 하늘은 인간에게 「선 본성과 도덕성」을 심어주었다. 또 자연 만물을 선용(善用)해서 현실적으로 지상에 「선세계」를 구현할 수 있는 영특한 지능도 부여해 주고 있는 것이다.

이것을 대학에서는 「명덕을 밝히고(明明德), 백성을 사랑하여 새롭게 혁신케 하고(親民 = 新民), 최고선의 경지에 가서 머무르게 함(止於至善)」이라고 추려서 말했다.

하늘은 사람으로 하여금 천도(天道)를 따르고 실천하여 지덕(地德)을 세우게 하기 위하여 귀중한 생명을 주고 태어나 살게 하고 있는 것이다.

위기에 처한 오늘의 인류는 정도(正道)가 아닌 사도(邪道)를 걷고 있다. 설사 우리가 오늘의 악덕을 사실로 인정한다고 해도 오늘의 처절한 현실 상태를 옳다고 할 수는 없다. 그러므로 사악한 오늘의 인류를 바르고 착한 길로 되돌려야 한다. 그러기 위해 우리는 잘 배우고 깊이 생각을 해야 한다.

극기(克己)는 자기 스스로의 힘으로 여러 가지 저해 요인들을 극복하고 목적을 달성하려는 실천적 노력이다.

극기에도 소극적인 면과 적극적인 면이 있다. 끈기와 인내심을 가지고 어려움을 극복하고 초지일관(初志一貫) 목적을 달성하려는 노력은 소극적 극기에 속한다.

그 단계를 넘어서 천도천리(天道天理)와 하나가 되어 선을 행하려는 실천적 노력은 적극적 극기에 속한다.

둘이 다 동물적 본능적 육체적 욕구를 억제하고 「선 본성 및 도덕성」을 바탕으로 해야 한다.

그러므로 극기는 자기 수양의 첫 관문이며, 이를 통과하기가 어려운 것이다. 먼저 소극적 극기에 대해서 간단히 설명을 하겠다.

인격을 완성하기 위한 자기 수양에는 극복해야 할 어려움이 많다. 내면적 심성함양을 위해서는 다음과 같은 수양을 해야 한다.

신독(愼獨) : 자신의 마음을 가다듬고 성실하게 행한다. 자기반성(自己反省) 개과천선(改過遷善) : 근면(勤勉)과 자강(自强) : 신의(信義)와 절조(節操) : 청렴결백(淸廉潔白)하고 안빈낙도(安貧樂道)해야 한다.

이상의 덕행을 스스로의 노력으로 실천해야 한다. 이와 같은 덕행은 말로는 소극적 극기라고 한다. 그러나, 실제로 지키고 행하기가 무척 힘들고 어렵다. 소극적 극기의 관문을 통과만 해도 이미 인격적으로 군자가 될 만하다. 그러므로 소극적 극기를 성공하기 위해서도 적극적 극기를 관철하겠다는 굳은 신념을 가지고 임해야 한다.

논어에 있다. 공자의 수제자 안연(顏淵)이 인(仁)에 대해서 묻자, 공자가 다음과 같이 대답했다.

「자기를 이기고 예에 돌아가는 것이 인의 실천이다.」 261)

이에 대해서 주자는 다음과 같이 주를 달았다. 「인은 인간의 선 본성이 온전하게 나타난 덕이다.」 262)

「극(克)은 이긴다, 극복한다는 뜻이다. 기(己)는 자신의 사리사욕이다.」 263)

「복(復)은 돌아감이다. 예(禮)는 천리를 바탕으로 한 문화적 절도이다.」 264)

「인을 성취함은 곧 어진 마음을 바탕으로 선덕을 온전하게 나타냄이다.」 265)

공자가 말한 「극기복례 위인(克己復禮 爲仁)」은 「나 자신의 사리사욕을 극복하고 천도천리에 돌아가는 것을 인덕이라고 한다」의 뜻이다. 즉 동물적 육체적 이기적 욕구나 감정을 극복하고 천도를 따르고 지켜야 비로소 공존(共存) 공생(共生) 공영(共榮)의 인덕(仁德)을 세울 수 있다.

공자는 계속해서 말했다. 「단 하루라도 내 자신의 사리사욕을 극복하고 천도천리에 돌아가서 예를 행하면 그만큼 천하에 인덕

---

261) 克己復禮 爲仁.
262) 仁者本心之全德.
263) 克勝也 己謂身之私欲也.
264) 復反也 禮者天理之節文也.
265) 爲仁者 所以全其心之德也.

이 돌아갈 것이다. 인의 실천은 나 자신에게 달려 있다. 남에게 달려 있는 것이 아니다.」266)

안연이 다시 지키고 행할 조목을 묻자 공자가 대답했다. 「예가 아니면 보지도 말고, 예가 아니면 듣지도 말고, 예가 아니면 말하지도 말고, 예가 아니면 행동하지도 말라.」267)

설문(說文)에는 예(禮)를 리(理)와 리(履)로 풀었다. 즉 내재(內在)하고 있는 천도천리를 외형적으로는 예절예의 등과 같이 문화적 생활양식으로 표현한 것이 예(禮)이다. 이를 지키고 실천하는 것을 리(履)라고 한다.

결국 천리천도에 어긋난 것은 「보지도 듣지도 말하지도 행동하지도 말라」는 뜻이다.

천도에 어긋나는 것을 배제하고 천도를 따르고 실천하기 위해서는 바르게 배우고 착하게 행하는 훈련을 해야 한다. 이를 수덕(修德)이라고도 한다.

공자는 효경(孝經)에서 말했다. 「효는 모든 덕행의 근본이고 모든 가르침의 시발점이다.」268)

그러므로 전통사상에서는 인간이 따르고 행해야 할 덕행의 근본을 효도(孝道) 효행(孝行)에 두고 어려서부터 가정에서 엄하게

---

266) 一日克己復禮 天下歸仁 爲仁由己 而由人乎哉.＜顔淵＞
267) 非禮勿視 非禮勿聽 非禮勿言 非禮勿動.
268) 夫孝 德之本也 敎之所由生也.

366

훈육했던 것이다. 공자는 또 말했다.

「무릇 효는 하늘의 영구 불변하는 법도이자, 땅이 만물을 적절하게 키워서 이롭게 해 주는 바른 이치이며, 따라서 모든 사람이 지키고 행해야 할 덕행이다.」269)

효도(孝道)는 천경(天經) 지의(地義) 민행(民行)이다. 또 공자는 말했다.

「<하늘과 땅이 어울려 만물을 생성화육하는> 천지의 영구불변하는 도리를 모든 사람들이 따라야 한다. 만물을 밝게 나타내는 천경을 따르고, 또 만물을 이롭게 키우는 지의를 바탕으로 하고 다스리면 천하 만민을 순리롭게 따르게 할 수 있으며, 따라서 그 경지의 가르침은 억압하지 않고도 훈육하고, 또 그러한 경지의 다스림은 위협을 가하지 않고도 잘 다스려지게 마련이다.」270)

그러므로 공자는 효도 효행이 덕치와 교화의 근본이며, 옛날의 성군이 효로써 백성을 다스리고 교화했다고 말한 것이다.

「선왕은 지극한 덕행인 효행과 가장 긴요한 도리인 효도로써 천하 만민을 교화하고 순종케 했다. 그러므로 백성들이 서로 화목했고, 또 상하가 서로 원망하는 일이 없게 되었다.」271)

---

269) 夫孝天之經也 地之義也 民之行也.

270) 天地之經 而民是則之 則天之明 因地之利 以順天下 是以其敎不肅而成 其政不嚴而治.

271) 先王有至德要道 以順天下 民用和睦 上下無怨.

총체적인 결론을 내리겠다. 인류가 함께 행복을 누리는 진정한 평화세계를 창건하기 위해서는 서양의 외형적 물질문화만으로는 안 된다. 동양의 내면적 정신문화와 윤리 도덕 효도를 세계적으로 높이 선양하고 실천케 해야 한다.

그래야 모든 사람들이 「선 본성(善本性)」을 바탕으로 서로 사랑하고 협동하여 인애(仁愛)로운 인류대동(人類大同)의 선세계(善世界)를 창건할 수 있다. <이상 정치>

<참고 : 대동의 이상세계>

大道之行也　天下爲公　選賢與能　講信修睦

故人不獨親其親　不獨子其子　使老有所終

壯有所用　幼有所長　矜寡孤獨廢疾者　皆有所養

男有分女有歸　貨惡其棄於地也　不必藏於己

力惡其不出於身也　不必爲己　是故謀閉而不興

盜賊亂賊而不作　故外戶而不閉　是謂大同.

【한글 풀이】 천도를 기준으로 한 대도의 덕치는 천하를 만민의 공유물로 삼는다. 현명하고 유능한 사람을 선출하고 신의를 지키고 화목한다. 그러므로 자기 부모만을 친애하거나 내 자식만을 자애하지 않고 모든 부모 자식들도 사랑한다. 늙은 사람으로 하여금 천수를 누리게 하고, 젊은 사람을 활용하고, 어린아이를 잘 양육한다. 홀아비, 과부, 고아, 외톨이 및 노약자들도 돌보고 생활을 보장해 준다. 남자에게는 직업을 주고, 여자는 시집가게 한다. 재물을 땅에 버리거나 개인이 독점하지 않는다. 사람의 능력을 발휘하여 공동이익을 추구한다. 그러므로 사람들이 권모술수를 농하지 않게 되며, 도적이나 난동하는 자들도 나타나지 않는다. 이에 대문을 닫지 않고 살 수 있다. 이러한 세상을 대동세(大同世)라고 한다.」<禮記 禮運篇>